All Voices from the Island

島嶼湧現的聲音

廖桂賢、張式慧、柳志昀、徐孟平 著

廖桂賢 主編

城中一座島

築堤逐水、徵土爭權，
社子島開發
與臺灣的都市計畫

社子島空照圖（圖片來源：Google Earth）

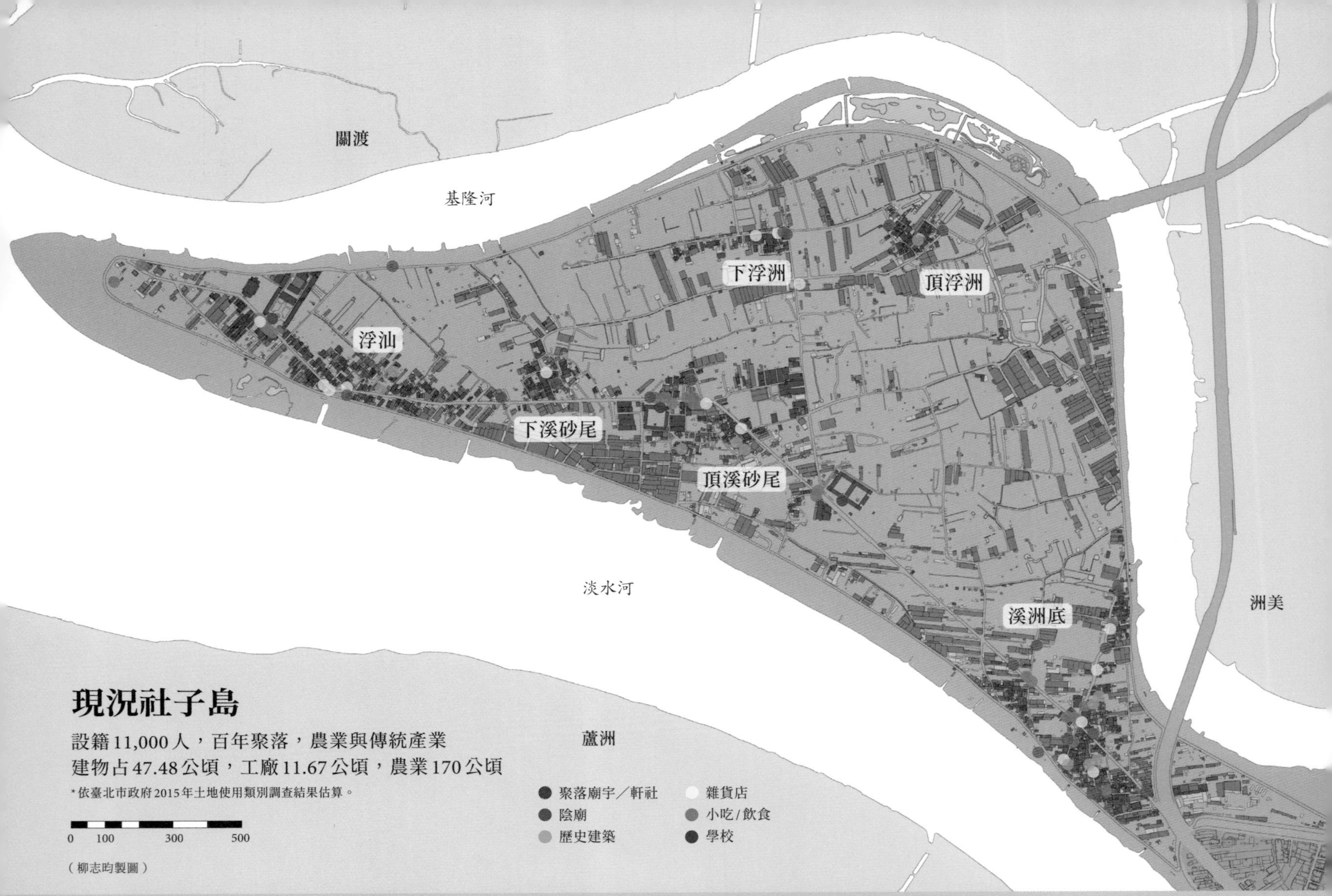

現況社子島
設籍11,000人，百年聚落，農業與傳統產業
建物占47.48公頃，工廠11.67公頃，農業170公頃
*依臺北市政府2015年土地使用類別調查結果估算。
0
100
300
500
（柳志昀製圖）
聚落廟宇／軒社
陰廟
歷史建築
雜貨店
小吃/飲食
學校
關渡
基隆河
淡水河
蘆洲
洲美
浮汕
下溪砂尾
頂溪砂尾
下浮洲
頂浮洲
溪洲底

生態社子島

規劃人口30,000人，集中式專案住宅，高科技產業
建物占56.32公頃，科專區7.47公頃，農業區2.45公頃

*依2019年生態社子島土地使用分區及使用管制進行推算。

（柳志昀製圖）

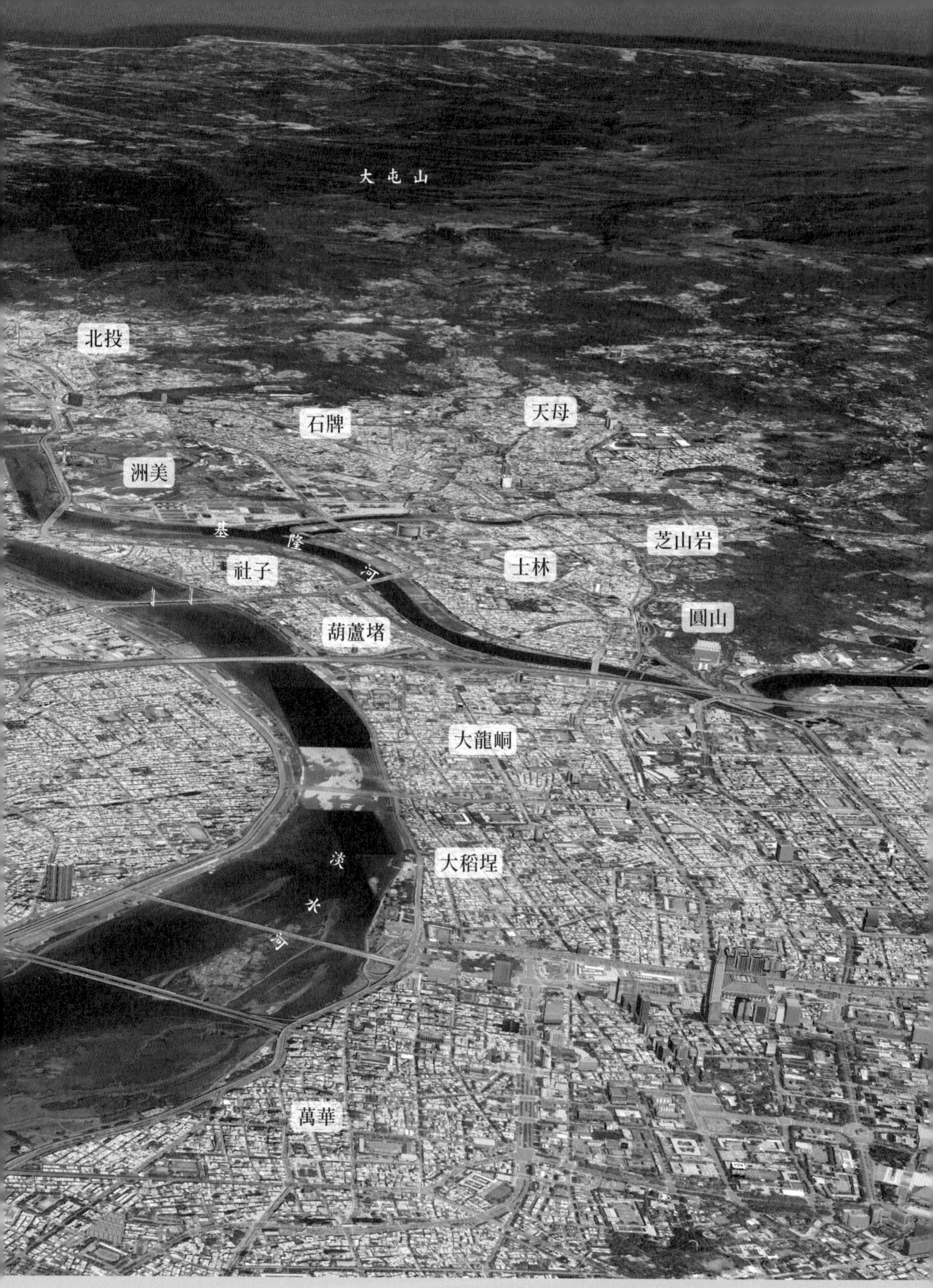
大屯山
北投
石牌
天母
洲美
基隆河
芝山岩
社子
士林
圓山
葫蘆堵
大龍峒
大稻埕
淡水河
萬華

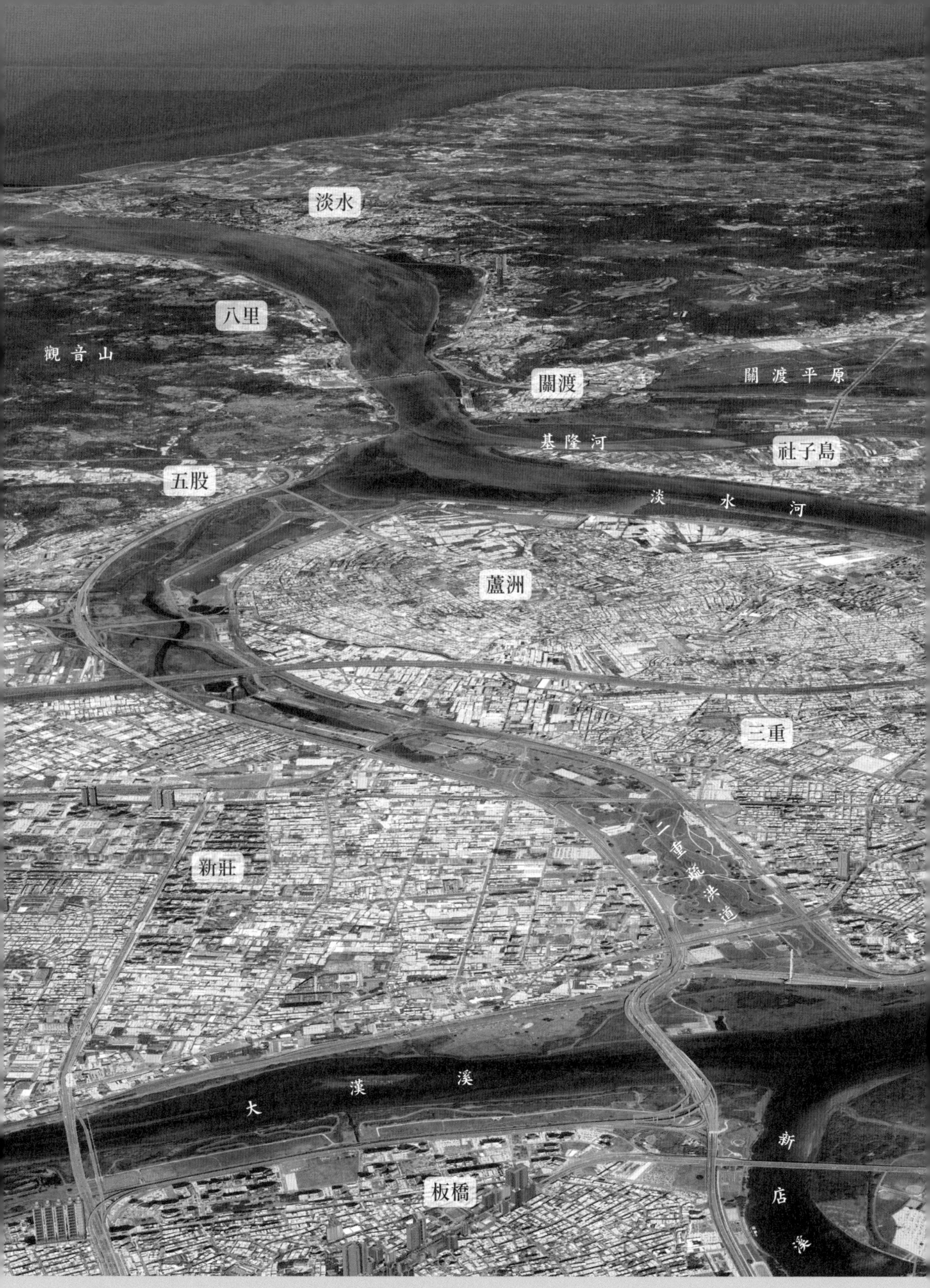

水流圍繞的臺北（底圖來源：Google Earth；柳志昀標示）

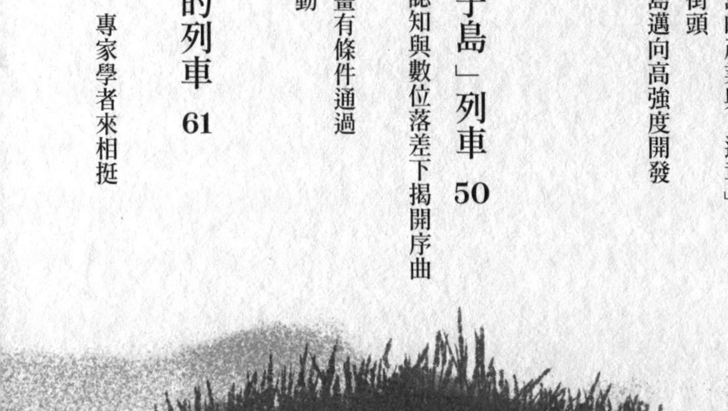

第五部 社子島的產業

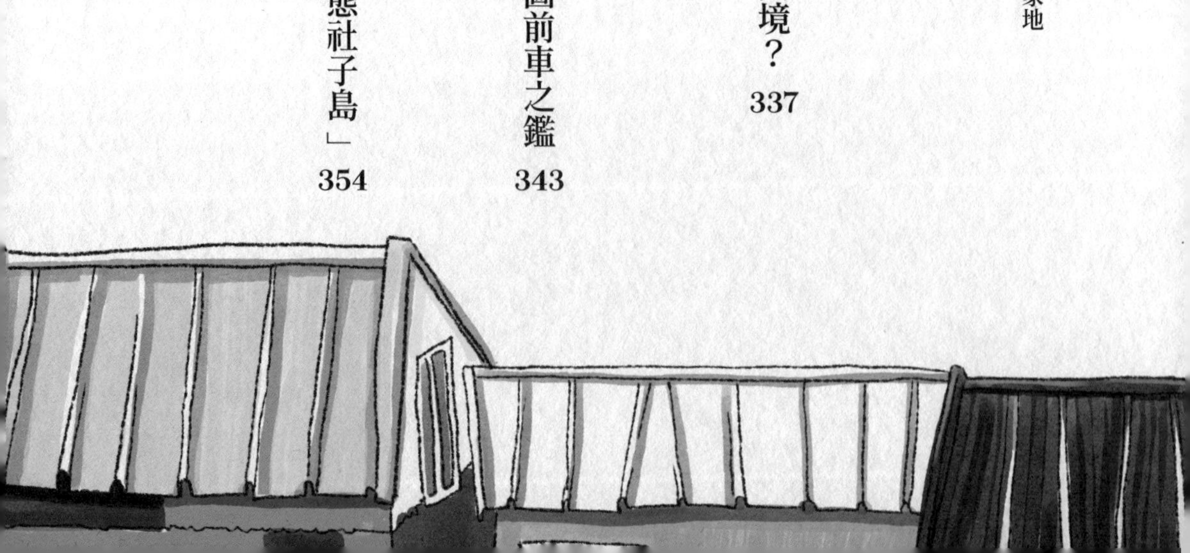

推薦序

都市規劃的多元可能，社子島的一課

陳亮全　國立臺灣大學建築與城鄉研究所兼任教授
前國家災害防救科技中心主任

接到《城中一座島》一書時，首先引人注目的是，超過百分之六十的篇幅是有關社子島空間與居民的變遷、認同，河濱水岸及在其間的活動，居民日常生活等豐富的人文、歷史與社會環境的描繪、敘述，令人十分動容。但如此含有空間、時間豐富性的社區紋理，在臺北市府開發計畫的方案規劃及審議過程中，卻沒有清楚地被交代，島上庶民生活的實況也沒有被納入規劃考量或成為其基底；如此情況下，所形成的規劃方案當然不易使人信服，也造成如今居民的反彈與抗議。

從本書中可以清楚知道，社子島從一九七〇年代以來，歷經多位執政者，多次的都市計畫審議、公告，卻都未能真正落實，而後來滿懷自信與決心的柯文哲市長，確實「高效率」地推動計畫，可惜的是，在多項程序執行上，卻呈現出不夠確實，甚至是粗糙的操作，存有僅求形式而未顧實質之嫌，現有計畫形式看似完整，但實質內容未臻完善，以致規劃方案不為多數居民所接納。

基於本書的陳述，對於如此引發居民反彈的計畫，個人覺得尚有幾點檢討可以提出、討論：

第一，規劃中應納入都市或社區紋理，補強規劃程序。

在目前法定規劃程序外，若能檢討、納入如本書細緻描述的地方或社區的歷史、社會、在地生活與產業等資料，相信會減少規劃方案忽略、抹殺都市或城鎮紋理，及在地居民反彈的遺憾。然而，官方或限於規劃的時間與人力，地方人文、歷史、社會等調查，實可委由相關民間團隊或在地居民組織來執行，甚至於平時就先行鼓勵、補助調查，形成社區的公共財或基礎資訊，並於必要時提供政府規劃單位使用。如此作為的另一意義就是提前展開居民參與，不是等規劃方案出來再向地方進行說明或聽證，以致降低政府或規劃單位與居民之間的互信，徒增雙方的緊張關係。

第二，翻轉居民參與的流程、內容，確保充分表達與溝通的時程。

從本書描述社子島開發方案的規劃、公開、審查等一連串過程中，看到臺北市府相關業務單位與社子島居民之間會有不少互動，舉辦過一場又一場說明會、聽證會，執行家戶訪查、文資普查，推出三個規劃方案的「i-Voting」、強調「社子島是臺灣都市計畫第一個由居民自決的地方」，甚至啟動公民參與委員會，辦理世界咖啡館形式的分組討論等。然而，看似進步的方案推動，為何會導致社子島居民們嚴重分裂，在地的自救會至今仍不停地陳情、反對、不斷地抗爭？實令人十分困惑。

若稍作思考、探究原因，實不難看出端倪。亦即，整個推動過程中舉辦的多項所謂居民參與活動之流程、內涵，值得深入反省與檢討；尤其柯市府團隊提出的三個規劃方案，乃由市府專業人員先行研擬，而非基於與居民溝通，透過居民參與的規劃、設計。因此在接下來的各項會議或活動中，就只成為市府向居民推銷方案，甚至強迫中獎的儀式。另外，即使市府舉辦各種形式的溝通互動，但其結果卻看不出焦慮、不安的居民們，能夠從其中獲取稍許的鬆緩或安頓效果，反倒累積出更多怨氣。之所以如此，乃此等活動絕大多數僅屬於單向陳述與自我主張，既無聆聽與回應，更遑論是否合乎溝通或參與的本質。

本次社子島開發方案的經驗深刻呈現出臺灣的都市計畫，或其相關方案的推動要能真正有所進步、提升水準，首要須翻轉現今標榜或執行的居民、市民參與形式，檢討其機制、流程與內涵等，而且必須確保居民可以充分表達與獲取回應的時程，而非只求施政效率的達成，卻讓居民參與淪為陪襯。

第三，研提多元面向與包容性 (inclusive) 的規劃方案。

透過計畫行政或規劃專業的思維與操作，由上而下進行研提的都市計畫或開發方案，可能達成一定程度的規劃水準及可接受的環境品質，但遺憾的是，它往往不一定能夠契合在地居民或未來遷居入住民眾的條件與需求。不過，若能贊同、落實前面兩項所提的「納入社區原有的環境與社會紋理」，以及「翻轉現行民眾參與的形式、機制」等建議，那新進行的規劃、設計就很難，甚至無法將整個規劃對象地區視為同質，客觀、理性地提出一幅感覺良好或是具有雄偉景觀的方案藍圖。

換言之，在聆聽、尊重、考量長期累積的在地生活、產業型態或社會關係等紋理、脈絡下，研擬出來的規劃藍圖將是**一個多元面向、能相互包容不同面向條件與需求的方案**。而且此方案內容將不止於環境空間或建物形式的規劃設計，舉凡公共設施的設置、開發手段的選擇，以至於生活方式、人文社會或聚落的保留、形塑等，都可以成為多元面向考量、相互包容方案的內涵，也唯有如此規劃思維與方案形成，才可能對抗、破除單一思維、開發導向、全面區段徵收的迷失。

總的來說，《城中一座島》不只讓我們瞭解社子島的過去與今日、島上居民對市府開發計畫的意見，而且對臺灣的都市或空間規劃者來說，藉此可以深入省思、檢討既有都市計畫或地區開發等相關制度是否已到了必須改革的時刻？對每一位市民來說，它則是讓我們思考「我們想要的都市居住環境是什麼？」

推薦序

邊界以外，都市未達——都市島的再領域化想像及掙扎

康旻杰　臺大建築與城鄉研究所副教授兼所長

我對社子島產生好奇和興趣，嚴格說可回推二十多年前，我走訪臺北市文化地景研究計畫的田野，經常騎摩托車繞著淡水河東岸、新店溪北岸的盆地轉，偌大版圖中最令我驚異的其實是都市實體逐漸被邊界溶解的關渡、洲美、社子島一帶；甚至，邊界本身也在農耕漁撈的生產景象和聚落星羅棋布的地景中變得難以辨識——除了，隔開都市與河水的防洪牆。

當時，跨過洲美水岸上空、俯瞰社子島和關渡平原的洲美快速道路正在興築，眼見都市速度憑空掠過，那些表象安逸的田園風貌隱隱然潛伏著可感知的張力，彷彿在某種都市前緣，草根野放的地方精靈終將面迎騁馳速度的馴服者。尤其是社子島，既朝四方的水域匍伏蔓延，又似凍結於時間之河的浮船，顯現出迥異於其他承載城市歷史之「都市島」，如巴黎西堤島、柏林博物館島、大阪中之島等的空間性格，卻以其粗獷的原生地景回應都市島

的哲學命題。

島是一種特殊的地景形態，與環繞島周邊的物理環境有清楚（但不一定是固定）的邊界。島的尺度差異極大，有時人在島上，邊界無從感知，生存／生活久了，「島」的認知可能僅是一種提醒，或意識形態；但當島可被身體經驗量度，無論就視覺或步行或漁耕或時間的維度，島的實存被人集體的拓墾、棲居、掙扎與路徑銘刻出記憶和意義。但島更經常被島外的人疏離隔絕，所謂isolated被「島化」的狀態，借用傅柯漂流之船的比喻，[1]可能同時兼具了最極端的封閉與最開放的自由。

「都市島」的複合字義指涉了另一種表意系統，甚至從特定觀點，都市本身就是一座島。以臺北為例，究竟社子島、芝山岩、中興橋下無人居之島、帝寶、天龍國、臺北盆地熱島，何者更接近都市島的想像？社子島被認知為一座「都市」島，相當程度是因為臺北市行政範疇及都市計畫版圖的人為劃定，但在島的「都市化」過程中，卻因防洪的考量延擱了相關的現代化都市發展和基礎設施配套，島本身不自主地陷入一種懸而未決的都市處境，自此擺盪於聚落空間社會及新市鎮想像的過渡之間。

這種徒有都市虛名但與開發速度脫鉤的狀態，既非刻意的都市保育，也非有意識地抗拒資本，卻由其無可名狀的僵局質問都市變遷的本質，並演繹出都會臺北最不受制約的域外之境。簡言之，它是時間雕刻、而非計畫形塑的文化地景，以被放逐的自然形變之島與臺北的現代性計畫拉開批判的距離，交相辯證都市、生態、文化、社會、空間種種糾葛的關係。

即使後來因水文的攔截挖填，島成為細頸外突於都市邊陲的鴨頭狀半島，但一九六四年興建的社子堤防、士林堤防和渡頭堤防又順勢將社子島隔出堤外，被迫繼續難以終結的島化宿命。

我曾遇見一位歷經滄桑的長者，聊天中喟嘆「我們是中華民國不愛、臺北市毋顧的 siā-á-tó（社子島）共和國」。他調侃島上居民深諳苦中作樂的日常運作，在公權力和資本半棄守的化外之地儼然建立了不得不豁達的度日模式。後來更深入田野才瞭解，現今所謂的社子島其實是外部對於兩百年防洪保護標準的堤外、延平北路七段到九段延展範圍的地名建構，但在地居民的地方認同始終依附著個別聚落，而非島的本體。社子島作為一種想像共同體，很大成分是聚落集體被「島化」後、同一都市處境下的「再領域」(reterritorialized) 身分。因此，關於社子島的總體願景，並非「共和國」內部的共同想望，而是不同時代都市治理者由外而內、且由上而下的規劃投射。

社子島的聚落認同甚至還得細看內部個別庄頭的信仰和宗族角色，溪洲底聚落更因不同庄頭土地公的「角」力，發展出弄土地公的在地文化。身著四角褲裸上身戴斗笠的年輕人扛著代表四個角頭的土地公轎，在元宵鼓仔燈（踅街）遊街的輝映下，以胸背的刺青紋身直接迎向似無止盡的鞭炮龍轟炸。濃烈的火光煙硝中，每次我目睹那尊只有神韻而無形容的戲臺口土地公在午夜軁轎跤（鑽轎腳）儀式高潮後被扛轎人高高抬起，庄頭眾生圍繞著神靈高聲吆喝「戲臺口！戲臺口！」的剎那，彷如見證了土地公的子民為每年輪由各爐主請回供奉的神祇、以肉身瞬間築起一座無軀殼但靈力滿溢的廟宇的神奇時刻。這處土地公神的領域也是人的生活世界，具象化了「場所精神」（genius loci）的拉丁文原意——「地方保護神靈」，也正是聚落意義之所在。

歷任臺北市長都曾各自提出社子島的開發藍圖，但除了柯文哲市府任內 i-Voting 的開發選項之一「咱ㄟ社子島」靈光一現，畫出原聚落版圖，就再沒有其他主要計畫內容關注過島上源於姓氏宗族、有機長成的傳統聚落。傳統聚落是在地居民認同的根源，無論宗族如何開枝散葉，聚落綿密的空間網絡和社會人情一直是維繫內聚力和地方記憶的基礎。但社子島承載的不單只是與一級產業共生的水岸傳統聚落，戰後隨著城鄉移民流入臺北都會的人口及工業，選擇在島上土地使用相對模糊的「永久過渡」地帶安身立命；原聚落周邊逐漸繁衍出非正式性格強烈的「落腳」都市聚落。

但社子島也不是典型的非正式聚落，許多因被禁限建過久而私自增改建的屋舍，仍架構於傳統聚落的根基和紋理，且土地多為私有。這個長期處於洪泛風險而被發展速度甩開的都市島，以其自發的聚合（assemblage）作用，在比城市疆界更外邊的地理／社會邊陲位置，包容了諸多政府機構無力照顧的社會弱勢和棲居移人、以及各類服務城市生活需求的產業鏈甚至鄰避設施。雖然被某些有心人刻意汙名成一處充斥違建、垃圾、既落後破敗又逢雨必淹的地方，社子島的長期忍辱實則緩解了歷任市府履畫大餅又無能改善環境的治理危機和承諾崩解。它宛如真實存在的臺北異托邦（heterotopia），鏡像出城市的身世和被壓抑的欲望與恐懼，同時在時間、空間、人間的「間」隙中，開展出自成一國的地景敘事。

社子島的聚落／地景故事和今日島內外高張力態勢的形成脈絡，本書後續章節有詳盡的鋪陳。第一部探討當代的開發爭議，爬梳大臺北防洪計畫、都市計畫、區段徵收計畫等不同政府部門如何在過去數十年以各種堂而皇之的現代性規劃邏輯和計畫工具，假開發和防洪之名一而再地祭出企圖夷平全島的提案，卻不斷碰壁。柯市府的「生態社子島」計畫號稱是歷來最接近可落實的方案，但這種利用「生態」術語卻對當地物種（包含人）、棲地（包含聚落）、棲位／生境（包含生產和生活地景）全然漠視的霸權干預，反而刺激了在地居民自組「社子島自救會」，透過約四千人次的連署和前仆後繼的抗爭抵禦外來勢力，堅決反對任何形式的滅村和迫遷。但自救會的激烈陳抗也催生自稱代表地主利益的「社子島居民權益促進會」，每每在審查會議中針鋒相對，再經由特定民代施壓，強烈要求政府加速開發計畫執行。即令真正開發猶遙不可期，「生態社子島」已經實質撕裂原本的聚落社會，甚而導致家族親屬關係的裂解。這些可預見的、不可逆的社會衝擊，應是任何計畫介入必須審慎避免的，然而竟諷刺地源自宣稱開發具有必要性及公益性的政府提案。

「生態社子島」的未來想像，理當從認識甚或「神入」（empathize）社子島原生態出發，才不致落入自以為是、將生態矮化為整地工法的技術原則。而更廣義的生態觀，借用社會人類學者英格德（Tim Ingold）的「團絡」（meshwork）概念，[2]實則包含了人和非人元素在一地方所交織、共同發展之交錯線條（line）[3]或複雜路徑所形構的整體；且根據英格德的解釋，人並非僅是拉圖（Bruno Latou）的行動網絡理論（Actor-Network Theory）[4]中位於「網絡」線條節點中的行動者，而是不斷變動、發散、纏繞的線條本身。社子島原生態的團絡關係，在本書第二部到第五部細膩深入的描述中，幾乎展現了一個豐富、完整的世界。其中的章節，從水岸聚落的生成和組成到社子島「時區」中的居民認同，從濱水的記憶和自在生活到溼地生態的環境演替，從菜寮的共作共煮共享到柑仔店的鄰里人情往來，從農耕的日常勞動、分食和產銷到沙發、紙業加工等傳產的地域鏈結，來自真實田野的敘事情節將生產、生活、生態環環相扣為「三生一體」的地景價值和倫理。唯有當外來規劃者得以謙沖親炙這些平凡但深刻的地方知識，規劃專業知識才可能和在地居民展開有意義的對話和協商。

書的最後一部即是基於不同知識系統的相互為用，還原規劃初衷，並珍視在地參與的機制，嘗試提出另類的取徑。當極端氣候和臺灣整體社會結構進入難以逆轉的新局，規劃的挑戰早已不是工具性的圖面模擬足以因應，開發的公益性和必要性更須不斷斟酌辯證，而不能預設所有利害相關人都只看重交換利得。任何地方或地景，在成為規劃「基地」之前，都會經是饒富文化層次和研究素材的「田野」。因此，都市計畫和地政專業眼中的土地價值，不應放任房地產獲利的期待和島外資本的覬覦踐踏（輾過！）田野中的人地依附。社子島不是桃花源，它獨有的美麗與哀愁有其結構性成因，也是社會與生態集體隨時間演替且轉適的韌性展現。島原本的自主領域，被都市去領域化後，又於再領域化過程衍生出類「防禦區」（zone à defender 或 zone to defend）的積極抵抗。當都市普同性的開發具現了各種政治經濟、社會和環境問題，尋回領域「感」、宛如「天然長照村」的社子島卻如一面鏡子，在都市邊界和歷史以外，反映當前規劃與治理的倨傲及缺憾，同時照見了替代性地方發展的可能。

1 Foucault, M., & Miskowiec, J. (1986). Of Other Spaces. *Diacritics*, 16(1), 22–27.

2 Ingold, T. (2011). Being Alive. Essays on Movement, *Knowledge and Description*, New York: Routledge.

3 Ingold, T. (2015). *The Life of Lines*, New York: Routledge.

4 Latour, B. (2005). *Reassembling the Social: An Introduction to Actor-Network-Theory*, Oxford: Oxford University Press.

主編序

順河而下，看見一座島

廖桂賢　國立臺北大學都市計劃研究所教授

社子島，位於淡水河與基隆河匯流處，面積約三百公頃。但，要如何進一步形容這個地方？許多人說它「殘破」、「被時間遺忘」、「臺北最不像臺北的地方」、「連一間便利商店都沒有」，這些形容都帶著價值判斷，明示或暗示社子島的「落後」。

一個地方到底該如何發展，才是進步？

大多數人相信：荒地要開墾、農地要變建地、建物要持續更新，才是進步。這樣對土地利用／地方發展的觀點，不過是眾多價值觀之一，在臺灣卻成了霸權，透過民粹政治、行政官僚、專業審查共同形成的體制，壓迫價值觀不同的人；數十年來，在公共利益的大旗下，透過「**整體開發**」**手段搭配**「**區段徵收**」**工具**，造成無數人承受日夜憂慮、家園剷除、最終迫遷的痛苦。一群人的「進步」建立在另一群人的痛苦上，這樣的社會代價往往被視為理所當然，並很快在嶄新城區中被遺忘。

即便是作為空間規劃研究者，這幾年我若沒有深入接觸社子島，可能也無法深刻體會臺灣都市計畫加諸在價值觀不同的人民身上的痛楚。雖然人生前半段大都住在臺北市，但我直到二〇一四年八月，才因為開始關注社子島開發爭議而第一次踏上社子島。沿著堤防走一圈所見的開闊水岸風景，與社子島內部的地景是全然不同風光。後來社子島在地的朋友陸續帶我走訪不同角落，每一次的探訪都提醒我——任何對社子島的單一形容詞，都是以偏概全。即便我無法不注意處處存在、意象負面的鐵皮屋與廢棄物，但在許多在地居民眼中，社子島仍是相對於臺北市「安靜、空氣好」的祕境；甚至，一般人認為發展程度低的大片菜園、便利商店的欠缺，在居民眼中卻是社子島的「資產」。這與主流不同的價值觀，竟完全不見容於歷任政府對社子島提出的開發計畫。

二〇一五年，柯文哲主政下的臺北市政府，新官上任的副市長林欽榮與都市發展局局長林洲民，聯手進行社子島空間規劃。然而，即便導入新潮專業術語，本質上仍是抹去現有一切的整體開發、搭配「全區」區段徵收的傳統模式。臺灣可以再承受一個大規模的不正義迫遷開發案嗎？不少學界與業界專業者都對此案憂心忡忡。

我開始關注社子島開發爭議的頭幾年，還在國外任教，僅能趁短暫回臺灣的時間，與關心社子島的空間規劃專業者討論行動方案。我們形成「專業者關注社子島陣線」，於二〇一七年一月開展具體行動：於社子島福安國中舉辦為期五天的「社子島發展替代方案跨領域工作坊」，來自臺灣各大學院校與新加坡國立大學（包含景觀、建築、都市計畫、水利、社會學等背景）將近六十位學員，在六位老師的帶領下，基於田野訪談與觀察，對社子島的聚落提出不同想像；並在最後一天對社子島居民報告規劃方案。我們試圖透過工作坊，讓居民看到社子島除了整體開發以外的不同發展可能。

接下來幾年，我們積極在一場又一場的都市計畫與環評審查會議中發言陳情、開記者會、投書媒體、製作懶人包、發起連署，呼籲北市府傾聽在地聲音，修正「生態社子島」計畫。然而，無論是體制內陳情或體制外公開呼籲，都未能改變該計畫；即便無數次的審查會議中，不乏委員質疑全區區段徵收之必要性，並要求北市府正視居民抗爭、強化社會溝通，該計畫仍一路通過都市計畫（包括主要計畫與細部計畫）、防洪計畫、第二階段環境影響評估等審查。當「生態社子島」仍然在內政部進行都市計畫主要計畫審查時，一位委員曾經私下無奈告訴我，「無論如何最後一定還是會通過」，沒有解釋原因。

引發大規模反彈、迫使居民組織自救會抗爭的都市計畫，在不同面向的重重審查下，還是通過了。臺灣的都市計畫到底出了什麼問題？為何從政府官僚的規劃階段，到學者專家的審議階段，都無法爲社會正義把關？顯然，社會正義並非臺灣都市計畫的考量重點。

如今「生態社子島」都市計畫看似已推進到最後一關：內政部的土地徵收審議，通過後就可執行。無論這進程是快是慢，放在眼前的事實是，柯文哲主政八年落幕，開發案仍懸而未決，苦盼整體開發的一方等不到結果，反對區段徵收的一方仍持續面臨迫遷威脅。八年來即便柯市府一心求快，蔑視反彈聲浪，一意孤行強推「生態社子島」，這一切沒有提升居民福祉，反而助長更猖狂的土地炒作、更大量的違法廢棄物，並導致社子島內部嚴重對立，親友反目。

柯文哲絕非唯一試圖解決社子島問題的市長，回顧過去五十年來，其實歷屆市長均對社子島提出整體開發計畫。然而，過去這些計畫陸續因為對大臺北其他地區的防洪安全威脅疑慮、計畫內容引起高度爭議（如設立色情專業區）、未能滿足地方頭人要求的高容積率、填土量過高的環境衝擊等，而未能實現。社子島的開發願景一再重新規劃，卻都不了了之。歷任政府一味堅持「整體開發」，正是讓社子島數十年來仍無法掙脫禁限建枷鎖的主因。為了讓社會大眾瞭解以整體開發搭配區段徵收手段進行都市計畫的問題，我們花費一年半的時間書寫《城中一座島：築堤逐水、徵土爭權，社子島開發與臺灣的都市計畫》，企盼社子島的案例開啟社會深入討論社子島未來有別於「整體開發」的可能。

本書第一部回顧社子島開發爭議的歷史脈絡，接著梳理柯文哲主政時期的紛擾，讓讀者瞭解為何社子島開發引發抗爭。接著我們帶讀者深入認識社子島：第二部書寫社子島的聚落演進與地方認同，並以圖輯呈現在地豐富的信仰文化。社子島本是兩河交匯的沙洲，與水關係密切，第三部描繪社子島聚落與河流水圳的互動關係，並介紹因應河川環境變動而發展出極為特殊的「李復發號」土地交換制度。我們也希望讀者看到一直以來在臺灣都市計畫中被忽略、隱形的社會網絡，因此第四部記錄社子島居民互相關照的社會支持系統，以及在綿密的社會網絡中柑仔店與小吃店的角色。此外，社子島遍布菜園與工廠，一般人認為這與「都市」意象格格不入，但第五部對在地產業的書寫，告訴讀者社子島的農田與工廠是如何默默支持城市的運作，並支撐許多居民的家計。第六部則透過多元面向，為不同背景的讀者解析市府推動社子島都市計畫的問題，並建議其他可能的規劃取徑。最後，我們帶領讀者一起探討都市計畫的專業倫理問題，反思土地利用／地方發展的價值觀。

本書共同作者張式慧、柳志昀、徐孟平，都是長期關注社子島開發爭議的年輕人，他們的書寫，一字一句都經過扎實的文獻分析與田野訪查，奠基在親身參與社子島相關社運、文化甚至日常生活事務的經驗。此外，徐碩、王麒愷、張亞喬雖未列名作者，亦參與本書初期的討論與寫作，因此於各章節標注他們的貢獻，特此致謝。也謝謝李世勳初期的文字討論，及陳鴻筠和王翰初期的參與。本書來自社子島社會運動的啟發，因此也要特別感謝未在作者群中，但一起並肩作戰多年的「社子島作戰團」夥伴，包括康旻杰、郭鴻儀、許博任。本書部分內容，也因石婉瑜、黃舒楣的建議，更顯完備。此外，感謝華盛頓大學的侯志仁教授，在本書仍在醞釀階段時的建議與鼓勵。當然，也要謝謝諸多社子島的朋友，尤其是書寫本書過程中願意接受訪談、提供資料的居民，讓我們看到社子島的精采豐富。最後，誠摯感謝春山出版社願意出版這本書，以及瑞琳與舒晴在寫作上的引導和畫龍點睛的編輯。

我們絕不願社子島最終被推土機鏟平，也不樂見社子島持續在禁限建中原地踏步。但盼這本書為社子島留下歷史紀錄，促使臺灣邁向更民主、正義的空間規劃，而不是僅成為未來的一段追憶。

洲美快速道路旁，容易被忽略的延平北路七段口，是通往社子島的入口。（柳志昀攝）

第一部

都市計畫下的社子島紛擾與自救

文字／徐孟平

你怎麼來社子島？

延平北路六段尾接上了快速道路匝道口，若想開車進入七、八、九段的社子島，就得離開主幹道，先左拐閃過對向車道、再往右切接上延平北路七段，接著放慢車速，與貨車、卡車依序魚貫而入。此處道路變窄為一線道，與公車一同停停走走，並為機車與行人緩下速度，路旁有趣又紛雜的景象讓等待不致難熬。會車時與貨車司機眼神交會，先行者手擺了擺「歹勢」；當車輛進入田間小路，農民前來移動菜籃與機車，駕駛點頭「歹勢、歹勢」；社子島裡有好多條轎車進不了的巷子，老人悠哉閒坐，小孩奔跑玩耍。回望延平北路六段尾，只見南北向共九線道的快速道路、防汛道路硬是橫過，六段與七段的銜接剩下貼合車道的狹長的土地，一旁聳立的堤防阻隔河道的風景。這些路段與設施清除了周邊的歷史脈絡，把半島劃了邊界。社子島是臺北市倖存的傳統聚落，像是一座安穩的城中之島。

「我家在蘆洲，我姑姑嫁去社子島，」李先生頓了一下說：「你們現在可能不知道了，我們小時候是坐船去社子島的。」當河道還未被高堤所箝制，都市的水仍有許多樣貌時，蘆洲有兩處渡船頭載客來往社子島「溪洲底」、「溪砂尾」聚落；北投有一處渡船頭來往社子島「浮洲」聚落；關渡亦有一處渡船頭來往五股獅子頭與社子島島頭「浮汕」聚落，沿河頻繁貨物交通，農民划船種作。彼時平緩多沙洲的淡水河與基隆河，串連起社子島人的家族血脈與賴以為生的耕地。

水從一開始就載著人們往來社子島。那是水讓人敬畏、祈求豐年的淳樸時代。

水利建設前進河的流域

當都市人口、建設、產業增加時，土地與能源的需求也隨之增加，河川成了資源的提供者：上游興建水庫供水與發電，下游開採砂石；為開發水岸土地，興建堤坊護岸等防洪工程；也為滿足休閒娛樂，河川灘地開闢成河濱公園、鋪設腳踏車道。然而，這些工程劇烈改變河川自然樣貌、水文、生態。上游堰壩攔水，顯著減少下游水量與砂石；水岸開發，讓河川失去天

社子島一九七〇年代水上交通（照片來源：李長文）

然的洪泛平原來蓄存洪水，升高水患風險；河川灘地人工化，喪失水路交界最豐富的濱河生態系。

臺灣北部的淡水河系流經六個水庫、十個水壩與攔河堰、十個水力發電廠，下游的淡水河與基隆河匯流於社子島，再流出臺北盆地，為北部大都會的發展不停輸送資源；人們也為了開發本就低窪易淹水的臺北盆地，漸漸在都市與河川之間築起綿延不斷的堤防與防洪牆。都市大規模改造了淡水河系，卻不見其隱憂。

1 都市防洪犧牲社子島

防洪圍水，社子島成為「堤外」

臺灣在夏秋之際經常受到颱風侵擾，也往往伴隨地區性的強降雨，淡水河系各支流上游集水區地形陡峭，颱風豪雨在短時間內匯集大量逕流，進入臺北盆地時坡度驟降，便容易造成河川氾濫。

但颱風豪雨不是惡，雨水補充了地面水與地下水，自然作用下的積淹、沖刷、侵蝕都是孕育生態的一環，淹水本是自然的，但對現代都市而言，卻已不能完全算是「天然」災害，不當的土地利用與治水工程常是導致水患加劇的原因。

國民政府遷臺後，激增的人口與產業發展使得許多原本在日治時期被刻意保留，用以滯納洪水的窪地（例如永和、雙園、西園）與水路相繼被開發，降低了大自然調節洪水的機能，[1]讓臺北盆地在面臨颱風豪雨時更容易遭受水患。在當時視歐美工程科技為顯學、相信人定勝天的年代，反覆上演的水患強化了人們對於防洪排水工程的需求與期待。

為使中央與地方機關就臺北地區防洪工作密切配合，一九六一年行政院設立「臺北地區河川防洪計劃審核小組」，將臺北地區防洪工作分為「治標」與「治本」兩部分。「治標」為「短期」內必須完成的緊急工作，如興建堤防以保護新店溪下游包括永和、萬華雙園與西園、景美等地，同時也清除永和、雙園、木柵、景美各河段的高莖植物及障礙物，改善排水、下水道及加強既有的堤防等工程設施；「治本」則屬於「長期」工程，需先全面查勘淡水河系後擬具計畫、分期實施。

治標計畫工程在一九六三年一月展開，同年九月隨即遇上葛樂禮颱風侵襲，一天內臺北地區降下破紀錄雨量，加上石門水庫閘門全開洩洪，並時遇河口漲潮，導致大臺北地區淹水達三天三夜，總計損失高達十四億元以上，及兩百多人死亡，[2]是國民政府遷臺以來臺北地區最嚴重的水災。[3]雖然災情慘重，但過去淹水嚴重

1. 《臺北市發展史（四）》（臺北市：臺北市文獻委員會，一九八三），頁三二二至三二四。
2. 鄭懿瀛，〈葛樂禮颱風〉，文化部，https://cna.moc.gov.tw/home/zh-tw/history/36176。

的永和、木柵溝子口及政治大學等地的影響相對輕微，因此治標工程被認為有一定效果，這些成果加速治本計畫的推動。最終，工作小組與美國陸軍工程師團（United States Army Corps of Engineers）商議訂定治本計畫以「兩百年洪水重現期距」[4]作為臺北地區防洪保護強度，「第一期實施方案」工程項目包括關渡拓寬工程（炸毀五股獅子頭）、基隆河截彎取直、社子島北端沙洲浚渫（指清除河道中淤積的泥沙）及興建堤防等，並興建了淡水河與基隆河的渡頭堤防與社子堤防，來保護延平北路五段的葫蘆堵與延平北路六段的社子區域，至於延平北路七至九段則成為「堤外地區」，也就是今日社子島範圍。

防洪禁限建，社子島化為紓解都市水患的洪泛區

社子島這個由河流沖積而成的沙洲之所以能一定程度保有古樸風貌，正是因為過去政府因防洪政策，透過都市計畫限制社子島的發展權。第一期實施方案完工後，基隆河新河道及社子島北端浚渫處都有回淤現象，加上《洪水平原管制辦法》執行困難、臺北盆地地層下陷嚴重，導致五股地區排水困難、部分完工的堤防高度不足等，致使行

3. 〈沈兼召集人於民國五十二年十月一日向立法院報告有關防洪治本計畫工作概況〉，出自《行政院臺北地區河川防洪計劃審核小組總報告》（臺北市：行政院臺北地區河川防洪計劃審核小組，一九六四），頁四四。
4. 在統計上而言，指平均每兩百年發生一次的洪水規模，即口語常說「幾年一遇的大水」，然實際上應理解為每年發生機率為兩百分之一的洪水規模；因此，連續出現兩百年重現期距的洪水並非不可能。一般而言，重現期距愈長，意謂洪水規模愈大，發生機率愈小。

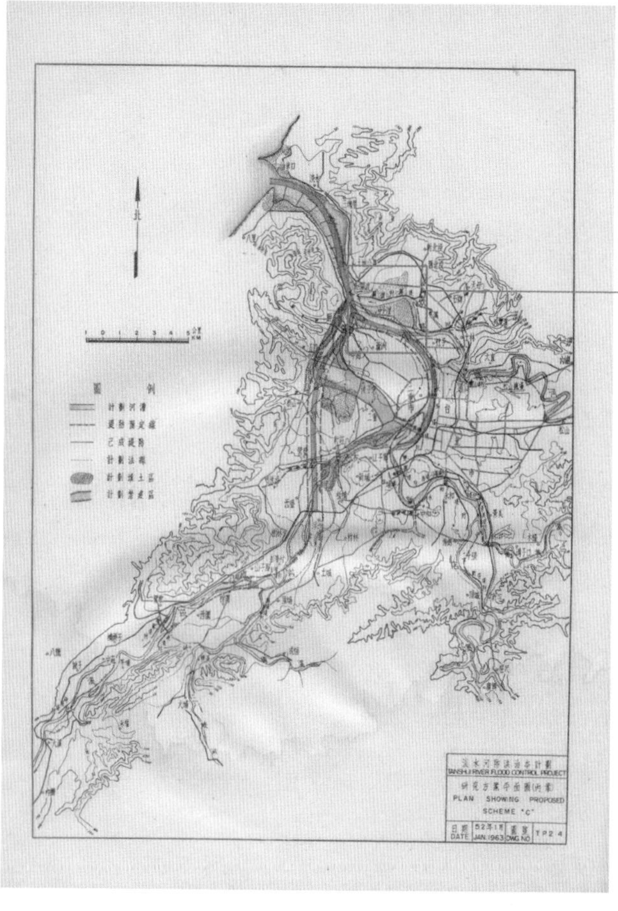

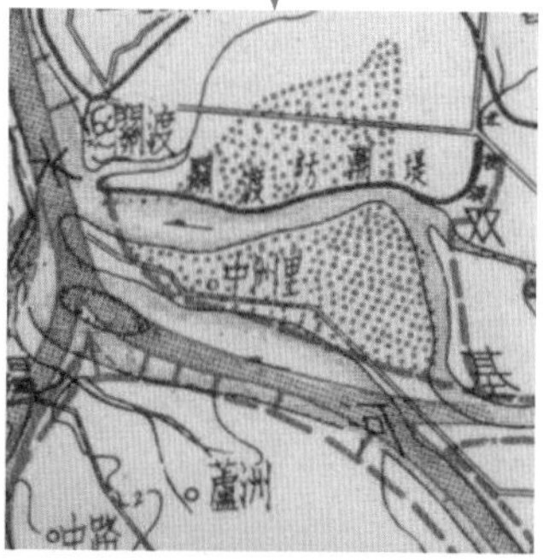

美國陸軍工程師團建議採用之研究方案平面圖，紅色虛線為堤防預定線，社子島被劃為堤外區域。

（圖片來源：行政院臺北地區河川防洪計劃審核小組總報告）

政院再度投入治本計畫的檢討，[5]並於一九七〇年由經濟部水資源統一規劃委員會公告〈臺北地區防洪計畫檢討報告〉，指出社子島「地勢低窪，排水問題亦不易解決，目前情形經濟評價殊低。將來若實施浚渫，可利用浚渫之土填高後，再行興建護岸保護，目前宜以非工程方法[6]處理」，將社子島列為「洪泛區」，建議由政府實施補助，[7]不得做任何都市發展計畫。

另一方面，為了安置遷臺帶來的大量人口以及臺北作為「戰時首都」定位的需求，國民政府在既有「臺北市城內市區計畫」的基礎上，將一定地區劃為「都市」，依計畫來發展都市地區的經濟、交通、衛生等相關設施並管理土地使用。此外，將這樣的都市計畫分為「主要計畫」及「細部計畫」，前者為實施準則，規範計畫範圍、土地使用配置等，後者則規範較細節的土地使用分區管制、開發強度等。

因應一九六七年臺北市升格直轄市後的行政區整合，原本屬於陽明山管理局管轄的士林、北投兩鎮併入臺北市，但行政業務仍由陽明山管理局負責管理。一九七〇年臺北市政府公告〈陽明山管理局轄區主要計畫案〉，將屬士林區的社子島劃為「限制發

5.《臺北地區防洪計畫檢討報告》(經濟部水資源統一規劃委員會，一九七〇)，頁一七至一八。

6. 管制措施包括：(1) 有計畫地限制洪泛區土地之使用程度；(2) 如必須使用洪泛區土地時，應先考慮洪災之風險；(3) 僅許作洪水時損失最輕之使用；(4) 堤防用地、河川行水區及洩洪區土地尤應嚴禁作進一步之使用；(5) 堤內低窪地區之發展應予限制，並保留相當面積之農地或綠地以調節排水。

7. 補助內容包括：(1) 加強局部地區之保護；(2) 淹水時損失嚴重之設施之拆遷；(3) 改善房屋如加高基地、加強結構、改建樓房等，以增加建築物耐抗洪水之能力；(4) 禁止建築物作淹水時易發生災害之用途。

展區」，規範島上建築必須配合防洪設施。

自此，**防洪計畫中的「洪泛區」及都市計畫的「限制發展區」兩個名詞成為禁錮社子島的魔咒，也就是「禁建令」的由來。**但這一連串大刀闊斧的政策改革卻未與地方溝通，對於當時社子島七千多位居民[8]來說更如同平行時空，也導致了日後長達半世紀的抗爭。

臺北地區防洪政策與社子島禁建令

1963 臺北地區防洪治標計畫

- 短期內須完成的項目
- 經葛樂禮颱風收有成效

1964 淡水河防洪治本計畫

- 長期規劃
- 洪水設計流量採200年洪水重現期距
- 社子島成為「堤外」地區

1970 臺北地區防洪計畫檢討

- 社子島劃為洪泛區

陽明山管理局轄區主要計畫

- 社子島劃為限制發展區：島上建設需配合防洪設施

❗禁建令

（徐孟平整理）

8. 一九六八年《士林鎮誌》中，當時社子島地區包含三個里行政區：福安里、富安里及中洲里，統計人口數為七五三九人。

因禁限建政策下無法修繕、不堪使用的房屋，只能用來堆置雜物，成為外界對於社子島「落後破敗」的印象。（廖桂賢攝）

一九九七年溫妮颱風，社子島延平北路八段淹水狀況。（柯金源攝）

排除在都市之外，社子島的產業與「違章」

一九六〇年代開始臺灣的工業發展政策轉為以外銷國際為主的出口擴張，由中央對工業採取各種扶助措施、鼓勵企業投資，[9]使得臺北市在一九七〇年代工廠數量快速增加。[10]同時期，臺北市為配合中央「加速農村建設」，推動蔬菜增產、農業機械化、設置蔬菜生產專業區等措施，加上蔬菜保鮮期短的特性，臺北市近郊地區逐漸將稻田轉作蔬菜，社子島也因此成為臺北市平地葉菜的主要生產區，[11]轉向專業化與高度集約。[12]

然而，隨著運輸工具的演進、公路運輸發展、臺北規模化的批發市場與管理制度，使得中南部生產的蔬菜突破地域限制，迅速供應臺北都會區的需求，[13]臺北農民除了改種較不耐長途運輸的葉菜外，也期待農地能作其他高價值產業使用，致使日後農田廢耕、出租堆置建材或廢棄物，也承接需寬敞土地與寬鬆汙染限制的工廠承租，逐漸衍生違章工廠的爭議。

臺北都會區迅速擴張，原本設立在都市邊緣地區的工廠，周邊出現愈來愈多住家，都市的生活、產業機能與居民就業逐漸無法排除工廠，加上早期法規不完備、都市計畫對工廠設立的限制及民眾對辦理程序不熟悉，種種原因導致市政府對違章工廠的處理消極。[14]儘管已訂定相關輔導

9.《第四期臺灣經濟建設四年計劃》（臺北市：經濟部，一九七一年一月），頁一七九至一八〇。

10.《臺北市政建設與都市計畫年報》（臺北市：臺北市工務局，一九七二），頁二七至三二。

11.《臺北市志》卷六經濟志農林漁礦篇（臺北市：臺北市文獻委員會，一九八八），頁二一二。

12.《臺北市發展史（四）》（臺北市：臺北市文獻委員會，一九八三），頁四三七。

13. 同注12，頁四〇一。

14. 同注12，頁五九八。

辦法，一九七九至一九八〇年間臺北市三千多家違章工廠中，登記申請並經核准的只有二十五家。[15]而社子島的處境更是難以取得合法工廠的設立許可，即使這些工廠中有部分屬於低汙染或無汙染的製造加工業、場地租借業，但絕不屬於都市計畫中「配合防洪設施」辦理的建築。加上〈陽明山管理局轄區主要計畫案〉公告實施後遲遲未制定細部計畫來規範社子島的土地使用，民眾無法申請建築執照、使用執照，這意味著即使是單純作為住家的既有建築，當居民因為家庭人丁增加、房屋老舊等因素需要整建房屋時，也難以申請擴建、翻修。

此時，居民才意識到私人土地的使用權，乃至整個社子島的發展權都在都市發展與產業型態的更迭劇變中，被硬生生地剝奪了。

爭取解禁，戒嚴時期上街頭

由於防洪計畫中「洪泛區」的定位，社子島周邊並未依兩百年洪水重現期距的標準進行築堤保護，但在部分居民爭取下，堤防建設於一九七〇年代展開。一九七三年八月，臺北市長張豐緒與工務局長張孔容等人赴社子島視察，瞭解浮洲一帶農田受潮水淹沒的損失情形，決定興建防潮堤，並於一九七五年完成淡水河及基隆河兩側防潮堤，此時社子島防潮堤的平均高度為二．五公尺。一九七八年，

15.《臺北市志》卷六經濟志工業篇（臺北市：臺北市文獻委員會，一九八八），頁一九四至一九六。

因關渡、洲美防潮堤的興建可能增加社子島水患風險，再將堤防加高為四公尺，達到相當於五年洪水重現期距的保護標準。

到一九八〇年代，臺北市政府為減輕市中心不斷增長的人口壓力，開始尋覓地點闢建新社區，鄰近士林、北投的社子島正是合適的選項之一，加上居民普遍希望擺脫禁建的限制，市政府更積極設立專案小組研擬配套，將社子島納入臺北地區防洪計畫堤防的「高保護」範圍，意即將社子島周邊堤防的保護標準提升為兩百年洪水重現期距，整體朝著「築堤保護、開放發展」的方向推進。

不過這項規劃涉及防洪計畫的管制內容，在市政府向中央申請核准時遭到否決。一九八七年八月，解嚴不到一個月，居民發起了「鐵牛車請願」，由當時福安里長楊明照、富安里長洪添貴及中洲里長陳文村成立的「社子島自救委員會」，號召四百多位居民搭乘遊覽車、鐵牛車前往市政府、行政院經建會及經濟部陳情，讓整件事有了轉圜的餘地。

一九八七年八月十一日，社子島居民騎鐵牛車至市府抗議。（圖片來源：《聯合報》）

「當時真的很壯觀！雖然那個時代沒有什麼轎車，但因為要載菜去賣，家家都有鐵牛車，大家說走就走，開鐵牛車到當時長安西路的舊臺北市政府。這些布條還是我拿毛筆寫的，一四白布四百塊，裁一裁就拿來用！」參與行動的王木琳分享籌備細節，而居民這次行動效果顯著，經建會不到一個月便同意將社子島原有的四公尺防潮堤加高為六公尺，雖然不及大臺北地區兩百年洪水重現期距的保護標準，但也將原本五年的保護程度提升到二十年。不過經建會同時設下「今後不得再要求加高堤防」、「區內人口不宜增加」、「嚴格管制土地利用計畫」等條件，這意味著社子島仍未脫其在臺北地區防洪計畫中「洪泛區」的定位。

未竟的都市藍圖，社子島邁向高強度開發

長期禁建之下，居民對於私人土地使用及房屋增建、擴建的需求與日俱增，一九八〇年代開始，大大小小的請願行動試圖鬆動社子島的禁建令，地方、臺北市政府、經濟部水利署對於土地利益、都市想像、防洪政策持續拉扯，形塑出了不同的社子島都市開發藍圖，在二〇一八年之前，社子島的都市計畫共經歷了三個版本。

海上遊樂區

「鐵牛車請願」後，雖然中央同意有條件地放寬對社子島發展的限制，不過後續市政

府擬定都市計畫時仍是一波三折，當時的討論包括是否在社子島設立「色情專業區」，將散布市區的特種行業集中納管；社子島內是否保留部分住宅區，或者全島開闢為遊樂特定專用區，以及居民與市政府就開發後的補償安置方案皆難達成共識，讓時任臺北市長吳伯雄一度揚言撤回開發計畫。經過各方協調與妥協，市政府提出以遊憩為主、住宅為輔的「海上遊樂區」。該都市計畫以區段徵收取得所需用地，[16]採低密度開發，[17]同時也考量排洪需求而限制建築一樓挑空、不得住人；計畫人口則參考社子島當時人口數及未來自然增加人口數，訂為一萬六千人。一九九三年正式公告實施「擬（修）訂社子島地區主要計畫」，這是社子島跨出禁建的第一幅藍圖。

有了都市計畫的主要計畫後，市政府接著往細部計畫推進，委託開創規劃公司與美國RTKL公司辦理「社子島地區細部計畫、都市設計及開發計畫案」。期間，開創公司協辦《社子島報》作為居民與政府、規劃單位溝通的橋梁，[18]也邀請地方代表前往美國、加拿大參觀水岸開發案例。雖然仍有居民對方案內容不滿，主張徵收補償不足、要求提高開發後的容積率[19]和建蔽率[20]等，但這些訴求大多與經建會的決議背道而馳，也有部分與徵收法規不符，市政府不願採納，社子島的開發進入拉

16. 區段徵收是一種取得開發用地的方式，政府在基於公共建設需要，將一定範圍內的土地進行徵收後重新規劃、分配使用分區，並給予被徵收人一定補償及安置徵收區內的弱勢族群。惟此制度因強制剝奪人民財產的特性及缺乏正當性而屢屢引發爭議，詳細可參本書第六部第四章〈區段徵收的陷阱〉。

17. 指嚴格限制開發範圍內建築物的密度及高度，不得超出一定標準。

18.〈土地徵收在即 誰管社子島的未來 都計處召開溝通會議，由於民眾對拆遷安置無著落憂心忡忡，以致對規劃藍圖興趣不高〉，《中國時報》，一九九二年八月二十日。

19. 容積率指基地內建築總樓地板面積與基地面積的比率，容積率愈高代表建築可蓋樓層數愈高。

20 建蔽率指建築投影面積和基地面積的比率，建蔽率愈高代表一塊土地上能蓋的建物面積愈大、空地愈少。

鋸戰。

一九九六年開發案迎來巨大轉變。這年夏天賀伯颱風帶來破紀錄豪雨，淡水河因天文大潮及石門水庫洩洪，河川水位高漲，臺北市區積水嚴重且多處道路坍方，災情與一九六四年的葛樂禮颱風相比，有過之而無不及，社子島較低窪的地區平均積水深度更達到一二〇公分。災後，市政府除了加強社子島的防洪排水設施外，[21]時任市長陳水扁更指示都市發展局（簡稱都發局）盡速提出社子島都市發展專案計畫，並需達到兩百年洪水重現期的保護標準。[22]至此市政府提出了第二幅藍圖——「河濱之春」。

河濱之春

有別於「海上遊樂區」低密度開發，「河濱之春」開始往高密度開發推進，計畫人口從原本一萬六千人增加至三萬人，全區分為高保護區及一般保護區，一八〇公頃的高保護區周邊興築九．六五公尺堤防，主要的住宅、工商用地都集中於此，並以關渡堤防北移至大度路作為配套來彌補河川區域損失的通洪空間，而社子島西側、北側則屬於「一般保護區」，在保留排洪的功能下發展休閒遊憩，除了沿用原本的六公尺堤防外，一般保護區的住宅底層也必須挑空，供停車或其他公共空間使用。

21.〈賀伯颱風來襲本市災情及防洪專案報告〉，出自《臺北市議會第七屆第四次定期大會第十八次至二十一次臨時大會議事錄（五）》，臺北市議會，一九九六年十月十七日。

22. 洪玟琴報導，〈社子為滯洪區 堤防不宜再加高 經濟部水利司長認為全面開發社子島 對大臺北防洪安全將構成嚴重威脅〉，《中國時報》，一九九六年八月三日。

為了不讓社子島開發所損失的通洪空間影響其他區域的防洪保護效果，即便都發局盡力嘗試在兼顧防洪計畫限制與社子島高保護需求的條件下進行規劃，仍有部分地方頭人不斷爭取提高開發密度及徵收補償，甚至提出全面開發社子島三百公頃的土地，在進行水工模擬後，市政府決定將高保護區擴大為二四〇公頃。然而，這已完全違背經建會所設下「今後不得再要求加高堤防」、「區內人口不宜增加」、「嚴格管制土地利用計畫」等限制，也引起水利工程學者專家關切，認為從水文及地質角度來看，社子島都不宜過度開發，與水爭地的結果更可能加劇關渡平原的水患。[23]

不過學者專家的提醒並未獲得重視，「河濱之春」的構想在各方來回拉扯，亦未完成都市計畫審議，而社子島開發案隨著一九九八年馬英九當選臺北市長後，再度邁向另一個都市開發藍圖。

臺北曼哈頓

馬英九市長任內進一步規劃將高保護區內的地面層填高達八．一五公尺，[24]計畫人口從三萬人再增加至三萬六千人。[25]接著二〇〇六年當選臺北市長的郝龍斌延續提出「臺北曼哈頓」、下修計畫人口為三萬二千人，任內不僅獲得經濟部水利署核定通過修正防洪計畫、完成都市計畫主要計畫的變

23. 龔招健報導，〈開發社子島 人與水爭地？學者專家：從水文及地質角度來看 都不宜開發 養工處：配套措施周延 安全無虞〉，《中國時報》，一九九八年十一月二十日。
24. 楊金嚴報導，〈社子島 決小區域高填土開發〉，《聯合報》，一九九九年七月二十一日。
25. 楊金嚴報導，〈社子島 擬朝高保護方式開發〉，《聯合報》，一九九九年三月十七日。

更，並於二〇一一年公告實施。

修正的過程中雖然仍不乏地方頭人要求提高徵收補償的呼聲，但不可否認「臺北曼哈頓」滿足了上述極力爭取者對於「開發」的想像。社子島歷經政權更迭、地方頭人與公部門角力，從全區限制發展邁向大範圍的高密度開發。

上述三個都市開發藍圖雖有地方說明會、《社子島報》的政策宣導與意見交流，但囿於都市規劃的專業性及資訊傳遞的方式，規劃方案的討論一直難以深入社子島在地，所謂社子島的「民意」淪為民意代表及地方權貴的訴求。其實，一直以來對大多數居民而言，「解除禁建、原地修繕房屋」才是眼前最急迫的事，但北市府與地方頭人卻執著於徹底翻轉社子島的大規模都市開發。眼見開發案成為選舉候選人的空頭支票，地方居民對所謂「社子島開發」的期待及參與感也逐漸疲乏。曾參與一九八七年八月「鐵牛車請願」籌備與行動的王木琳說：「歷年的開發案也搞不清楚他們在想什麼，選舉的時候就會有一套出來，選完了就算了。」直到二〇一九年二月居民收到生態社子島的拆遷安置聽證會議通知書，「柯文哲這個發出來，全社子島上萬多份，大家才知道（這次不一樣了），要不然大家都習慣過著日子。」

一九七〇年至二〇一一年各時期社子島規劃方案比較表

計畫意象	堤外地區	海上遊樂區	河濱之春	臺北曼哈頓
主要計畫確定	1970年 公告實施	1993年 公告實施	未完成 都市計畫審議	2011年 公告實施
時任臺北市長	高玉樹	黃大洲	陳水扁	郝龍斌
計畫範圍	未就社子島地區做都市發展計畫	322.67公頃	301.57公頃	294.13公頃
高保護範圍	無 島上建築必須配合防洪設施	無 配合防洪計畫採低密度開發	180公頃提升至240公頃	240公頃
防洪相關配套措施	嚴格管制區內土地使用	• 防潮堤加高為6公尺 • 建築一樓挑空 • 嚴格管制土地使用	• 高保護區周邊興築9.65公尺堤防 • 關渡堤防北移 • 關渡自然公園兼具滯洪功能	• 高保護區周邊興築9.65公尺堤防 • 住宅區等人居地填土至樓高8.15公尺以上 • 蘆洲垃圾堆清除
計畫人口		16000人	30000人	32000人
開發方式		區段徵收		

（徐孟平整理）

2 失速的「生態社子島」列車

「我們這種外行人頂多知道容積率、建蔽率，那個什麼區、什麼區，我們怎麼會知道？那時當然也不懂方案一、方案二、方案三是什麼意思。」曾參加二〇一五年「社子島戶外開講說明會」的居民陳聰信感嘆道，七年後他才瞭解當時現場展示的計畫圖中，每一個色塊背後隱含的資訊，不只影響房子能蓋多高、能蓋多大，更直接牽涉到「家」還在不在的問題。只要住家不是在「再發展區」[26]內，居民就必須面臨徵收搬遷，而是否有補償費及補償費是否足以重新安家，那時都還是未知數。資訊的有限性正是多數居民所面臨的困境，自然也難以及時表達想法，在面對「都市計畫」這類專業領域時，居民只是刀俎上的魚肉，任人宰割。

二〇一一年前，社子島開發進度的討論都還停留在防洪計畫及都市計畫中的主要計畫，但若想達成「解除禁建」的目標，還須通過四大審議程序，分別是：**都市計畫（包含主要計畫及細部計畫）**、**防洪計畫**、**環境影響評估**、**土地徵收**。四項程序是針對各項規劃內容進行評估，例如為了要使社子島得以興建新建物，需要透過都市計畫擬定才能有建築線、使用分區等建築時必要依據；

26. 臺北市政府日後於細部計畫中提出的一種住宅區型態，符合一定條件的土地所有權人可提出申請剔除於區段徵收範圍並規劃為再發展區，後續由土地所有權人自行開發使用，申請開發建築時再回饋一定比例的土地或代金。

社子島從洪泛區變更為高保護區，則需要仰賴防洪計畫的修正，治理外水與內水；而開發對於環境造成的影響，則需透過環境影響評估（簡稱環評）審視如何預防、減輕不良影響；最後，開發基地的範圍以及取得方式，則是在土地徵收審議進行討論。

「臺北曼哈頓」出於所需填土量過高，止步於環評審查，許多環評委員對於土方來源與品質提出疑問；且社子島全區屬土壤液化高潛勢區，即使全區填土仍有高度液化可能，也有委員提出部分區域應盡量避免配置高密度人口，要求市政府再研議。只是「研議」還沒有結果，就再次遇到市政易主。

居民投票「i-Voting」，認知與數位落差下揭開序曲

二〇一四年的臺北市長選舉首次由非國民黨、民進黨的候選人勝出，柯文哲以「開放政府、全民參與」為號召理念，同時承接社子島開發的任務及選民對於政治革新的期待，而新任市政團隊為了回應「臺北曼哈頓」在環評遇到的疑慮，更進一步提出「生態社子島」、「運河社子島」、「咱ㄟ社子島」三個方案讓居民選擇。二〇一五年六月，柯文哲市長在社子島福安國中舉行的社子島戶外開講說明會宣示：「過去四十五年社子島禁建，是臺北市政府對不起你們，我今天當市長，在我上任之後的第一場市政戶外說明會就是來社子島，這代表我對這個問題的關心，我有最大決心要解決這個問題。」臺下除了多位里長、議員、立委，

運河社子島

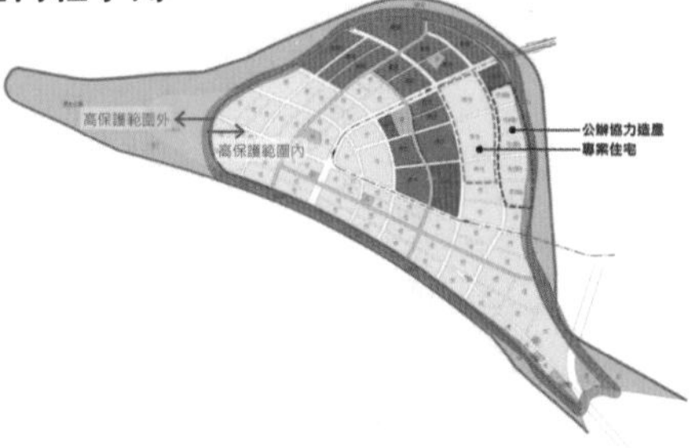

1. 20公尺寬運河穿梭之緊密發展城市
2. 大型的堤外緩坡碳匯公園及農業區
3. 人、船及車三分層的都市發展結構

生態社子島

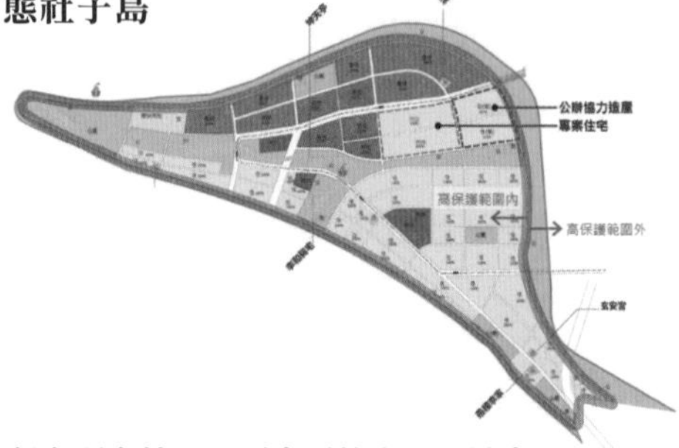

1. 保存既有紋理及歷史脈絡之田園城市
2. 營造藍、綠共存的親水軸帶公園
3. 悠閒、低碳的樂居生活

咱ㄟ社子島

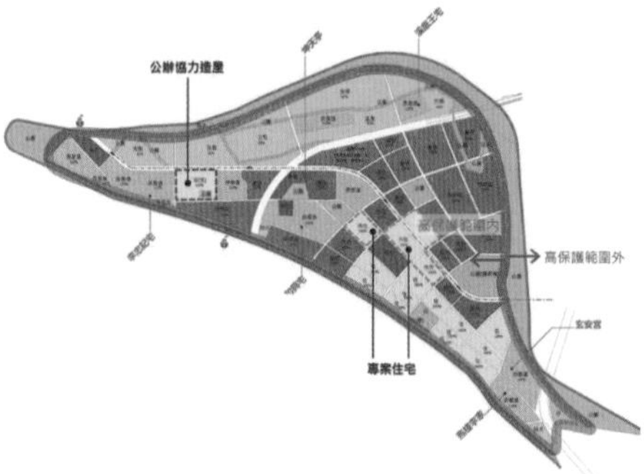

1. 保存既有紋理及歷史脈絡之田園城市
2. 多元開發、分期發展

明日社子島

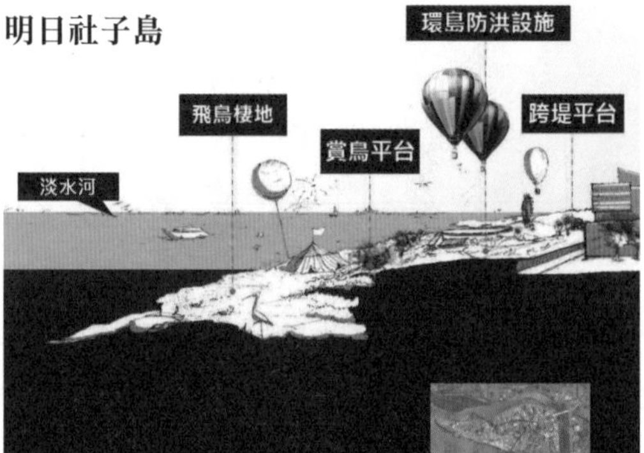

市府提出的三個開發方案（資料來源：〈開發方向說明簡報〉，臺北市政府，二〇一五）

還有百位社子島居民盯著投影布幕，藉一張張投影片勾勒「明日社子島」的想像。

為了落實「開放政府、全民參與」的理念，市政府推出「i-Voting」投票機制，期望透過網路的力量促進市民參與市政討論及推動，社子島開發方案的票選恰好可作為市政團隊實際操作的案例，時任副市長的林榮欽曾在i-Voting投票作業舉辦前自豪地說：「社子島是臺灣都市計畫第一個由住民自決的地方。」[27]但事實是，所謂「住民自決」僅是市政府基於行政效率、政策需要，提出選項來讓居民「選擇」，對居民而言，看著市政府i-Voting宣傳單中「生態社子島」已蓋上的圈選章仍是滿肚子困惑，沒有人真的瞭解不同方案將對自身命運產生如何的影響，[28]充其量僅是市政府以公民參與為名，鼓動群眾支持政策（本書第六部將進一步分析i-Voting的問題）。此外，雖然i-Voting提供網路及現場兩種投票方式，但「現場投票」其實是由投票場所工作人員教導民眾操作電腦的投票系統，對於人口組成偏向高齡化的社子島來說，無形中因數位落差而產生抗拒。

不安的氣氛開始在鄰里間蔓延，居民的態度也漸漸轉為抗拒與不滿。隨著投票日期逼近，居民甚至發起「罷投」表達抗議，拒絕為i-Voting背書，也質疑宣傳單上突然多出的「不開發」選項是威脅居民，若不支持方案就是

27. 賴至巧、謝錦芳報導，〈社子島的三種想像〉，《中時新聞網》，二〇一五年十二月十三日，取自https://www.chinatimes.com/newspapers/20151213000307-260102?chdtv。

28.〈消極表態？社子島i-Voting首日投票率二成〉，《TVBS新聞網》，二〇一六年二月二十七日，取自https://news.tvbs.com.tw/politics/641771。

代表不要開發。柯文哲市長雖然親臨地方說明會爭取支持，但卻說出：「其實我看一看，我想我會投第二個那個生態社子島。如果在柯文哲任內無法上路上線，我很清楚這個就是再等五十年，以後沒有市長這麼瘋做這事。」還揚言：「不喜歡不要投就好。」[29]最終i-Voting的投票結果是，「生態社子島」在有投票資格的一萬四四七八人中獲得三〇三二票，成為柯市府的主要方案，也成為官方正當化該方案的理由。

失速的審議

柯文哲為了能夠在市長任期內順利達到「盡早解禁」的施政目標，各局處緊鑼密鼓地籌備相關作業，並宣示：「群策群力，使都市計畫、防洪計畫、環境影響評估及區段徵收等四大重點工作，加速推動，並請各界持續鼓勵鞭策。」[30]名為「生態社子島」的列車即將發車，島上的人們是要敞開雙臂迎接「進步」到來？還是攘臂而起，凝聚眾人力量「自救」？又或者選擇躺平任其「輾過」？

所謂「生態社子島」，部分延續前朝「臺北曼哈頓」的大方向，包括全區填土、劃設二四〇公頃高保護區、周邊興建九・六五公尺高堤，及採

29.〈社子「拒」i-Voting　柯滅火傾向「生態島」〉，《三立新聞》，二〇一六年二月二十一日，取自https://www.youtube.com/watch?v=uj2fx_o6E3E&t=48s。

30.〈「生態社子島」開發方向勝出 投票率逾三成五 市政府宣示持續溝通加速開發〉，臺北市政府地政局土地開發總隊新聞稿，二〇一六年二月二十九日，取自https://shezidao.gov.taipei/news_content.aspx?n=ecdf952643a29e78&sms=72544237bbe4c5f6&s=0f2125adc5305083。

區段徵收進行整體開發。但兩者在土地使用分區的規劃上大有不同，「生態社子島」以科技產業專用區及更多的住宅區、商業區取代原本的娛樂區、遊樂區，並主打肩負滯洪功能的大型綠地公園，集納開發後製造的雨水逕流。為了避免重蹈「臺北曼哈頓」的覆轍，「生態社子島」主動降低區內填土高度為二．五公尺至四．五公尺，以減少填土量。此外，市政府在審查過程歷經幾次審查委員質疑後，將計畫人口自三萬二千人調降至三萬人，不過這仍是現況常住人口的近三倍，整體而言依然朝高密度開發方向推進。

實現「生態社子島」亦須完成前述四大審議程序——都市計畫（包含主要計畫變更及細部計畫擬定）、防洪計畫、環境影響評估及土地徵收。這些複雜的程序使得社子島的開發就像是一輛具有四座鍋爐的列車，彼此連結互相影響，且因牽涉的議題與層級不同，鍋爐的管控又分屬不同主管機關，諸多議題也如同那些錯綜複雜的管線，穿梭、交織在列車之上，牽一髮而動全身。但從 i-Voting 投票結束到完成主要計畫研擬、進入公開展覽，中間才經過三個多月的時間，剛接手的市政府團隊、地方居民都還搞不清楚，就已經要迎來第一個鍋爐的挑戰——「主要計畫變更」。

地方官員施壓，主要計畫有條件通過

社子島的主要計畫變更需先通過地方層級的臺北市都市計畫委員會（臺北市都委會）審

議，才可進入中央內政部都市計畫委員會（內政部都委會）的審查。但才剛啟動變更程序就在地方層級的審議中碰壁，會議中委員提出的爭議分為三個部分：首先，社子島的開發對於臺北地區整體防洪、氣候調節可能有負面影響，但缺乏更全面的評估；[31]第二，計畫設定了現況近三倍的人口，不符合臺北市人口負成長趨勢，且背離成長管理概念；最後，計畫過度忽略社子島居民的生活樣態、文化節慶、產業活動等面向，勢必對在地上萬人的生活與生產造成嚴重衝擊。然而這些重要建言不僅未能「鞭策」市政府，反倒換來時任臺北市副市長兼臺北市都委會主席林欽榮的冷言冷語：「你的生命沒有在這案子。」[32]最終，在林欽榮強力主導與護航下，「生態社子島」於二〇一六年十月通過審議，進入內政部都市計畫審議程序。

計畫進入內政部都委會審查後，「生態社子島」變成中央部會的燙手山芋，本應該在地方層級審議時釐清的爭議仍然存在，加上區段徵收、高保護範圍對臺北地區防洪計畫的影響等議題，導致原本就體質不良的都市計畫衍生出更多問題，好比列車鍋爐之間相連的管線還沒一一找出運作方式，卻急迫地驅使其他鍋爐趕緊上線。

保守的中央與積極的北市府間形成一股微妙張力，一方認為應廣納建議逐一釐清爭議，一方則認為應盡速審議才能解決問題，過程中委員與民

31. 臺北市都市計畫委員會第六九四次會議紀錄，二〇一六年八月二十五日，https://www.tupc.gov.taipei/News_Content.aspx?n=C1E985DC0854084A&sms=C412520428789622&s=D0C548A01A3C7B38。

32. 郭安家報導，〈討論社子島計畫被質疑鬼打牆 林欽榮嗆「生命不在這案子」〉，《自由時報》，二〇一六年八月二十五日，取自https://news.ltn.com.tw/news/politics/breakingnews/1806043。

間的質疑不會停歇，導致內政部審議速度不如市政府預期，柯文哲市長甚至多次親自拜會時任內政部部長葉俊榮，[33]並表示「我看只有我這個瘋子才有機會，有辦法的時候趕快往前進」。副市長林欽榮也抱怨，「不要因為都市計畫委員會中一兩個人的意見，卡住整個社子島的前進。」最終迫於選舉壓力，加上柯市長頻頻將緩慢的審議過程定調為「中央卡柯」，二〇一八年六月二十六日，「生態社子島」的主要計畫變更案在各界未有共識的情況下，於時任內政部次長花敬群的主持中有條件通過，附帶條件包括「做好聚落及人文保存」、「安置計畫逐戶列管、合理安置」、「先行就拆遷安置計畫內容舉辦聽證」。

爭議未決下環評程序啟動

在各方為了都市計畫、徵收公益性及必要性僵持不下之時，市政府同步於二〇一七年啟動環評審議程序。我國環評制度中，經委員會審查對環境影響較小的開發案可以在第一階段環評（一階環評）直接通過，但若委員會審查後認為開發案可能對環境造成重大影響，則必須進入第二階段環評（二階環評），後者多了「範疇界定」的民眾參與程序，由環評委員、開發單位、在地居民、團體、學者專家進行範疇界定會議，討論需要調查的項目、決定調查方法、是否有可行的替

33. 王彥橋報導，〈為社子島開發案低頭了！柯文哲拜訪葉俊榮：只有我這個瘋子才有機會處理〉，《風傳媒》，二〇一七年十二月四日，取自https://www.storm.mg/article/367664。

代方案等。

因過去「臺北曼哈頓」在環評審議時曾被認定可能對環境造成重大影響，這次市政府主動表達「生態社子島」進入二階環評的意願，民間也在範疇界定會議中提出訴求，例如將i-Voting的「運河社子島」、「咱ㄟ社子島」納入替代方案評估，也呼籲調查應強化生態、社會經濟、人文歷史等面向，並提出相對應的影響減輕措施。範疇界定過程中，環評委員、民間團體多次與政府委外辦理環評作業的顧問公司來回交鋒，最終仍未爭取到將上述內容納入評估，範疇界定便以「市政府承諾後續辦理『家戶訪查』」的條件劃下句點，進入環境影響的調查階段。進入二階環評階段也代表「生態社子島」將挑戰郝龍斌時期「臺北曼哈頓」所留下的紀錄，若二階環評順利通過，柯文哲將成為推進社子島開發案最有進展的市長。

倉促而行埋下抗爭伏筆

從二〇一五年起「生態社子島」方案初登場、i-Voting投票、進入二階環評完成範疇界定會議並進入審查程序、都市計畫修正並通過主要計畫，一項項程序告一段落，已經是柯文哲市長第一任任期的尾聲。在這短短的四年之間，部分居民曾組織「社子島居民自救會」（簡稱居民自救會），在許多說明會、環評範疇界定、都市計畫主要計畫審查等會議中積極發言，表達對於「生態社子島」方案的不滿。期間也與學者及民間團體，如OURs都市改革組織、環境權保障基金會共同合作，進行各項訴求的倡議。

柯文哲第一任任期尾聲，市府上下完整演示出何謂「食緊挵破碗」。

雖然表面上市府的程序有所推展，但過程中專家學者與居民自救會的合作、倡議，在各項審議中埋下了未來抗爭的伏筆。例如，為了回應環評程序需要針對「社會、文化、經濟衝擊以專章進行評估」的要求，市府於二〇一八年一月啟動家戶訪查（簡稱家訪）作業，但過程中與地方居民的互動並不順暢，甚至加深居民對市府的不信任，像是在家訪前僅舉辦一場說明會，且會議前兩天才於網路上公告，適逢連假，居民早有其他安排，里長也無法緊急協助宣傳，倉促的事前準備導致僅有約三十人出席。說明會上，與會的里長與居民對於市府草率的家訪程序及預擬的問卷內容表示不滿，臺上官員卻說出「做開發就是在做缺德的事情」、「為什麼說我做缺德的事情？……我拆你的房子，然後我領我的薪水」等語，讓家訪作業尚未啟動就已點燃起居民怒火。

即便與地方毫無共識，市政府仍堅持繼續推行家訪作業。訪查過程中也出現許多荒謬情事，如訪查單位不諳臺語、對安置補償方案內容不瞭解而無法回應民眾的疑問等，讓受訪居民感到灰心，開始覺得市府的一切程序僅是「跑程序」，為了趕時程而虛應故事，好盡速進到下一階段的審議。

同年六月，主要計畫有條件通過後，媒體版面、地方社團充斥著各種版本的安置補償謠言，地產商的廣告更是打得火熱、屋主趕租客等亂象開始出現。市府卻無意闢謠，僅回應內政部都委會所提的「做好聚落及人文保存」、「安置計畫逐戶列管、合理安置」、「先行就拆遷安置計畫內容舉辦聽證」三項附帶決議。面對爭議，市政府抱持著「一鼓作氣、不能猶豫」的態度全力衝刺，這輛逐漸失控的拼裝列車沒有減緩車速。

二〇一九年，柯文哲市長第二任期開始，主要掌管社子島開發相關業務的首長也有所調動。正所謂「新官上任三把火」，甫上任的地政局長張治祥與都發局長黃景茂，接手加速回應內政部附帶決議的相應作業。其中地政局主導的「安置聽證」，不僅強化開發爭議，更加深地方不同立場居民的對立。此時，柯市府團隊盲目追求效率與績效，絲毫不理會外界建言，執意趕程序的心態，更是顯露無遺。

二月，二階環評將進行第二場審議會，地政局向社子島所有相關權益人發出的「掛號信」，挑起了全島的敏感神經。面對即將到來的「安置聽證」，先前就已關注案件發展的「社子島居民自救會」成員會同環境權保障基金會、福安里謝文加里長、富洲里陳惠民里長開始密集討論對策，決定在安置計畫聽證程序中表達訴求，也邀請居民書寫陳情書、連署，並於三月向監察院陳情。同時要求市府相關機關到地方召開議題式說明會，針對居住生活、產業調查、文化歷史等多個面向補充說明，以利居民意見於聽證會議上提出。然而，四月十三日舉辦的安置聽證並未如眾人所期待釐清區段徵收爭議點，或開啟都市計畫修正的可能，而是在地政局的主導下，淪為一場大型的「意見蒐集會」。

家戶訪查與聽證會這兩項最有機會讓柯市府全面性傾聽、採納居民意見的程序，因為市府團隊一連串誤判，加上傲慢、不願體察民情的態度，將社子島居民的信任消耗殆盡，為接下來更加擴大的居民抗爭埋下伏筆。

3 阻擋以開發為名的列車

擴大對立戰場

忙碌一整天，李華萍下班回到家，眼前高高一落掛號信，是老人家白天收取小心地放在桌上。不論是遷出戶籍的、沒有土地的，大家族裡的每一個人都收到了。到底是什麼事情這麼嚴重？她心想。

時間回到二〇一九年二月，柯文哲市長第二任期開始沒多久，「掛號信」成為後續抗爭的導火線。無論設籍、或無設籍但有居住事實、土地或建物的所有權人，每人皆收到一封「臺北市士林社子島地區區段徵收拆遷安置計畫（草案）聽證會議通知書」，[34]上萬封的掛號信塞滿社子島家家戶戶的信箱，通知居民四月即將舉辦聽證會。李華萍不

34. 依據一〇七年六月二十六日內政部都市計畫委員會九二五次會議審議通過並附帶決議：「請臺北市政府於區段徵收範圍及底價地比例報請內政部土地徵收小組審查前，先行就拆遷安置計畫內容辦理聽證，以釐清爭點。」

安又惱怒，開始上網搜尋相關輿論，也查了臉書上的社子島社團，看看大家的反應，但只有零星討論。三月初要舉行的聽證會前的「說明會」僅能讓二十五位社子島居民代表發言，李華萍的孩子感到事態嚴重，決定出來爭取擔任聽證代表，家人也同時關注網路輿論，緊盯社子島居民有什麼動作。

聽證說明會如期在福安里活動中心舉行，除了居民，地產公司、仲介也到了現場，李華萍拿到麥克風，看著不知如何開口的大家，直接詢問在場的人是否贊成區段徵收，並帶領反對者向辦理說明會的市政府科員喊出訴求。這位平常不拋頭露面，總是忙碌於工作與家務的職場媽媽，還一度被錯認是「市政府的人」，要她不要搶著發言，那天這個生面孔讓居民留下深刻的印象，在場七十來歲的楊陳寶貴也激動地盯著。

同年三月底，一場二階環評審查會議，社子島居民集體前進市政府旁聽，李華萍請了早班的假，由先生陳聰信載她去現場。楊陳寶貴一見李華萍，「欸欸欸」趕緊跟她講個不停，詢問她住哪等等。實在沒時間搭話，結束得趕去上班的李華萍回答：「我住溪洲底。」

殊不知楊陳寶貴向福安里長詢問，找到李華萍的住處，之後每日早晨，楊陳寶貴就站在門口看李華萍出門了沒，七十好幾的老人家沒多說什麼，就站在那等待著。「媽媽，那個阿嬤又在門口了，妳出門要小心一點，」李華萍的孩子說。

「安置計畫聽證？為何我們連開發計畫內容都還不清楚，現在就要跟我們談安置，這不是太荒謬了嗎？」居民的疑問得不到答案，市政府卻對外宣稱已與地方里長溝通、徵詢意見，但里長卻不願為此說法背書。實際上，社子島的里長多次向市政府反應，應加強在地溝通，讓受開發計畫影響的居民、產業，可以在充分瞭解內容後，再辦理聽證會，且應將聽證重點放在釐清區段徵收的必要性，而非安置計畫內容，但市政府仍不為所動。

至此，內政部三項但書之一的「安置計畫聽證」，在匆忙與混亂中劃下句點。對市政府失望之餘，前階段參與「社子島居民自救會」的部分居民選擇淡出運動的第一線，轉為幕後關注。

但是在地居民的動能並未因此消散，聽證會讓另一群居民開始關注社子島開發的衝擊，並組成「社子島自救會」（以下簡稱自救會）。曾參與一九八七年「鐵牛車請願」的王木琳非常擔心，要大家趕緊組織自救。自救會最早的會議紀錄在二〇一九年四月，會中投票選出了行政、文書、總務、居民代表、產業代表、會長、副會長，那時還未有發言人。此次自救會的成員組成光譜更加廣泛，有地主、居民、農民、產業經營者，有些人前期就已參與運動，有些人則是因為聽證而開始行動。眾人的集結產生更大的動能，「為了守護家園，我們必須自救。」

四月的聽證會質疑與紛擾未解，一個月後，市政府又有行動，欲藉「社子島文資普查作業」與「剔除區段徵收申請作業」回應內政部「做好聚落及人文保存」的附帶決議。當「生態社子島」提出時，居民早就關切「百年以上的聚落歷史與生活該如何保存？」、「開發計畫如何減輕對聚落密集區的影響？」但市政府竟是在主要計畫通過後，才進行上述兩項應在前期就該完成的作業。至於緊急撥用五百萬經費的文資普查作業，受到「預計開發時程」以及「都市計畫主要計畫已通過」等限制，匆忙在半年內調查完畢，其嚴謹性值得懷疑；後續的文化資產審議，保存價值之判斷，亦可能因都市計畫內容已定，而影響其客觀性。

二〇一九年五月初的「剔除區段徵收申請作業計畫（草案）及專案住宅區位規劃居民座談會」，來了近二百位居民，但因信任基礎不足、計畫內容不明、限制條件嚴苛以及申請時間過短，當晚與會的市政府相關局處代表被居民炮轟得狼狽不堪。然而，失敗的座談會仍未讓市政府停止推動「生態社子島」，最終整個開發範圍內僅四處基地[35]可被成功剔除，明顯不是「聚落保存」，更背離市政府宣示的「要開發但不滅村」。[36]

座談會會場的位置上放了「你對剔除區段徵收有什麼意見嗎？」意見表單，或許來參加座談會的居民超出市政府估計，並非每位參加者都可拿到。李華萍質問市政府代表，「若在意見表單上要求剔除的居民，是不是就可以不參加區段徵收？」在得不到明確答案情況下，有人拿了麥克風呼籲居民拒寫表單，但憤怒的李華萍搶下麥克風喊道：「絕對不可以不寫！你們不寫就代表你們今天都同意，然後政府甚至會因此把整個案子都通過！」

35. 共有五十四件申請此次剔除作業，經市府條件審核僅有四處基地剔除，分別是溪洲底兩處、浮洲一處、溪砂尾一處。

36.〈澄清媒體報導「福安里長批柯 社子島滅村殺手」〉，臺北市政府地政局新聞稿，二〇一八年十一月二十二日，取自https://land.gov.taipei/News_Content.aspx?n=0ABE9F8A3E5B75C2&sms=72544237BBE4C5F6&s=B08A492B2A7DE6D3。

時間回到二〇一五年的「社子島開發方向 i-Voting」，當時亦有人發起拒投以表達抗議，然而「生態社子島」勝出後，被外界認為「生態社子島會通過也是社子島人選出來的」。因此，李華萍認為拒寫表單不是辦法，應該要明確表達訴求。

座談會後，更多居民對她產生好奇，聚落中出現許多耳語「她是那個誰的媳婦啦」、「她是那個誰的太太啦」、「有人說你認識她對不對，叫她來幫我們說話。」王木琳那天才知道李華萍這個人，回憶「五月二號開會看到這個女生，一直指著市政府罵，拿著麥克風，問得一清二楚，很有條理」。過不久，自救會找上門，希望李華萍擔任發言人。一開始，夫婿陳聰信答應讓太太幫忙自救會舉辦四場記者會，卻完全沒料想到李華泙之後會成為自救會中「動腦」的核心成員，一直活躍到今天。

自救會不在乎「生態社子島」的安置與補償條件，而是訴求市政府應回到規劃層次上重新檢討社子島的未來願景。雖然成立時間較晚，但社子島自救會透過既有的鄰里關係及人際網絡，將原本不熟悉開發案的居民串連在一起，很快地從零星的居民參與蛻變為有組織、分工的在地團體。「社子島有一句話叫『嫁袂出庄』，居民間很多人不是親戚就是姻親，大家都彼此熟識，藉著這些關係連結，其實我們可以比較容易號召理念相近的居民一起加入自救會的行動。」李華萍說。也因為自救會分工明確，加上蛛網般的通知網絡，總是動員快速：參與會議表達意見的「文場」，活動組負責訂車、訂便當、做道具等，車上發採訪通知、寫新聞稿，最快三十分鐘就能出發召開記者會；也有游擊式行動、人牆戰術，若是突襲行動，不僅通知快速，手板、布條、麥克風也即刻到位，很快人員裝備齊全到達現場，例如二〇一九年六月，群組成員有孩子參加臺北海洋科技大學的畢業典禮，發了訊息說柯文哲在現場（延平北路九段），自救會馬上利用地緣之便，前往表達不滿。

自救會成功獲得媒體與社會大眾的關注，對市政府造成一定程度的壓力，也讓渴望社子島盡速開發的人繃緊神經。眼見自救會短短幾個月就占據話語權，另一群以土地代書、地產公司、地主為主的人成立了「社子島居民權益促進會」，號召居民向市政府爭取更好的安置條件，認定柯文哲有決心與魄力解決半世紀以來社子島複雜的議題，訴求加速審議程序，盡速開發、提高補償。往後，每當環評審查會議舉行，兩方人馬各據市府廣場一角、大批警力圍繞阻隔、各自高呼較勁的影像，不斷重複出現在新聞畫面中。

柯文哲市長第二任任期的開端，居民與市政府間的信任已消磨殆盡，此外，社子島內本來熟識的親屬、鄰居、好友，也因開發案立場不同而漸行漸遠。「如果是一個好的開發案，會搞到這樣嚴重對立嗎？」李華萍不時感嘆開發案撕裂居民感情。

社子島居民組織

社子島自救委員會

- 1987年間由時任福安里長楊明照、富安里長洪添貴、中洲里長陳文村號召成立。
- 以爭取築堤開發為主要訴求，發起鐵牛車請願並號召四百多位居民上街。
- 最終因權力、選舉競爭等原因，於1989年後運作停擺。

社子島開發促進會

- 1996年間在市政府的期待下成立，由時任福安里長王順輝、富洲里長李文昌協助籌組。
- 透過里民大會決議向市政府主張高開發強度，促使市政府將當時審議中的主要計畫及細部計畫撤回。
- 因地方派系及選舉意見分歧，1998年後運作停擺。

社子島居民自救會

- 2016年間由關注開發案相關會議進展的居民組成。
- 訴求「社子島是我們世代安居樂業之處，以追求居住正義為目標，強烈反對北市府的生態社子島開發案」並積極參與官方相關審議、發起連署。
- 2019年安置聽證後，因對於市政府政策的失控感到失望，部分成員選擇淡出運動，部分成員轉向加入其他理念相近組織，運作停擺。

社子島自救會

- 2019年安置計畫聽證結束後，由部分在地居民與產業業者組成，也包含許多地方長者，對外以李華萍為發言人。
- 訴求為「反對區段徵收、解除禁建、原地改建、保留聚落」，除參與相關審議之外，也積極動員其他居民參與抗爭，同時擴大運動能量，與臺灣各地迫遷案自救會合作，倡議土地正義議題。

社子島居民權益促進會

- 2019年間由福安里前里長楊明照成立。
- 主要幹部多為土地代書，以爭取更好補償與安置條件號召居民加入，也常與地產公司一同動員參與相關審議程序。
- 主要訴求「支持區段徵收、加速開發、放寬安置條件」。

（徐孟平整理，部分參考謝梅華碩士論文《都市政權、規劃政治與市民意識的萌發：社子島開發案的想像與真實》。）

監察院糾正社子島開發　專家學者來相挺

二〇二〇年六月監察院的糾正案讓自救會士氣大增，「我們覺得是一個希望。」

監察院對市政府辦理社子島計畫過程中的瑕疵提出調查報告及糾正案，[37]糾正內容包括市政府未事先和當地居民充分討論、i-Voting文宣在生態社子島的投票蓋章欄印製紅色投票章有誘導之嫌、i-Voting辦理不夠嚴謹、家戶訪查作業有瑕疵及說明會通知作業有疏失等，調查報告指出八項違失，要求市政府及相關單位檢討改進。

自救會對內持續以日常語言讓居民瞭解計畫內容、捲動地方討論，對外則努力跟不同團體討論學習，爭取更多支持。自救會與多個民間團體合作，並保有自主性，從討論中瞭解組織運動的策略，再揀選出適合社子島的運動方式，嘗試在臉書與群組中每天發文，書寫能抓住輿論焦點的論述，彰顯出事情的嚴重性，並鼓勵居民分享文章，也讓「解除禁建、原地改建」成為大家認同的訴求，居民間不僅對「聚落保存」有更具體的認識，也期待能原地修繕家園，而非將社子島既有地景全數抹平。

每次的陳情抗議、舉行記者會是取得記者人脈以及爭取學術界、空間規劃設

37. 二〇二〇年六月十七日，監察院對臺北市士林區社子島開發計畫提出糾正及調查報告，取自 https://www.cy.gov.tw/CyBsBoxContent.aspx?n=133&s=17170。

計專業界支持的好機會，發言人李華萍只要見到新面孔就親自遞上名片、互加臉書好友；自救會也舉辦聚落走讀、與居民共食、分享農民蔬果、農事體驗等活動，讓來訪的學生、教授、研究員、律師等更深入瞭解社子島在地文化。這些活動不只抓住了跨界潛在關注議題的族群，也使更多人主動伸出援手。

不斷成長、展現影響力的社子島自救會成為市政府推動生態社子島的重要變數。愈來愈多局外人認識「生態社子島」計畫後，除了不認同規劃方案，也發現「區段徵收」對居民權利的侵害過大。區段徵收是一種開發用地的取得方式，依據開發計畫決定徵收範圍，再按所有權人被徵收的財產價值計算徵收補償金，如果被徵收的是土地，可以選擇透過價值換算，在開發後換回一定面積的土地。設籍於徵收範圍內的人口，則發給人口遷移費，亦會有其他安置補償方案，如專案住宅配售或配租、一定期間的租金補貼等，以補償原所有權人及設籍住戶因徵收而受到的損失。

這一套看似能讓開發單位取得開發用地、讓被徵收人得到相應補償的制度，實際上往往因為資格認定、財產換算基準等問題，導致被徵收人失去所有的土地及住家，得到的補償金卻換不回一間足以安身的房子。

社子島因長時間禁建，多數居民對土地及房屋的處理大多延續著早期習慣，例如多代同堂、長輩間口頭約定借地蓋屋等，使得產權複雜。有屋無地、無屋無地的家庭超過千戶，還有許多佃農依靠種植為生，這些居民因為沒有實際產權，能分配到的補償及安置資源相

105年2月 第五期

社子島 開發快報

發行單位：臺北市政府社子島專案辦公室
地　　址：臺北市信義區市府路1號11樓
電　　話：(02) 2720-8889分機2092-2094
網址: http://www.gov.taipei/mp.asp?mp=shezidao

2/27、28 請投票支持 社子島解禁開發

先決定方向‧內容繼續討論

社子島將於2月27、28日舉辦解禁開發投票，共有四個方向，請各位鄉親到福安國中、富安國小、福安及中洲區民活動中心踴躍投票，請投票支持解禁開發，給禁建46年的社子島一個開發的機會。
您的一票，決定社子島的未來！

方向一 運河社子島	方向二 生態社子島	方向三 咱的社子島	方向四 不開發
人、車、船 立體分層活動 嶄新生活型態	中央親水軸帶公園 豐富您的居住生活環境	維持地區既有紋理 新舊建築共榮	維持現狀 不開發

臺北市政府文宣，將投票章蓋在生態社子島一欄，監察院糾正案指出有誘導之嫌。
（圖片來源：《社子島開發快報》，臺北市政府社子島專案辦公室，二〇一六）

高齡八十多歲的楊陳阿住因擔心家園被徵收，經常參與社子島自救會的陳情抗議行動。（照片來源：環境權保障基金會）

社子島自救會收集超過四千份居民連署書，要求政府傾聽民意，勿強行推動未經各方討論的開發計畫。（照片來源：環境權保障基金會）

對稀少，將是徵收後受衝擊最大的族群；即便是有產權的居民，由於徵收制度的財產價值計算及資格認定，補償金可能遠遠不足以使其回到原本生活水準。有了這層認識後，自救會成員更加堅定反對「生態社子島」，也視區段徵收為政府掠奪人民財產的惡法。對他們來說，自始至終都是希望能自由使用自己的土地、修繕老舊的房屋，若接受以區段徵收為手段的開發方案，將會失去代代流傳的土地及祖厝。

「我佇社仔島一塊田，今嘛七、八十歲的閣咧種，無這塊田無法度生活，阮當然要保留，想到這件代誌暗時攏睏袂去，實在真無應該。」（我在社子島有一塊田，現在七、八十歲還在種，沒這塊田沒辦法生活，我當然要保留，想到這件事晚上都睡不著，實在真不應該。）高齡八十多歲的楊陳阿住，從出生到老都生活在社子島，人生大半歲月都在此種作，平時習慣散步拜訪鄰里朋友，這家照看一眼、那裡的寮子聊一聊，偶爾田裡抓一下弄一下地幫忙、相互分送青菜，平靜心安地度過每一日。而現在的她收到市政府掛號信就惶恐不安，急切地帶著信件趕去李華萍家；晚上擔心得無法好睡，清晨得拜拜祈求神明保佑不要拆厝。在聚落、寮子看見熟悉的面孔，是現在唯一能讓她能繼續過好每一日的方式，雖然聽不甚清楚大家說話，但且坐著感受一切依舊如昔。她惦記土地是祖先辛辛苦苦留下來、一代傳一代，不是政府給的，房子也不是政府蓋的，如果地要被徵收、房子要被拆，要去哪裡生活？「咱著住底遮，一間厝慣習慣習，按呢就好，咱嘛毋要求啥。」（我們就住在這裡，一間厝住得很習慣了，這樣就好了，我們也不要求什麼。）

社子島居民向政府展現出反對全區區段徵收的決心，二〇二〇年九月初，社子島自救會與專家學者共同召開記者會，公布收集超過四千份的居民連署，要求退回主要計畫、合理發展社子島並落實居民、地主、產業參與討論及決策。其實自救會在運動一開始就打算做居民連署，但因居民對區段徵收的不瞭解而「推不出去」。後來活動組成員想想，不如在市政府舉辦的「地上物查估及安置說明會」外擺攤，等著居民聽完區段徵收的拆遷安置計畫，若有人不服、不贊同就立刻邀請其連署。擺攤行動不僅成功抓住居民對政策的注意力與感受，也能立即有力地傳達自救會反對「生態社子島」、重擬都市計畫的訴求。市政府接連辦理十六場的說明會後，自救會成功收集到超過四千份的紙本連署書。

同時，多個民間團體也共同發起網路連署，收集到全臺近五十個專業團體、二百三十個專業者的連署支持，相關領域包括空間規劃設計、地政、法律等。「一個市政府宣稱要照顧社子島的開發案，卻讓大多數的居民人心惶惶、出面反對，顯然在社會溝通與資訊公開上有重大瑕疵，本案在開發邏輯上是一個夷平式的開發，根本無法處理居住、安置及地方文化等課題，而這個方案卻以『生態社子島』的名義進行開發，是對『生態』二字莫大的侮辱！」OURs都市改革組織祕書長彭揚凱以空間專業者的角度指出開發方案的關鍵問題，並呼籲市政府應該打開心胸，思考其他替代方案的可能性。

面對自救會聲勢日漸壯大，另一派人馬擔心開發又陷入停滯，決定對福安里長謝文加發起罷免案，認為里長「對社子島開發沒想法、無心建設、製造居民對立」，這也是臺北市首例里長罷免案。罷免案提出之後，福安里內幾處豎立起巨型支持罷免看板，鄰里氣氛緊張。自救會則立刻採取行動反對罷免，向居民傳達立場：「謝文加里長沒有行政疏失或失職，罷免是把里長跟開發案立場綁在一起，是不道德、不正義的，我們必須出來投下反對票。」此時自救會已發展出極為有效的訊息傳遞策略，除了透過喜愛在宮廟活動、打牌、串門子的人幫忙口頭傳播訊息；也會印宣傳單發放、貼布告、錄「小蜜蜂」（廣播）每日早晚在社子島大街小巷繞行，確保資訊傳達到各個家戶。里長罷免案可說是驗收自救會成果的舞臺，最終深入人心的宣傳動員效果極好，反對罷免得票數比贊成票數多出了三倍。開票結果揭曉當晚，自救會大批人馬速速吃完便當後集結在里長辦公室，跟著幾輛小發財車出發謝票，里長則是徒步在車前拱手感恩大家。長長的機車車隊飄揚著自救會草綠色旗幟，沿途大街小巷的居

支持與反對罷免的文宣，在社子島鄰里間並呈。（張式慧攝）

民等著揮舞旗幟吆喝，煙火鞭炮鑼鼓炒熱的那一夜，是社子島經歷開發案紛擾以來，頭一次如此快意的恭賀慶祝。

徒具虛名的「公共參與」

或許是監察院的糾正加上福安里長罷免案的結果，排山倒海的反對聲浪終於讓市政府意識到難以按照原定時程推展計畫。二〇二一年「臺北市公民參與委員會」（簡稱公參會）成立專案小組，嘗試搭建溝通平臺，為陷入僵局的「生態社子島」協調出一個可以接受的替代方案。公參會是柯文哲「開放政府、公民參與」的新政之一，由市政府部分局處首長及外部專家學者組成，以推動市政建設的透明治理、公眾參與及協同合作為目標。經公參委員各方拜會討論，決定在社子島舉辦工作坊，邀請專家學者擔任分組討論的桌長，將參與居民分成數個組別，引導居民進行議題討論，如環境改善、生態社區、社會關懷多元安置、聚落範圍指認、產業活化與再生、青年回流與創生等。

因為對市政府早已失去信任，自救會內部起初有反對參與工作坊的聲音，但李華萍認為自救會不能拒絕溝通，「我們必須要溝通，他們說要討論替代方案，如果到時候沒有討論替代方案的話，要罵再來罵，這就是吵架本。」在工作坊的會前會中，李華萍提出幾項能讓社區居民參與其中、建立民意基礎的實質建議：比照拆遷安置聽證會以掛號通知，讓全社子島人知道工作坊是要來溝通的，因為開發案就是溝通不足才會導致居民對市政府不信任；工作坊不能限制人數與場次；舉辦方式得實際走入鄰里，讓行動不便的居民也可以表達意見。

公參會的介入原本可以成為轉捩點，然而結果令人失望。李華萍提出的建議皆未被採納，公參會僅以網路通知居民，並限制為四場、二百四十人次，也未以走入鄰里方式舉辦。除此之外，明明並未與各方達成共識，市政府卻在工作坊舉辦後的報告書稱工作坊的討論以「主要計畫不變」與「二〇二二年公告區段徵收」為基礎。[38]柯文哲市長甚至在工作坊前夕公開宣示：「不准影響時間！主要計畫、主要時程不變！其他都可以討論……安置什麼都可以討論，我們就是需要在明年年底之前區段徵收公告要實施！」更令自救會氣憤的是，環保局長劉銘龍竟稱因為「公參會積極溝通，有助於環評通過」。工作坊沒有造就「生態社子島」計畫的任何修改，市政府也未回應工作坊中提出的問題，對自救會來說，市政府再度藉著「公民參與」美化形象，讓自救會的參與變相為後續開發背書，又再加深對市政府的不信任。

工作坊結束後，柯文哲市長面對市議員詢問社子島的下一步時，大言不慚地說出「我是覺得就輾過去，不管了啦！」至此，自救會對於柯文哲及其團隊已經徹底心寒，只要市政府官員來到社子島，無一不是被居民喊打、驅逐。

38. 社子島工作坊桌長，〈【聲明】針對北市政府錯誤詮釋社子島工作坊　社造專業者聲明〉，公民行動影音紀錄資料庫，二〇二一年十一月十一日，取自 https://www.civilmedia.tw/archives/106458。

然而先前因強大社會壓力而懸宕的環評審議緊接著在二〇二二年一月通過，過程中備受爭議的環評切割、[39]社會層面的影響衝擊、關渡平原因開發衍生的水患風險都被輕輕放下。在後續徵收審議程序中，自救會繼續抗爭，同時採取司法救濟來撤銷環評通過的處分。

眼見抗爭多年，市政府的「生態社子島」還是成功闖過重重程序，目前只剩下土地徵收審查。雖然形勢令人沮喪，但自救會仍穩紮穩打，「其實不管是環評通過，還是細部計畫通過，我們的表現都是正面的，因為如果作為一個發言人，我很負面的話，阿嬤他們怎麼生活？他們的生活會覺得過不下去，他們每天都要看到我，才有辦法好好的，覺得社子島會被留下來。」李華萍繼續說：「我們平時在聊天會說，你放心沒有事，這個案子不會那麼容易通過，但是同時也會跟他們說，謝謝大家都站出來抗議，沒有你們的話，我們沒辦法堅持到現在，所以每一個人都很重要。」自救會不僅不輕言放棄抗爭，還重視內部凝聚以留住希望。因為如此才能持續運作，不因行動失利而潰散。

除了尋求司法救濟，自救會也藉目前全球性環境議題拓展論述，爭取社子島議題曝光機會。二〇二三年六月五日「世界環境日」李華萍作為環境團體代表之一，進入總統府參加「全國NGOs環境會議」，詳述土地開發議題對氣候變遷與物種多樣化的影響，向蔡英文總統建言，並將社子島自救會陳情書親自

39. 環境權保障基金會認為，依照環評相關子法，社子島開發後新設的汙水處理廠應該併同社子島開發計畫進行環評，然而在環評報告書中卻表示未來將「另案辦理環評」，強行通過環評是於法不合。

遞給總統。「自救會我覺得很棒的一個地方就是我們會不斷地想辦法……我們不會因為今天環評通過、或是我們收到區段徵收通知的事情時，就覺得完了、我們的房子要被拆了，不會。可以堅持下來是因為很多人都跟我們站在一起，讓我們很堅強，會很勇敢、有力量堅持下去。」

鄰里田間寮子的大圓桌是自救會集會的會議桌，也是年長者閒話家常的所在，是建立民主參與感、日常信任感之處。楊陳寶貴說：「我去環評就這樣講，我說我這邊有我成長的記憶，我的親人、我的娘家、兄弟姊妹，我的同學，我的朋友，很多人都在這個地方。柯文哲要剷平式開發，剷平掉就把所有有記憶回憶連根拔起，從你記憶中就消失掉了，你想要找也沒有了啊。你沒辦法拷貝以前出來啊，就抹平了，唉，這是很要不得的，

自救會居民於社子島「菜寮」開會（廖桂賢攝）

都市規劃設計專家學者與臺北大學都市計劃研究所的學生，二〇一九年於社子島舉辦工作坊，於社子島福德宮訪問在地居民。（廖桂賢攝）

都市規劃設計專家學者與臺北大學都市計劃研究所的學生，二〇一九年於社子島舉辦工作坊，於FOCA福爾摩沙馬戲團的排練場（現已搬離）討論社子島都市計畫的替代方案。（廖桂賢攝）

從我出生到現在幾十年的記憶，一下子要你空白了，對一個人來講不是很殘忍嗎，我都跟我小孩說喔，人的回憶是很珍貴的。」

「我們的訴求有改變嗎？大哥從民國六、七十年抗爭到現在……」李華萍在一旁忍不住問。「解除禁建，跟現在一樣解除禁建。」王木琳說。

八年的時間過去，社子島並沒有如柯文哲市長上任時所說的「改變成真」。但社子島居民或許也真的被改變了。回顧社子島的故事總會意識到，這正是受政策禁錮的居民，用超過半世紀的時間，帶著我們一起反思：從與自然對抗的築堤束水，到訴求共存的承洪韌性，從城市的大面積整體開發，到既有聚落的小規模修繕整建，從高位出發的政策制定，與民意展現的各種可能。

（本部文字亦有賴張式慧、柳志昀補充修潤）

（柳志昀攝）

第二部

社子島的空間與人

文字／柳志昀

1 空間、族群、遷移史

分離—聚合—分離的一座島

這座城市不會訴說它的過去，而是像手紋一樣包容著過去。

——伊塔羅．卡爾維諾《看不見的城市》

城市的過往、輝煌與殞落，總會在空間裡留下蛛絲馬跡，人們藉由閱讀一座城市的街道、建築來理解歷史與文化在城市所留下的紋路，得以看見其發展脈絡以及與其他城市不同的美。作為當代臺灣政治、經濟發展核心的臺北盆地也有其天然的手紋——河流。

在四面環山的臺北盆地之中，有天然形成的淡水河、基隆河、大漢溪與新店溪等，也有為農業灌溉需求而築的瑠公圳（一七四〇年開始興建），或是為都市防洪需求所開闢的二重疏洪道（一九八二年開始興建）。不論是天然形成或是人為建造，這些水的痕跡如同我們掌上的手紋，從四周山系向掌心匯流。隨著時間流轉、地貌變化，掌中的人群遷移，有些手紋浮現、有些手紋漸漸消逝，數百年間流轉，社子島便是在這一次次空間變遷中漸漸浮現。

「社子島」這個稱呼並非一開始就存在，而是經過多次空間變革，雖然無法精確地指出「島」的形成年代，但透過古地圖、行政區域劃分與歷史文獻爬梳，仍可大致勾勒此地的空間變化過程。

如今我們所熟悉的「社子島」並不是一成不變的形狀，而是經歷至少三個階段的轉變——「沙洲」（行政區域以河流作為界線，面積因潮汐而有極大變化）、「葫蘆島」（今日延平北路五至九段，以及士林後港地區）、「社子島」（今日延平北路七至九段）三個時期。數百年來的分離—聚合—分離，除了自然環境變化之外，也受到政府政策的影響。

漂浮不定的邊界——沙洲

最初沙洲時期的空間範圍，並無明確的紀錄，多半依靠後來的口述故事、文字紀錄向前推斷。據載一六九四年（康熙三十三年）臺北盆地發生大地震，震後盆地空間的水文環境產生劇烈改變，河川改道，沙洲位移，且盆地西北方沉陷成湖，史稱「臺北湖」。到了一七五六至一七五九年間（清乾隆二十一至二十四年間）繪製的《乾隆臺灣輿圖》，開始記載許多凱達格蘭族與漢人生活的聚落空間，例如毛少翁社（今士林）、大浪泵社（今大龍峒）、和尚洲庄（今蘆洲）等。

一七五六年至一七五九年間《乾隆臺灣輿圖》（柳志昀標示）

此時我們所認知的社子島（延平北路七至九段）尚未成形，但可藉凱達格蘭族與在地耆老流傳的故事推斷，當時在和尚洲庄與大浪泵社附近已有漢人向凱達格蘭族承租土地進行開墾。

經過逾一世紀，在一八八六至一八九二年間（光緒十二至十八年間）所編製的《淡水縣簡明總括圖冊》內多張圖說中，可以看到以河流劃分許多不同的行政區，例如分屬芝蘭一堡的社仔庄、芝蘭二堡的浮洲與中洲庄、大加蚋堡中的溪州底、溪沙尾庄，即便經歷多次空間變革與政權的移轉，這些聚落名稱被當地人沿用至今，已流傳百年。由此

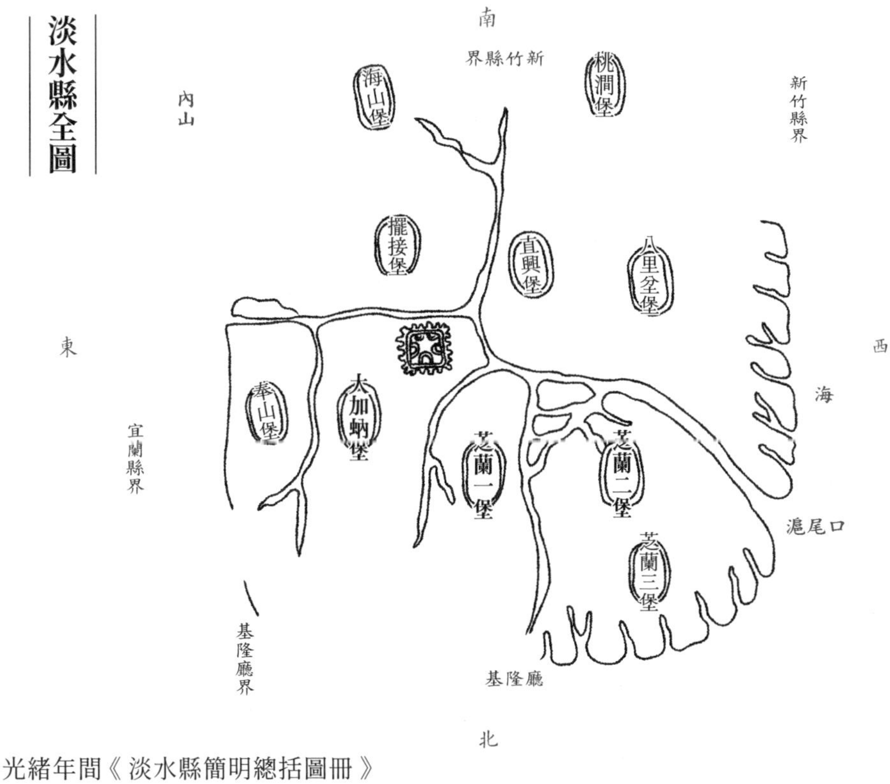

光緒年間《淡水縣簡明總括圖冊》
淡水縣全圖
（原始圖片收錄於《淡新鳳三縣簡明總括圖冊》；柳志昀重繪）

推斷此時期的河道與沙洲可能是網格狀分布，且受潮汐影響，目前我們所認知的社子島聚落，當時仍分布在不同的小沙洲上，尚未連成一片。

大加蚋堡圖

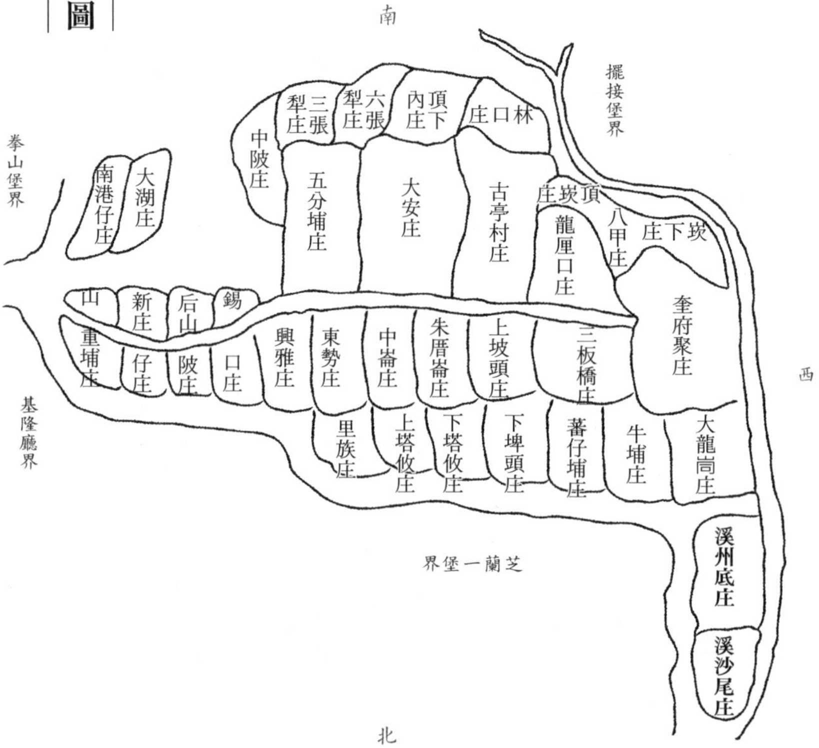

光緒年間《淡水縣簡明總括圖冊》

大加蚋堡圖、芝蘭一堡圖、芝蘭二堡圖

粗體字為現在社子島聚落

（原始圖片收錄於《淡新鳳三縣簡明總括圖冊》；柳志昀重繪）

芝蘭一堡圖

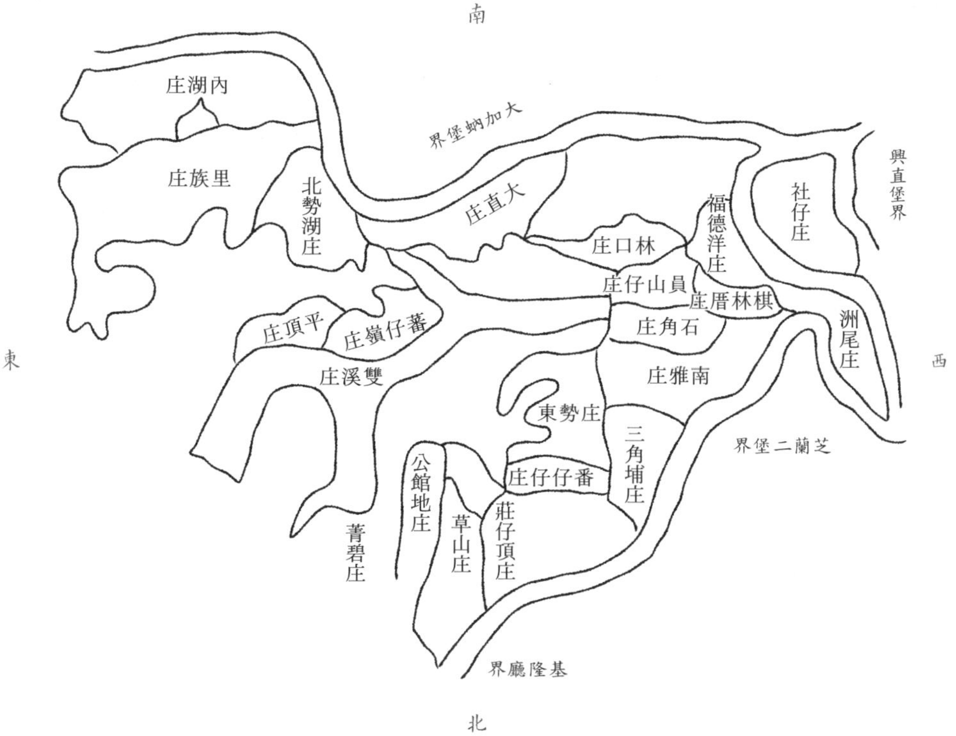
南
內湖庄
大加蚋堡界
里族庄
北勢湖庄
大直庄
興直堡界
社仔庄
福德洋庄
林口庄
員山仔庄
棋林厝庄
平頂庄
番仔嶺庄
石角庄
洲尾庄
東
西
雙溪庄
南雅庄
東勢庄
三角埔庄
芝蘭二堡界
公館地庄
番仔仔庄
草山庄
莊仔頂庄
菁碧庄
基隆廳界
北

芝蘭二堡圖

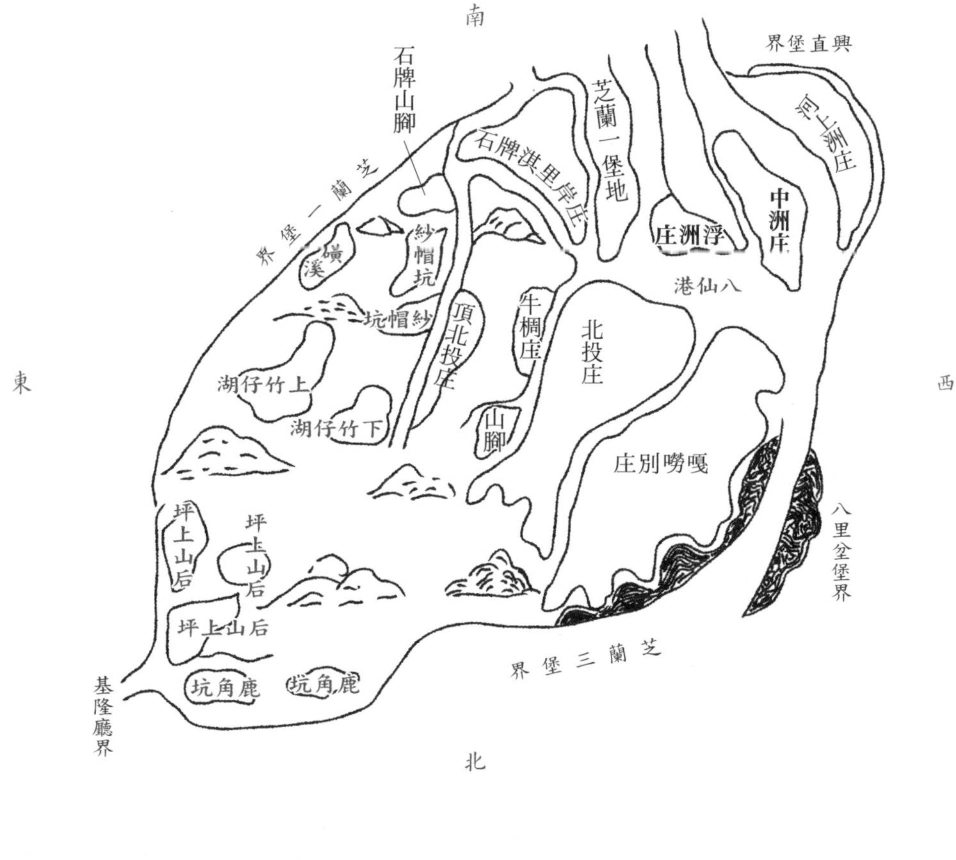
南
興直堡界
石牌山腳
芝蘭一堡地
石牌淇里岸庄
河上洲庄
芝蘭一堡界
浮洲庄
中洲庄
磺溪
紗帽坑
八仙港
紗帽坑
頂北投庄
牛椆庄
北投庄
東
西
上竹仔湖
下竹仔湖
山腳
嘎嘮別庄
八里坌堡界
坪上山后
坪上山后
坪上山后
芝蘭三堡界
鹿角坑
鹿角坑
基隆廳界
北

沙洲的聚合——葫蘆島

隨後在一八九五年《日軍攻臺戰鬥地圖》中，基隆河與淡水河之間有一處較大片的沙洲，因形狀如葫蘆，故被稱作「葫蘆島」（今延平北路五至九段範圍）。從沙洲轉變為葫蘆島，是從數個浮動沙洲聚集成一個具有較完整邊界的集體。由於日本政府在建設與地圖工具的推行，使得相關紀錄更具有可信度，另一個得以作為佐證的參考資料則是日本殖民政府於一九〇四年（明治三十七年）所繪的《臺灣堡圖》，亦記錄下今天延平北路五至九段一帶沙洲的形狀，以及葫蘆島上各聚落的名稱、位置及周邊土地使用方式。

到了一九二一年（大正十年），在《日治二萬五千分之一地形圖》上可看到當時在葫蘆島上的主要道路、水圳、渡口、廟宇、學校等設施的標誌，就連土地使用型態、農作物種類、

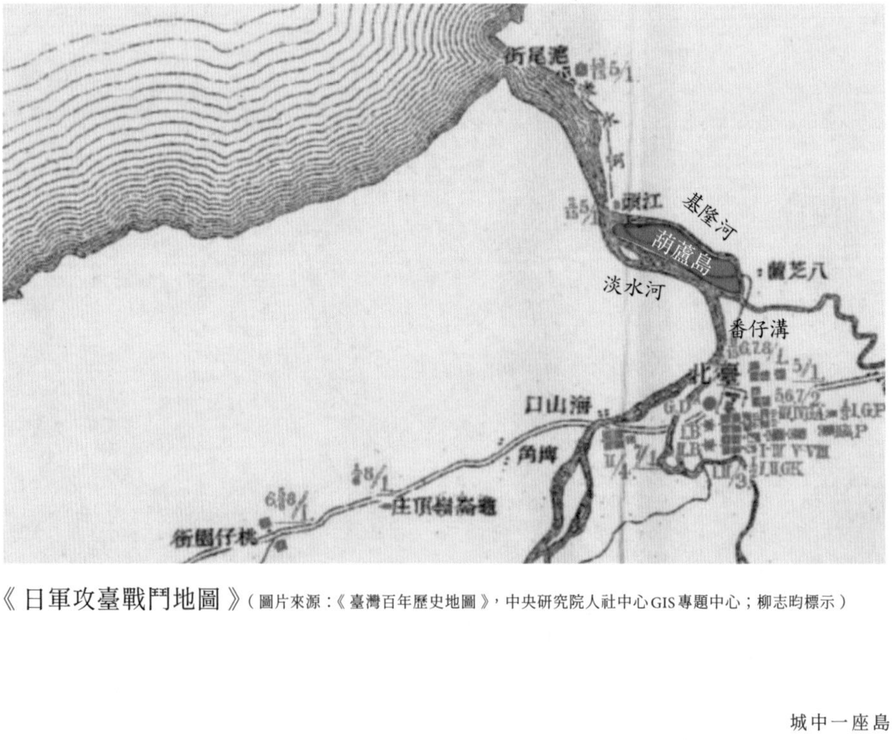

《日軍攻臺戰鬥地圖》（圖片來源：《臺灣百年歷史地圖》，中央研究院人社中心GIS專題中心；柳志昀標示）

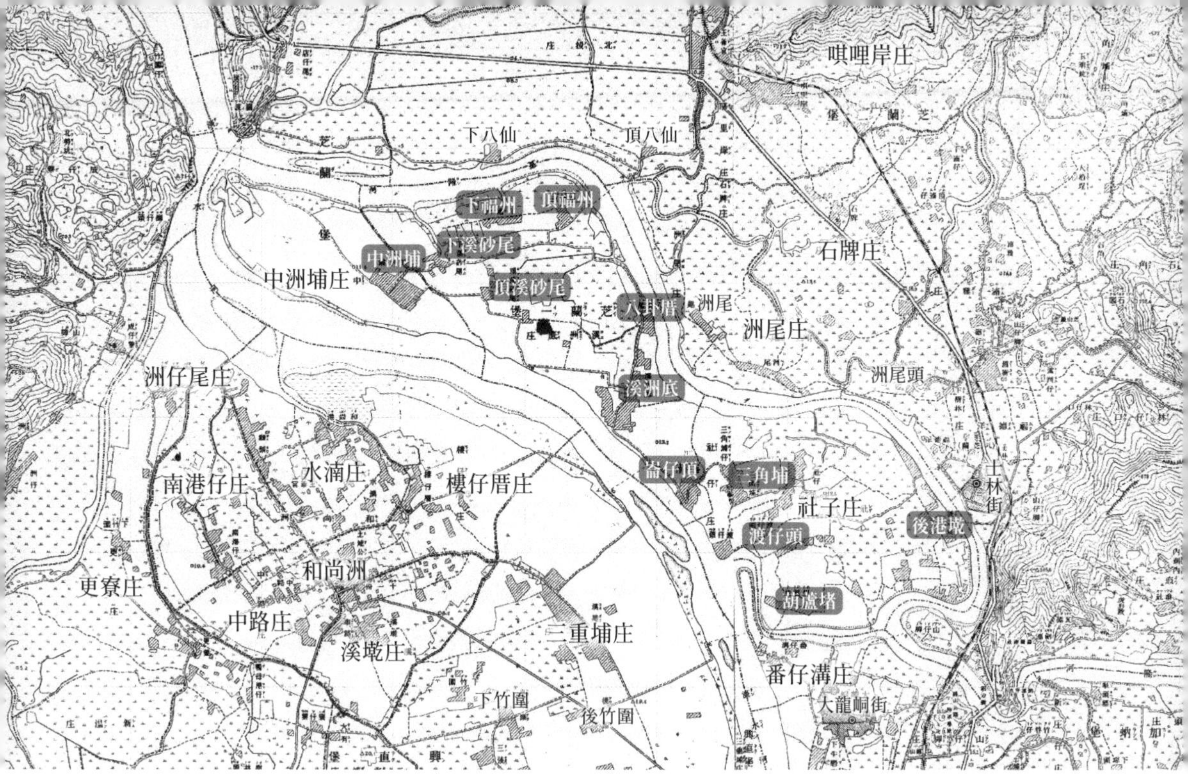

上：一九〇四年《日治二萬分之一臺灣堡圖》（明治版）

（圖片來源：《臺灣百年歷史地圖》，中央研究院人社中心GIS專題中心；柳志昀標示）

下：一九二一年《日治二萬五千分之一地形圖》

（圖片來源：《臺灣百年歷史地圖》，中央研究院人社中心GIS專題中心；柳志昀標示）

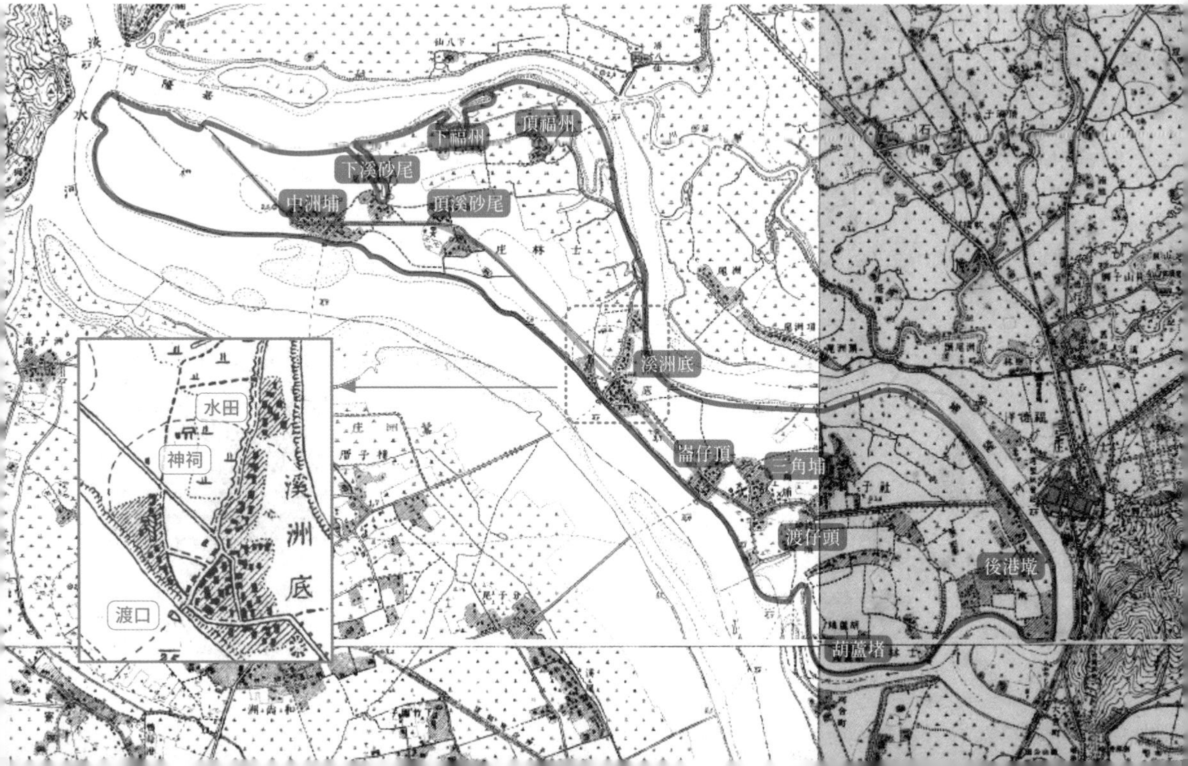

上：一九四七年《臺北和淡水航照影像》

（圖片來源：《臺灣百年歷史地圖》，中央研究院人社中心GIS專題中心；柳志昀標示）

下：一九六三年《臺北市舊航照影像》

（圖片來源：《臺灣百年歷史地圖》，中央研究院人社中心GIS專題中心；柳志昀標示）

聚落範圍、建築物輪廓、座向等都詳細記載。

此時葫蘆島被淡水河、基隆河以及番仔溝（一九七〇年代填平）所圍繞，居民生活的出入仰賴各聚落設立的渡口，以船運連結鄰近的士林街、大龍峒、二重、蘆洲等地。一九三九年（昭和十四年）日本政府在舊基隆河道（今基河路位置）上所興建完成的士林吊橋（一九八五年拆除），連接後港墘與士林街區，開啟了「行人、自行車」到島外的陸上交通系統。到了一九六〇年代，葫蘆島南側的番仔溝上興建了延平橋（一九七五年拆除）連接葫蘆堵（延平北路五段）與大龍峒地區（延平北路四段）、原有士林吊橋的北端也興建了中正橋（一九八五年拆除），兩橋的出現讓更大的車輛可以順暢進出島，葫蘆島與臺北市區不再只仰賴水上渡船交通、運輸。

雖然與市區的連結變得更加便利，但是同一時間，即將改變這座島命運的事件也正在醞釀中。

再度分離

一九六一年起由中央政府推動的「臺北地區防洪計畫」，劇烈地改變葫蘆島的空間布局，也造就了居民常說的，「我們是為了大臺北防洪而犧牲。」

為何居民會這麼說？

時間拉到一九六三年，雖然九月葛樂禮颱風造成慘重災情，但原本受颱風水患所苦的永和、木柵溝子口及政治大學等地並未造成太大影響，於是當年一月所展開的治標工程被視為有一定程度的改善，因此中央於一九六四年二月決議緊急實施「臺北地區防洪計畫」中仍在評估的「丙方案[1]第一期先驅工程」。採用了當時駐臺的美國陸軍工程師團提供的多項工程方案與建議，其中「興建堤防」與「基隆河道截彎取直」[2]兩刀，切開了葫蘆島，造就今日的空間布局。

「基隆河道截彎取直」是在後港墘（今士林後港地區）與葫蘆堵（今延平北路五段）、社子（今延平北路六段）之間開闢新河道。舊的基隆河道，本來規劃作為人工湖使用，但因缺乏經費於一九七九年填平，成為今日的基河路、承德路與士商路一帶。於是本來在葫蘆島上的後港墘地區併入士林街區，社子地區則轉為仰賴一九六五年建的百齡橋維繫與士林街區的陸上關係。

「興建堤防」則是興建士林、社子、渡頭三地的堤防。堤防切開了當時被認為經濟價值較低的福安、中洲、富安里，讓一處像是鴨頭形狀的土地變成「堤外」，就此懸置，限制發展。在設定為兩百年洪水重現期距保護標準的「臺北地區防洪計畫」中，若要保護堤內的生命、財產、安全，不讓堤內淹水，堤外就必須要有足夠的通洪空間，因此盆地內勢必得有土地不築堤，在大水中成為會讓水淹的「洪泛區」。被稱為「堤外三里」[3]的社子島在「臺北地區防洪計畫」中被定位成「洪泛區」，卻沒有防災配套措施，亦未有遷村規劃，更沒有對於既有建

1. 丙方案即為「大漢溪改道塭仔川」，但後續因改變河性盛甚大、經費高不易實施，改道自中興橋上游左岸洪水平原一級管制區經塭塭仔川至獅子頭出口（即今日二重疏洪道）。
2. 基隆河至今共經歷過兩次截彎取直工程，第一次即為本文所提到位於士林段的截彎取直，第二次則是一九九四年所完成的內湖、大直段截彎取直工程。
3 延平北路七至九段原為臺北市士林區福安、富安、中洲三個里，已於一九九〇年整併為福安、富洲兩里。

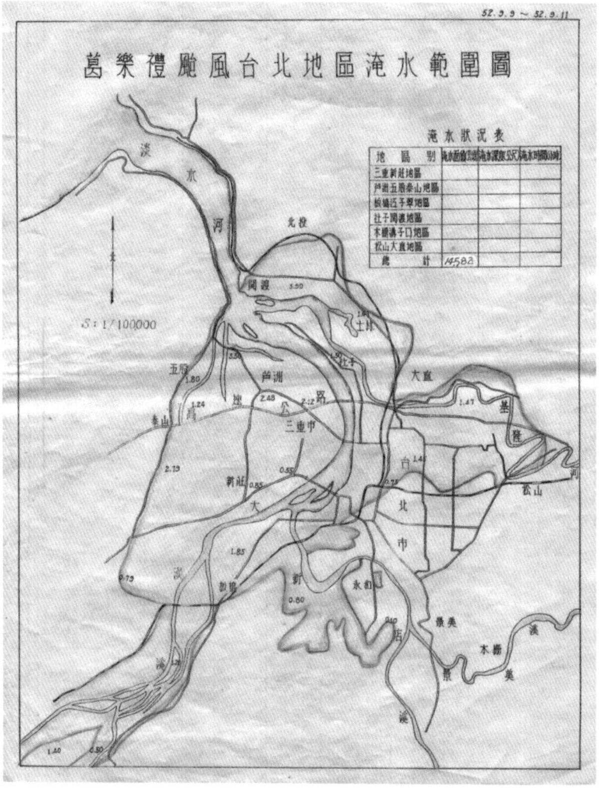

上：葛樂禮颱風臺北地區淹水範圍圖（圖片來源：經濟部水利署第十河川局）

下：一九六五年《臺北市舊航照影像》可看見葫蘆島被切開的第一刀（圖片來源：《臺灣百年歷史地圖》，中央研究院人社中心GIS專題中心；柳志昀標示）

物、財產、作物限制發展的任何補償機制，像被「放水流」般地遺棄，因此居民認為「我們是為了大臺北防洪而犧牲」。

一刀開河道、一刀築河堤，這兩刀將沙洲上的聚落導向不同的命運。原先的葫蘆島是被河流環繞的沙洲，有著自然形成的邊界。防洪政策將延平北路七至九段邊緣化，排除在行政資源之外，是人為形成的邊界。一九六〇年代起「社子島」一詞開始在新聞媒體、報紙上陸續出現，以「社子島」、「社子島堤外地區」等詞來描述這個被邊緣化的地區。一九八八年吳伯雄市長上任後提出要將社子島規劃成包含色情、博弈等用途的娛樂區。雖然最後在當地居民與婦女團體的強烈反對下當時提出的都市計畫方案並未成真，但是討論過程引起龐大的社會關注，讓社子島一詞更加地廣為人知，也就變成外界認識它的開端。「島」所描繪出的與世隔絕、孤懸邊陲的想像，更讓不理解它的人們誤以為社子島是無人居住的孤島，而忽略其本身亦是一有歷史、文化與社會聚落之地。從此每當外界再次提起那個被邊緣化的地區，不再以原先居民慣用的聚落名稱稱呼，而是理所當然地以一個外來者的角度，彷彿島是一張白紙，提供他們擘劃各種願景想像。

聚落空間與豐富的生活記憶

然而看似被現代化拋棄、遺忘的地方，如今看來反而得以不受高速發展的衝擊，留下別

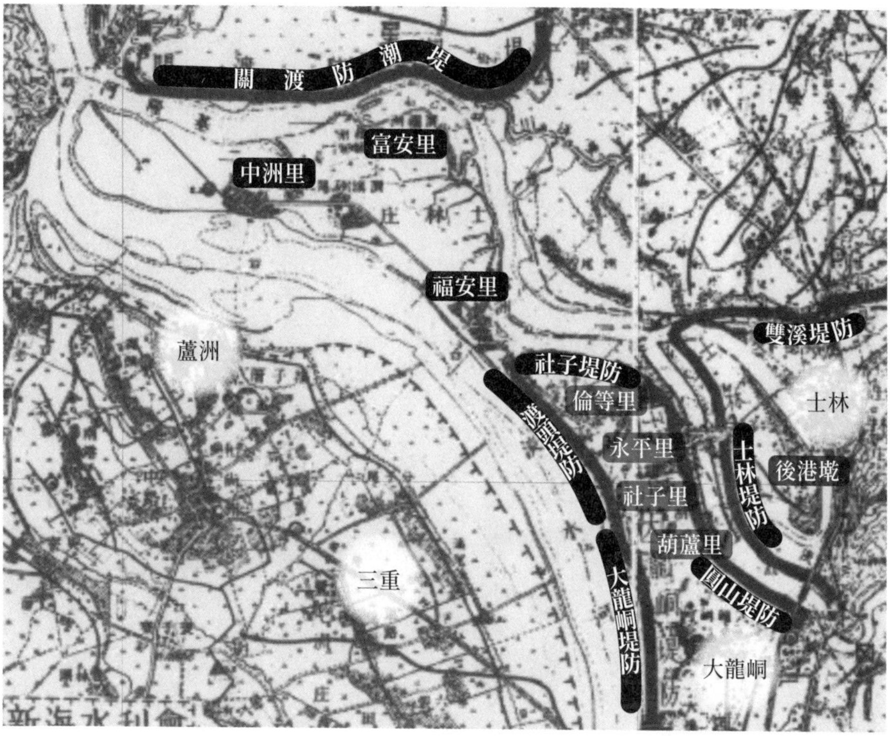

一九六六年《臺灣省水利工程、水文站及基準點位置圖》，堤防的出現是葫蘆島被切的第二刀。（圖片來源：《臺灣百年歷史地圖》，中央研究院人社中心GIS專題中心；柳志昀標示）

具風貌的傳統聚落。社子島沒有簡約、標準、重視理性與功能的現代建築，卻有豐富多采的空間形式。

從清代漢人移民聚落到現代都市生活，人群的生活樣貌經歷許多轉變，但是在社子島上的聚落並未抹除時代的痕跡，留下傳統的空間與物件，是因應不同年代的生存需求衍生出不同使用方式的構造物。比起都市裡整齊單一的街道巷弄，社子島有機生成的空間形態讓生活模式更有變化。不論是清代漢人移民後代、經濟起飛湧入城市的城鄉移民，或是近年都市支持性產業的落腳，聚落裡居民生活所留下的刻痕、歷史文化與故事，持續產出豐富的生活記憶。

「以前哪有社子島人？那是你們臺北人給我們取的。」

「以前哪有社子島人，那是你們臺北人給我們取的。」簡單的一句話，展現出在地人最真實的自我認同。

從延平北路七至九段，被淡水河與基隆河所環繞，從空中俯瞰像是鴨頭形狀的地區，外界對它貼上容易淹水、工廠火災、環境髒亂、違章建築等負面標籤，甚至說是臺北市最落後的地區：缺乏基礎設施，沒有商業區、高級住宅、科技產業，是一處化外之地。但在當地人眼中，這些負面形象卻都不是來自他們真實的生命經驗。

實際居住在社子島的居民來自各處，有些是清朝時期就來臺落地生根的漢人後代，也有經濟起飛時來臺北打拚的城鄉移民。經過長時間的積累，這些人不僅創造出獨有的空間樣態與生活方式，更重要的是他們在這裡有「家」的認同。那些「社子島」負面形象是外界所賦予的，而不是在地人的自我認同。

「你按佗位來？」（你從哪裡來？）如果在都市裡這樣問候，第一時間可能是以行政區域回答，像是士林、北投、三重、蘆洲等。但在島內，同樣的問題可能會得到「溪洲底」、「溪砂尾」、「浮汕」、「浮洲」的答案，這些地名就是島民的在地認同。在島內，居民不將社子島視為一個共同體，而是有著更細緻、更在地生活化的聚落範圍指認。透過聚落、家族姓氏、長輩、鄰居等線索來指認出住家位置，也更容易牽起人與人之間的關係。在島內，用這樣的在地知識找路，比起在Google Map上輸入門牌號還更有效率許多。

廣義上社子島有四大庄頭（聚落）。順著淡水河的流向，以延平北路七段為起始向下游前進，島的入口因為過去是葫蘆島沙洲堆積的底端，稱作「溪洲底」；再往下游，堆積的尾端稱作「溪砂尾」；再更靠近兩河交匯的地方，因過去這裡被河流沖積成細長如線狀，故稱「浮汕」（或稱浮線）。另一側的基隆河岸，則有一處被許多圳道所圍繞的聚落，稱作「浮洲」。

這四大庄頭對於在地人來說僅是廣泛的通稱，每個庄頭內又因為不同地理位置有次分區概念，像是溪砂尾與浮洲都有「頂」（上）與「下」庄之分，「頂」是相對上游的庄，「下」則是相對下游。也有依據周邊空間特性、生活事件來作劃分，像在溪洲底又有塭寮、港墘仔、中窟、中圈、下竹圍等「角頭」。

庄頭名反應其在島內的相對位置，角頭名則是代表不同姓氏家族的領域劃分。這些在地名詞與解釋，是百年前先民移居島上就演進至今。每個庄頭、角頭，不同家族、不同土地利用方式，發展出不同的聚落特性。不論是建築分布、信仰文化、節慶祭典等，都隨著時間在島上刻劃出豐富的生活痕跡。熟知這樣「社子島限定」的在地知識後在島上遊走，就可以讀出各聚落的空間個性，甚至是各個家族的地方史。世居在此的居民對於島的空間觀是多元的，社子島並非是一個同質的集體，每個聚落都有獨有的空間與社會網絡。

沙洲的起點、貿易的樞紐——溪洲底

作為進入社子島的入口——溪洲底，據在地耆老口述，早在一七三八年（乾隆三年）就有謝氏族人至此開墾的紀錄。後來許多漢人移民（楊、陳、李、郭、王、鄭、林、黃、高氏族人）陸續到此落腳，發展為島上屋舍與家族最多且密集的聚落。不同的家族維繫各自的角頭：像是在聚落中心的「中圈」；延平北路一〇六巷底的王氏家族因周邊有大片養鴨寮而名「塭寮」；李、陳、鄭氏族人所落腳的「中窟」，日治時期為日軍水上飛機停機坑；商業密集的「店仔口」；有大片刺竹林的「下竹圍」。過去的生活樣貌透過角頭名稱留下痕跡，也是居民對於「庄頭」認同的所在。

因溪洲底位處水運、陸運的交通節點，早年農業社會時期，社子島的農產品會先運送至延平北路七段一〇六巷，再透過淡水河岸的「港墘仔」以船運送至大龍峒、三重、蘆洲等地，港墘仔同時也作為居民交通使用的渡口。興盛時期，甚至還會依據載運內容不同（蔬果、民生用品、牲畜、人等）而區分不同棧道碼頭。在地耆老口述兒時回憶：「小時候，淡水河道較窄、流速較緩，我們小孩子會游泳，就隨著划船的大人一起游到對岸三重蘆洲去種菜。」

今日位於堤外邊陲的溪洲底，曾是一個熱鬧的商業中心。人潮就是錢潮，有家族看上溪洲底絡繹不絕的人潮，於一九五四年興建了約可容納五百人的「皇宮戲院」，[4]因為當時臺北僅有少數戲院，甚至吸引住在三重、蘆洲、士林等地的人到此看戲。

後來因為高速公路興建，隨著社子島農業式微，溪洲底不如過往繁榮。但聚落中仍留有早期農業的痕跡，例如中窟普濟堂與下竹圍萬善堂周邊空地，是過去農民將蔬菜集中到洗菜池、簡單清理後再運往市區的作業場所；過去商人沿著淡水河岸從居住人口較密集的板橋、艋舺、大稻埕收集家戶水肥，賣到下游的社子島當肥料，對於作為蔬菜產區的社子島來說是相當重要的資源。當時最主要的水肥池就是位於今天公車站牌「臨江園」[5]站的水肥池。

溪洲底還曾有過協助日本人推廣新品種作物的種苗行——龍泉種子

4. 一九五四年建於延平北路七段一〇七巷，為臺北市區早年少有的戲院。內部空間寬敞，可容納約五百人，主要服務來往社子島經商的商人與鄰近地區的居民。曾演過歌仔戲、電影，也曾出租劇組拍攝電影、影集，現在則改為包裝工廠。
5. 原為水肥隊，後因地方居民認為名稱不雅改稱「臨江園」，現在為臺北市政府環保局士林區臨江車廠清潔隊。

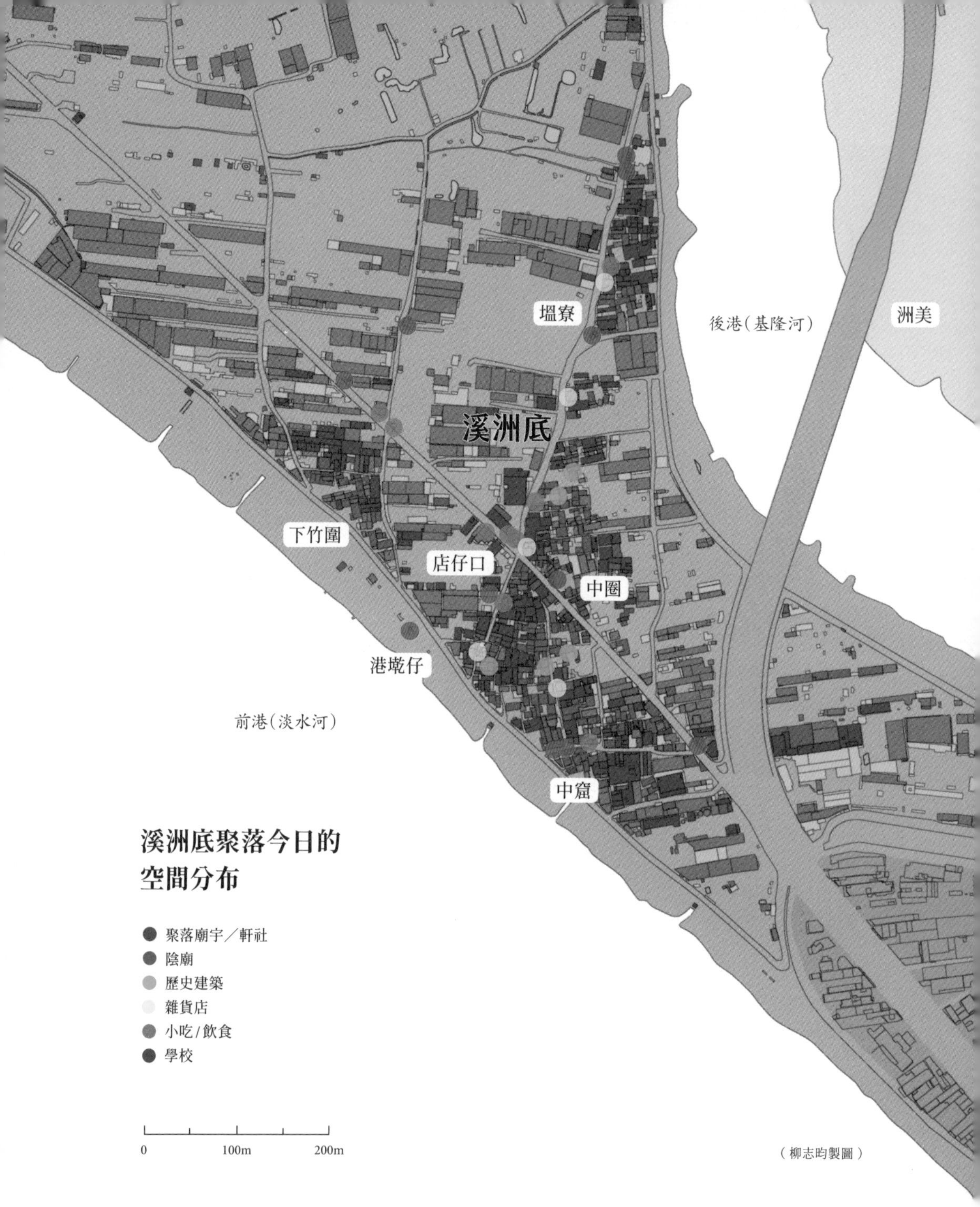

溪洲底聚落今日的空間分布

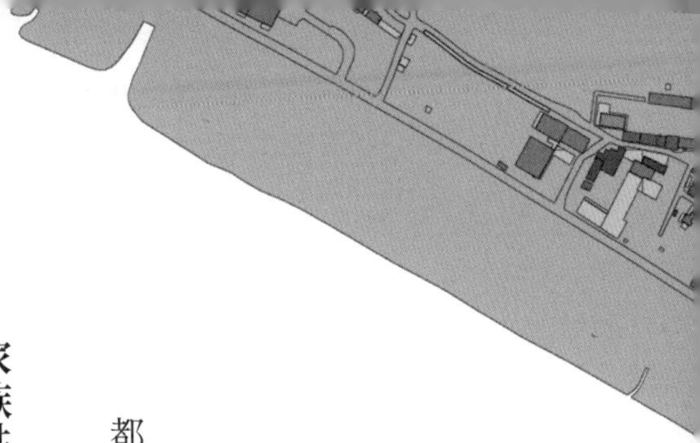

行，位於玄安宮旁。日本商人為引進新品種作物至臺灣，找尋在地農民試驗，便經由臺灣農產公司、種苗行，媒合社子島地區農民，試驗新品種作物是否可以適應臺灣氣候。

作為進入社子島的入口、最早開墾的庄頭，溪洲底聚落蘊藏了豐富的家族歷史、產業文化，走進聚落內部，隨處可見的生活痕跡，都在在表示這裡與現代都市有著截然不同的性格。

家族共榮的頂庄與下庄——溪砂尾

沿著淡水河岸向下游前進，位於延平北路八段的溪砂尾聚落可分成頂庄（頂溪砂尾）與下庄（下溪砂尾）。早年堤防尚未興建完成時，常因為漲退潮，河水與沙洲互爭地，因此在這裡有許多如沙埔、內港等與沙洲形狀、河流流向等自然地貌有關的次分區名稱。

不同於溪洲底早年因商業繁盛而出現家族、角頭間的拚搏，溪砂尾或許因為物質較為匱乏、家族分布單純，農業社會的整體氛圍較為和氣。頂庄與下庄之間家族、集體信仰的連結較深，彼此相互扶持，例如溪砂尾主要的陳、李、洪宗族，即便因爲人口漸增，部分家族成員到周邊庄頭另闢家園，居住空間已分開多年，但每逢年節、家族「迎過頭」[6]，依舊是全庄、全家族總動員參與的地方盛事。

6. 臺灣傳統中常見的輪值奉祀組織，大多與中國原鄉的信仰有關，又依據組成成員關係的不同，可分成以血緣或地緣所組成的迎過頭。

溪砂尾除了世居的家族，亦有不少人是早年在其他地方開墾再移居至此，有跨區域從三重、蘆洲、陽明山、北投等地而來，也有從附近的社子、葫蘆堵等地而來。例如，位在頂溪砂尾的陳氏家族，從中國來到臺灣時先落腳於八角樓（八卦厝），亦即今延平北路七段一〇六巷向外延伸至基隆河道處，但舊聚落因河道改道而無法居住，於是家族的大房遷居至塭寮，成為後來長居的「塭寮陳」，六房則是遷居到頂溪砂尾，並開墾出大片土地，地方上流傳「陳厝十八甲，走路不用走別人的地」，形容陳氏家族在社子島的地產廣闊。

位於頂溪砂尾，由李錫祿先生於一九四五年所建的李和興宅，是社子島少見的正身二層磚造合院住宅，除了展現出在困苦環境下努力打拚的精神之外，也因為其特殊的建築形式，數次在關鍵時刻發揮重要的功用。李氏後人回憶：「以前還沒有堤防的時候，有次風颱天（颱風天），水淹了快要一層樓高，附近的人都趕緊都跑來李和興避難。那時候二樓就擠了上百人，甚至還將屋頂打破，將雞、鴨、豬抱到屋頂躲避水患。」

在尚未有堤防以前，溪砂尾的地貌與今日大不相同，有類似潟湖的內、外港分別，在淡水河岸邊有一條類似於埤湖的大渠道，但現已填平。「小時候埤湖對面的沙洲上有一顆芭樂樹，每當退潮時我們就會跑上去玩、摘芭樂吃。」務農的大人則是採收蔬菜至洗菜池清洗後，扛至基隆河側的渡口，坐船至對岸的八仙聚落，沿著磺港溪走至上游的北投市場販售。

沙線上的共享——浮汕（浮線、中洲埔）

自威靈廟起到島的尖端，這個兩河交匯的聚落為「浮汕」，主要由李、葉、蔡、呂、張等姓氏組成。早年因漢人移民分支且與蘆洲地區較為相近，因此共屬和尚洲的行政範圍。不同於社子島上其他聚落，浮汕與對岸的蘆洲反而屬於同一個生活與祭祀圈，尤其是兌山李家的「迎過頭」，更是與蘆洲有共同的血緣與地緣關係。

浮汕因地處淡水河、基隆河匯流處，沖刷的現象更為顯著，農產量易受影響。為了因應土地易流失或位移、高度不穩定的環境，浮汕的李氏家族成立了「李復發號」七十股公產祭祀公業，以「生命共同體」的態度規劃後代子孫權利與義務，使李氏族人可以共好、共榮。李氏家族的先輩將土地設定為共同持有方式，但分為七十股，每十年抽籤一次，換不同的地耕種，同時為了確保土地利用、肥沃程度、潮汐影響程度等公平性，以垂直於道路的細長形進行土地分割。後來隨著產業型態轉變，部分不再農耕的家戶便在分配的土地上興建住宅，所以現在浮汕可以看到許多面窄縱深的連棟住宅。

農業地景上的島——浮洲

社子島上唯一鄰近基隆河的聚落「浮洲」，與溪砂尾一樣分上下庄，以王姓家族為主，另外還有林、柯、汪、郭姓家族世居於此。

王氏家族人最早開墾頂浮洲，當時浮洲地區的土地仍屬典型河口澤地狀態，遍布細小流

下八仙
基隆河
擋門頭
頂浮洲
下浮洲
頭前溝
大條溝
垵仔頭
沙埔
頂溪砂尾
內港／內溝
二十間仔
四角竹圍
口港（淡水河）

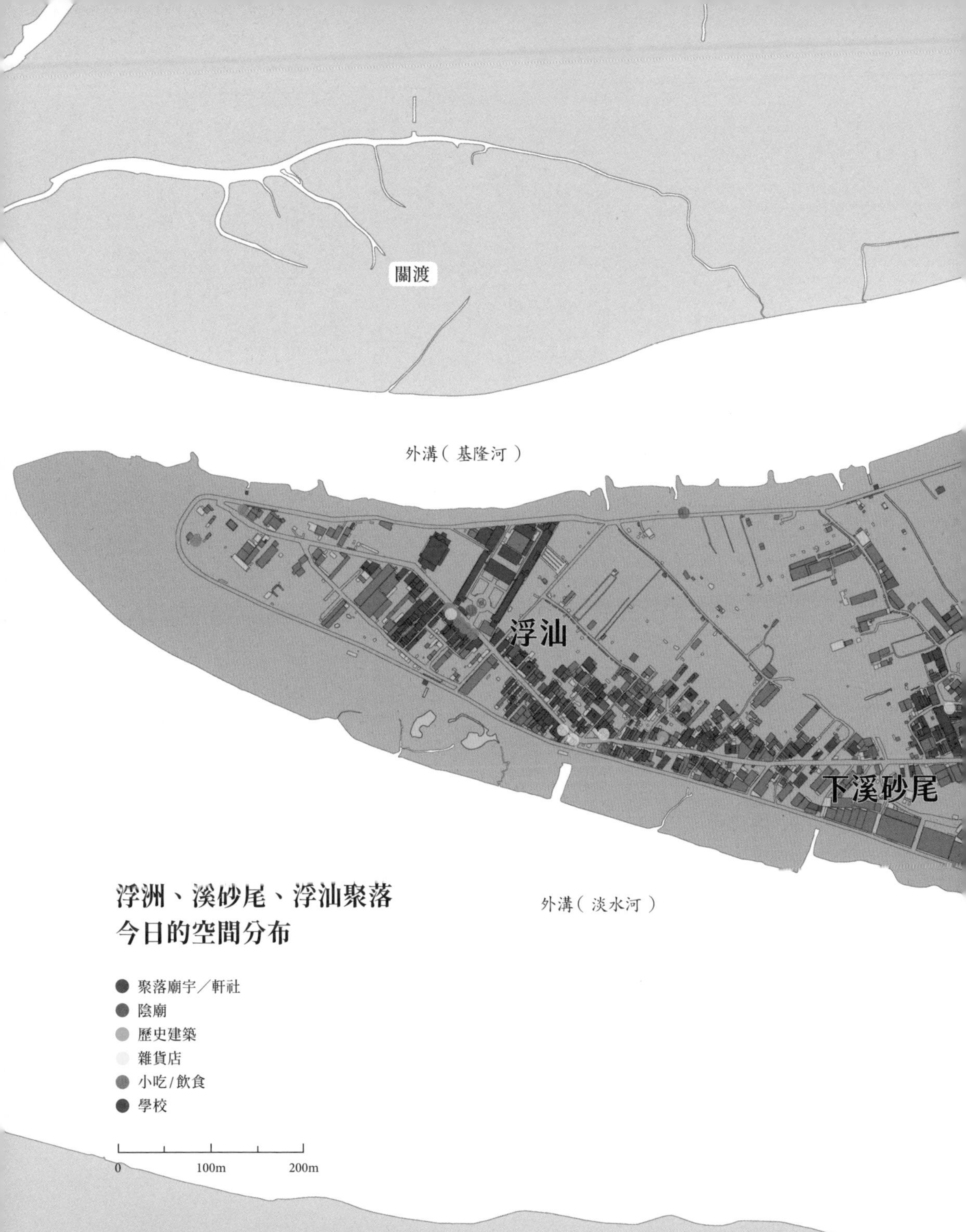

本圖所標示港、溝，即天然形成的河流或圳溝；內、外、口則表示水域與聚落的相對關係。

依聚落生活範圍不同，對空間的指認也有所不同，此地圖僅標注本書提及之空間。

（柳志昀製圖）

路。為減少潮汐影響並穩固土地，浮洲的家戶會種植鹹草，讓河流挾帶的泥沙淤積於密植的鹹草中，以漸次擴大耕地；此外，居民也會將鹹草加工製作成麻繩或編織草蓆，到大稻埕與萬華販售。

相較於淡水河岸多以甘蔗、甘藷等較耐鹽分、乾旱的作物為主，基隆河岸的浮洲則是另一種農業地景。因基隆河水位較深，利於引水灌溉，因此可種稻。在一八九七年（明治三十年）的《實測詳密臺灣島大地圖》中，如今浮洲一帶、靠近基隆河側顯示為「米田」。在浮洲長大的王先生回憶：「兒時最常做的事便是躺在稻穀上看鳥飛過，身旁都是稻田，風吹過掀起的稻浪，好美。」

就像城市不同區域有不同地景樣態，住宅區、工業區、娛樂區、商業區豐富了都市生活，社子島不同區位的聚落也有相異的景象與特色。然而社子島上家族宗祠與農田、河流間的密切關係，庄頭居民生活上的緊密連結，都不是都市規劃的結果。這些最貼近日常生活的地方故事、互助的人際網絡、產業變遷的痕跡等，形塑出充滿生機與活力，無可取代的社子島。

一八九五年《實測詳密臺灣島大地圖》(局部),圓圈處為社子島浮洲一帶,標示為「米田」。

社子島空間變革大事記

空間狀態	時間	事件
沙洲	一六九四	•康熙大地震。
	光緒年間	•《淡水縣簡明總括圖冊》出現聚落名稱。
葫蘆島	一八九五	•《日軍攻臺戰鬥地圖》出現葫蘆島雛形。
	一九〇四	•《臺灣堡圖》記錄葫蘆島上各庄頭、聚落名稱。
	一九二一	•地圖上出現主要道路、土地使用、建築、渡口、廟宇等紀錄。
	一九三七	•開始興建士林（社子）吊橋。
	一九三九	•士林（社子）吊橋啟用，開啟與士林地區的陸上交通。
	一九六一	•行政院成立「臺北地區河川防洪計劃審核小組」，以「治標」與「治本」兩部分計畫實施，影響後續臺北地區防洪工作。
	一九六二	•興建延平大橋（連接葫蘆堵及大龍峒）與中正橋（連接後港墘至中正路），提供更大型的車輛通行。
社子島	一九六四	•核定基隆河第一次截彎取直，福安、中洲、富安三里劃為堤外地區（堤外三里），關渡、五股間獅子頭隘口炸除。
	一九六五	•興建百齡橋，連接社子與士林地區。
	一九六七	•百齡橋通車，後港地區與社子分離併入士林地區。內政部核定堤外三里（富安里、中洲里、福安里）為洪氾區，限制人口增加及土地使用。
	一九七〇	•經濟部發布「臺北地區防洪計畫檢討報告」，臺北市政府發布「陽明山管理局轄區主要計畫案」堤外三里列為限制發展區，停止建設許可、土地建物限制開發。

空間狀態	時間	事件
社子島	一九七三	•完成社子、中洲、浮洲三處二・五公尺高防潮堤。
	一九七五	•興建中山高速公路，番仔溝填平，延平橋拆除。
	一九七八	•原有三處防潮堤加高至四公尺。
	一九八五	•士林（社子）吊橋、中正橋拆除。
	一九八六	•臺北市政府擬於渡頭堤防（今延平北路六段與七段交接處）興建水門，一旦洪水來時將關閉水門。此方案遭到在地居民嚴正反對，赴市議會請願後，臺北市工務局改採越堤道路方案。
	一九八七	•居民乘坐鐵牛車至市府陳情，要求對社子島築堤保護。行政院核定「社子島築堤保護案」，同意以二十年防洪標準（六公尺高堤防）保護。
	一九九三	•修訂都市計畫主要計畫，計畫採用區段徵收方式辦理整體開發，並規劃朝向低密度使用方向發展。 •擬興建六公尺高混凝土堤防、增設抽水站。部分居民陳情要求與臺北市區相同兩百年防洪標準，訴求朝向高密度開發。
	一九九六	•完成六公尺高混凝土堤防、增設抽水站。
	一九九九	•改採兩百年洪水重現期的保護標準、二四〇公頃高保護範圍為基礎。
	二〇〇一	•興建洲美快速道路。
	二〇〇二	•洲美快速道路完工。
	二〇〇三	•興建社子大橋，連接社子島與洲美。
	二〇一三	•社子大橋通車。

2 社子島時區裡的認同與信仰

沿著環河快速道路、洲美快速道路，一路向北連接臺二乙省道，途經大稻埕、關渡大橋、紅樹林、漁人碼頭等觀光景點，約莫一個小時的車程便可從臺北市中心抵達淡水河口。這是許多人熟悉的「逃亡」路線：為了逃離那被密集大樓包圍、讓人難以喘息的水泥都市，只為瞥一眼淡水河口的浮光躍金。淡水河上的觀光遊艇、基隆河上的滑水快艇、快速道路上急駛的車輛，似乎象徵著都市人面對壓抑生活的逃離。但社子島的居民卻鮮少需要「逃離」，因為「社子島美得像是一幅畫，而我們就住在畫裡」。

「走進社子島，你能很快感受到這裡與都市的不同。不僅是沿途景致，還有這裡跟市區不同的生活節奏。」受禁限建影響，島上留下許多傳統聚落，錯落交織的建築與寬窄變化的巷弄，城市的天際線到達這都市邊緣終於有了喘息空間。沒有過於緊湊的生活步調，這裡的人們用自己的節奏，在城市邊陲默默地計算日子，彷彿有一個特有的「社子島時區」，島上居民習慣以農曆作為日期的度量基礎，有著與都市截然不同的步調。

認同過程的空間變革，聚落內的自我認同

卡爾維諾在《看不見的城市》中寫到，「在街角，在窗戶的柵欄，在階梯的扶手，在避雷針的天線，在旗桿上，每個小地方，都一一銘記了刻痕、缺口和捲曲的邊緣。」這些被包容的痕跡，記錄下城市的歷史與生活。在社子島，從進入島的那一刻開始，目光所及的地方都有故事。

比如島上遍布的刺竹林。

早年漢人移民初期社會狀態並不穩定，除了要解決基本生活需求，還要防範不時會出現的天災人禍。未有防潮堤時的天災，多指潮汐與河川氾濫的衝擊，先民便發展出一套住家周邊的配置邏輯。

最顯而易見的就是家族的生活邊界，先人們會在家族的土地、農田邊界種植大樹、植栽，有時是經濟作物，有時只是棵榕樹，便可作為土地所有權邊界的劃分、共同指認的地標。在這個島上，最為常見的是那些在各個家族住家周圍的刺竹林。

關於竹林，在社子島有幾個不同的說法與意義。有一說是，「當竹林密植之後，靠近地面的桿基會生成緊密纏繞的結構，相當有利於防範潮汐。」在沒有防潮堤的年代，特別是初一、十五的大潮，有可能煮飯煮到一半水就漫了進來。此時圍繞住家周圍的刺竹林，就是作為減緩河水上漲速度之用。也有另一說提到，「早年漳泉械鬥頻繁，相同姓氏的族人都居

住在鄰近地區，家族領地若是種了竹林，則有禦敵防衛的作用。」竹林在平坦的沙洲劃分出不同家族的領域，同時也可營造易守難攻的地形，抵禦外來者的入侵。隨著社會狀態逐漸穩定，加上有了防潮堤，來自兩河的外水威脅減少許多，竹林便失去調節水患、防衛敵人的功能。

那留下來的竹林呢？「前人種竹，後人乘涼」，住家周邊的竹林已變成鄰里交流互動的空間。大人聊天、泡茶、嗑瓜子，小孩則在巷弄間奔跑追逐，這些巷弄就是最天然的遊樂場。不分年齡，只要是在社子島長大的孩子，肯定懂得大人如何摸飛（不做正事、偷閒），特別是在農閒時刻，三五好友們隨意放一張矮桌、幾張矮凳，就是一間現成的VIP包廂。

若是在雜貨店前，就更加熱鬧了。彷彿無限暢飲的飲料吧、糖果吧，大人們一邊玩著十糊（四色牌）、十三支、黑粒仔（天九牌）小賭怡情，一邊關心彼此的工作狀況、親友們的近況趣聞、島上的各種軼事，也難怪常有居民說「在社子島是沒有祕密的」。這種場合小朋友也不會缺席，在一旁等著分紅後，拿點零用錢到雜貨店買些咹糝（零食、零嘴）、抽玩具。即便到了今日，只要稍微有點門路，走對方向、去對時間，就可以在那些地點，看見固定班底們又開始一日的例行公事。

從竹林延伸到巷弄、雜貨店、泡茶店，這些聚會空間可說是人與人交匯的節點。在這些日常的聚會場所經常可以聽到居民們相互關心，彼此之間「雞婆」的照應，造就社子島與都市截然不同的人際網絡，而這樣的互助正是居民們相當珍惜與認同的。

走進社子島，可以有許多閱讀方式來認識各個聚落空間，前段所述的刺竹林便是屬於各聚落的共通特色。而各聚落的地理位置與河流、土質環境的不同，也連帶產生出不同的「聚落性格」。環繞社子島的兩條河流，給予兩側聚落不同的生活資源，影響島的空間配置。在淡水河側，也就是沿著今日的延平北路前進，一路上所經過的溪洲底、溪砂尾、浮汕等聚落，因河流連接上游的大稻埕、萬華、新莊等地，對岸又臨三重、蘆洲，繁盛的水運、移民遷居，使得島的南側出現較密集的聚落、也有許多商業活動。至於島北側的基隆河岸容易氾濫，但也帶來許多肥沃的土壤與豐沛的水源，如今若是從社子大橋下往南前進，穿梭在田間道路，一旁是早年灌溉用的水圳，建築物聚集於一小區塊，是浮洲聚落的特色。從空照圖俯視更可以清楚地看到，早年這些因為河流所發展出的聚落與農田的分布仍延續至今，形成了「北方多良田，南方多聚落」的空間布局。

聚落之間的空間布局也影響著各個庄頭的「性格」，例如溪洲底因位處水陸運的交匯點，聚落範圍並不大，但其中的次分區(角頭)卻是社子島各聚落中最多的，聚落內錯綜的巷弄，其實就是早年不同家族的領域劃分，因為是商業行為最為繁盛的庄頭，有著農產的運銷、大型工廠，甚至早年還有地下賭場，溪洲底經常出現「生猛」的場景。「以前延平北路就像是楚河漢界，一〇六巷、一〇七巷互不來往，有時候站在對街東西丟來丟去，甚至拿武士刀追來追去，不過就是喊喊而已。」其他聚落的居民回憶以前的日子說到，「以前都說七段是鱸鰻（流氓）窟。」看似緊張的關係，其實並未有嚴重衝突事件發生，背後倚靠的是許多家族頭人在維繫各角頭之間的微妙張力，藉由像是參與弄土地公（夜弄土地公）或各個家族大拜拜的過程中，以祭祀活動來展現各自的勢力，微妙地讓地方始終保持著平衡。再往下到溪砂尾與浮洲就是另一種頭人間的關係了，因土地易受河流沖淤與潮汐影響，家族內更需要相互扶持，不同家族間透過廟宇慶典參與公共事務。兩個聚落的建築空間也與農業生產更為緊密，像是溪砂尾至今仍保有許多合院，公廳之前的「埕」就是相當重要的公共空間，平常是小孩的遊樂場，節慶時是家族聚會舉辦流水席的地方，以前秋收時是大人工作的曬穀場，現在就成了中秋烤肉最適合的活動空間。位於延平北路九段的浮汕更發展出前一章節所述的公股墾號「李復發號」，早期因為耕種、共有土地資源而共同合作、分配所衍生出的長條形土地分割，也影響到後續發展成現代社會的建築物配置，與其他聚落較為有機的道路系統有較明顯的差異。

從大尺度的聚落空間分布，到小尺度的厝邊竹林、雜貨店前矮桌、聚落巷弄、家族合院、順應河流的土地分割、建築物的坐落方向等，都是歷史留下的刻痕。島上大大小小的庄頭、角頭，在數百年的歲月中從血緣、地緣建立關係，也在競爭、合作間發展出各自的地方認同。雖然島上的空間已發生許多變化，但每個庄人皆能說出一段島上特定空間與自己生命、家族息息相關的故事，也才建構出今日社子島人對於「咱的庄頭」的強烈認同。

漂浮不定的沙洲或許注定需要面對不斷地消逝與浮現。漢人移墾時期的社子島面對潮汐、耕種等生活困境，現在的島則要面對未知的開發議題。即使有許多來自自然災害、人類世界的紛擾，卻始終無法撼動居民在此繼續生活打拚的決心。而這樣的決心，在時間、空間不斷累積與變化間產生強烈的認同。

在儀式過程中從移民變成居民

「社子島的居民很常拜拜，除了初一、十五之外，每個月不同的節日、神明生日，從年頭拜到年尾。」在社子島，「拜拜」是許多居民的生活重心，出入經過拜一下、家有喜事、生活不順，各式疑難雜症、好事壞事皆可拜。從百年前的漢人移墾社會至今，代代傳承，人們對信仰文化的重視，早已深根社子島居民的基因中。有形與無形的傳承之間，信仰凝聚眾人共同參與聚落公共事務、形成稠密的社會網絡，整個島上的人、神、靈、物、土地，聚合成一難以輕易剝離的集體，集體中不同的群落有著各自的個性與邊界，形塑成今日的社子島。在島上，信仰文化依據發展的時間與緣由約略可分成原鄉信仰、血緣生根的共祀組織，以及落腳島上所長出來的在地信仰，不同類別之間也隨時間相互影響，交織出獨特的在地認同。

第一種原鄉信仰，是屬於較大範圍，與移民文化有關的廟宇及祭儀。「以前小時候過年節，爸媽都會準備鮮花跟水果，帶著我們兄弟姊妹坐船去大龍峒拜拜。」許多出生於一九五〇、一九六〇年代的社子島人，即使未曾經歷也聽過這樣的經驗——大年初一時沿路敲鐘擂鼓，家族大大小小準備牲禮、花果，一起坐船、乘車到鄰近泉州人信仰中心拜拜。這種信仰圈的形成與漢人移民落腳區域有關，由於社子島的先民來自中國泉州，因此便和鄰近地區的泉州人大廟形成共同信仰圈。例如，溪洲底與浮洲兩聚落就是信仰大龍峒保安宮保生大帝。九段浮汕因地理位置與家族淵源，倚靠對岸蘆洲湧蓮寺觀音菩薩、蘆洲保和宮保生大帝、關渡宮媽祖等。溪砂尾因聚落位於兩者之間，加上家族拓墾、姻親關係等原因，兩個信仰圈皆有接觸。

第二種落地生根的「祖公會」和同姓氏的宗親有關。各個姓氏有各自的「祖佛」，讓散居於臺北盆地中的宗親「迎過頭」輪流供奉。除了以上兩者，第三種就是隨著聚落發展逐漸演變出來的在地聚落信仰，包括土地公、水神、陰廟，或是從特定家族擴展成為聚落共同信仰的廟宇，如玄安宮、舍人公、鎮安宮等。

從百年前移民帶入的信仰文化再到拓墾時期在地發展出的神祇，至今兩、三百年的時間裡，社子島人並沒遺忘人與神之間的關係，且在一次又一次的儀式、輪值中，建立出社子島的信仰文化與認同。

唐山過臺灣，串連臺北盆地的祖公會

據地方誌史料與族譜記載推斷，約莫是自清代康熙、雍正、乾隆年間，開始有漢人陸續來到社子島落腳居住。社子島上各個家族有不同的遷移史，有的從中國渡臺就直接在此落腳，如謝氏族人早在乾隆三年（一七三八年）就開始開墾溪洲底的柑仔園一帶。也有家族是從臺北盆地其他地區移墾至社子島，例如位在溪砂尾、浮汕的李氏家族就是來自淡水河對岸的蘆洲兌山李家。不論是李家、謝家，或是其他世居在各聚落的家族，幾乎都在此開墾百年以上。

社子島的先民開墾時，有的是與毛少翁社（今凱達格蘭族）人租或買地，有的則是向已在島上定居的家族購地。雖然抵達的時間不一，社子島的家族都是來自泉州同安，文化與信仰有別於附近士林的漳州移民，因此社子島人的生活圈、信仰圈反而更加接近淡水河上游與對岸的同安移民聚落，如大龍峒、大稻埕、三重、蘆洲，而非基隆河對岸。

在物資匱乏、社會局勢動盪的拓墾時期，人們會尋求神祇的保佑。社子島除了有不分祖籍、廣泛信仰的鄉土神，例如媽祖、土地公等，也有同安移民從原鄉帶來的信仰，如大道公（保生大帝），或是與家族姓氏有關的祖佛、祖公會。

同安原鄉的信仰不但在社子島上落地生根，更擴散到臺北盆地其他同宗家族，發展出「迎過頭」的祖公會形式。所謂「祖公會」，是指移墾初期，同樣祖籍、姓氏的移民在艱困的社會下相互扶持、聯繫關係或是壯大拓墾勢力的組織。與宗親會不同，祖公會相當重視祖籍與血緣關係，是較排外的祭祀公業，對「祖佛」在各角頭輪值過程中的儀式也很慎重。基本上要能夠成為祖公會裡的一個「角頭」，必須具有相當規模勢力，且能夠持續與其他

燕樓李家冬至祭祖（李明裕攝）

角頭相互來往。社子島第一代移民落腳至今已有兩、三百年歷史，許多家族仍維持這樣的傳統習俗。依據各姓氏來臺移墾路徑，有不同的跨區域連結。像是溪洲底中窟的燕樓李家是屬於溪洲底角，同祖公會中還有菁礐角（北投大屯里）、獅頭（蘆洲保佑里）、永倫角（社子倫等里、永平里）共四個角頭。每到農曆九月十日就是燕樓李家迎過頭的日子，除了擺設案桌祭拜，也會殺豬公、擺桌宴請各角頭族人，每年冬至前，各角頭的李氏族人也會回到溪洲底的祖厝共同祭祖。

各姓氏的情況也不相同，例如，在溪砂尾與浮汕的兌山李氏是與蘆洲一帶李氏家族一同以蘆洲保和宮保生大帝為祖佛，分以七角頭。[8]在每年農曆三月十六日迎過頭。當然，這些組織的邊界也隨著時代有

8. 兌山李家祖公會分為三重埔角、樓厝角（溪砂尾為其下角）、水湳角（浮汕為其下角）、八里坌角、崙仔頂角、土地公厝角、溪墘角共七個角頭，主要供奉保生大帝。

左：陳聖王公（陳竑達攝）　右：燕樓祖佛輪祀慶典（簡有慶攝）

些變動，像是本來以社子島內部為主要輪值範圍的丙洲陳氏，會在農曆二月十六日時迎請陳聖王公[9]（開漳聖王）過頭。陳姓作為社子島人口眾多的大姓，遍布溪洲底、浮洲、溪砂尾聚落，甚至連基隆河對岸的八仙土地公埔角（北投八仙里）以及不同堂號的官山陳氏、洋江陳氏也會一同參與儀式。

在溪洲底的汾陽郭氏，則在每年農曆十二月十二日輪值郭氏祖佛。[10]特別的是，郭氏的祖公會打破漳泉族群之間的藩籬，甚至深入到新店溪、大漢溪上游，興盛時期最多會有十八個角頭。島上還有如在浮洲發展成什

9. 陳氏家族所供奉的祖公會分有五角頭（現剩下四角），分別為溪洲底角、浮洲角、溪砂尾角以及土地公埔角（北投八仙里）。由於溪洲底角中還有官山陳氏（中窟）與洋江陳氏（港墘仔）因此從以前就會一同共慶陳聖王公誕辰。

10. 郭氏祖佛即郭子儀，社子島所屬的郭氏祖公會分有四大角，分別為葫蘆堵角、洲尾角、江仔嘴角、番仔溝角，其中位在社子島七段的汾陽郭氏屬於葫蘆堵角下的分角（下葫蘆角，溪洲底角中的頂厝與下厝），屬於八等分角，每三十二年才會輪值一次。

姓[11]共祀的林姓祖佛忠惠尊王、[12]楊氏馬府聖侯等，至今都仍維持著迎過頭的習俗。

各個姓氏依據各祖佛的誕辰日，有不同的祭祀與遶境時間，也會因各個角頭的大小規模衍生出下分角，使得有些姓氏中的分角可能出現八年、十六年甚至是三十二年才能迎回祖佛的情況。因此，每到輪值年必定是全家、全庄大小總動員共襄盛舉。

在祖公會迎過頭的過程中，從前一年的「下馬」，到輪值年「過頭」、「殺豬公」外，還包括酬神、遶境、平安宴等各項儀式。祖佛作為各個姓氏的心靈寄託，透過輪值，不僅呈現各家族在臺北盆地的移民史，更重要的是在儀式中，家戶擺設香案迎接祖佛，祖佛巡視各角頭替族人賜福、安穩宗親。

島上長出的信仰文化

以祖籍、血緣為主的祖公會是各家族用以維持聚落外部血緣關係的途徑，住家周邊鄰里則是透過地方節慶與鄉土神信仰建立起關係。在社子島上長出來的區域性信仰可以分為三類，第一類是土地公、水仙尊王等自然

11. 原為林氏家族所供奉的祖佛忠惠尊王因相當靈驗，在浮洲已成為聚落的共同信仰，並不限於林氏族人供奉。在此祖公會中的各角頭仍維持林姓主事，唯有浮洲仔成為地域性多姓氏共同供奉。
12. 臺北林姓忠惠尊王分為三大角，分別是浮洲角、南港角、新莊角，其中部分角頭下有分角，因此頭尾六年輪值一次、七年殺豬公，當中較特別的是浮洲仔角已演變成聚落共同信仰，不只是林姓家族參與其中。

守護神；第二類是因為社子島獨特的地理位置而出現的水流公等陰廟信仰；第三類則是本來屬於某一家族的信仰，因聚落發展或特定事件轉變為聚落的共同信仰。這些信仰種類比起跨地域的祖公會更有在地性，在移民於社子島落地生根的過程中，扮演從家族認同轉變為聚落在地認同的重要角色。

守護沙洲的神祇——土地神、水神

社子島居民與河水、沙洲存在著微妙的關係，一方面敬畏自然，一方面又仰賴它們維生，因此對於土、水神信仰一直相當重視。其中最主要的兩個節慶就是溪洲底元宵節「弄土地公」（夜弄土地公）與浮洲、浮汕端午節「划龍舟祭江」。

每到元宵節，溪洲底的熱鬧程度更勝農曆過年，許多溪洲底人都會回到老家共襄盛舉，是庄頭一年最大盛事。當晚不僅有弄土地公，還有提燈賞禮，相當熱鬧。

早年家家戶戶的神桌上都是擺放紅蠟燭，除了點亮神桌，對社子島人來說紅蠟燭也是共同的生命經驗。「每當又停電、淹水的時候，就需要從抽屜拿蠟燭出來點。如果那根蠟燭是我拿回來的，那我就會特別開心，好像小小的我也可以為這個家付出的感覺。」過去居民到大廟拜拜時都會拿紅蠟燭，將蠟燭帶回家有象徵著把平安帶回家中的祈福意義。家中累積許多用不完的蠟燭，便會在元宵節這天擺出來，讓提花燈前來的小孩領取，並在花燈簽上家族的姓作為記號，表示已經領取過了。這樣分享過年氣氛、平安心境的習俗延續至今，只是如今紅蠟燭已不再是家戶的必需品，商業行號和家戶衍生出特色禮品，像是紙杯工廠發送紙杯、早餐店發送漢堡麵包，也有美金一元、養樂多、糖果飲料等。

近幾年獲得各界關注的「夜弄土地公」，雖被稱作「夜弄」，但溪洲底各庄青年自一早就會在各角頭長輩的帶領下一起向土地公祈福，隨後展開一整天的巡視。因此，在近年逐漸受到外界關注時，青年們也希望改稱為「弄土地公」，表示從白天開始巡視外庄一路到晚上回到溪洲底巡庄為一個完整的節日慶典。在元宵節當天，庄裡的青年仿農人的裝扮，頭戴斗笠、面圍毛巾，在寒冷的春夜打赤膊，僅著一件四角褲，兩人一組[13]輪流扛起土地公穿梭於巷弄中。所到的住家、商家燃放鞭炮慶祝，祈求土地公保佑新的一年，家族田地豐收、一家大小平安。溪洲底共有五個角頭的土地公參與弄土地公儀式，分別為塭寮、戲臺口、中窟、港墘仔、下竹圍。[14]白天土地公們會先前往島上其他聚落的店家、工廠或住家祈福，家家戶戶擺設案桌，準備鮮花水果、紅包答謝土地公。到了傍晚，各角頭的土地公會回到溪洲底，從各自的廟宇出發，以徒步的方式巡遍溪洲底每一條巷弄。元宵夜裡，除了溪洲底聚落，在上溪砂尾的

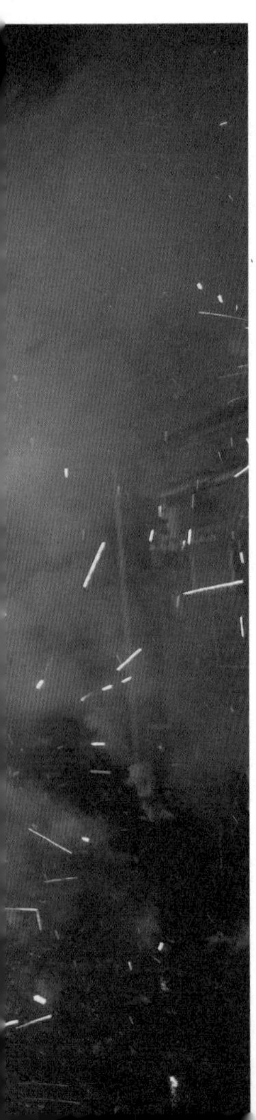

13. 除轎班人員，也會由經驗豐富的長輩擔任引路人帶領路線、提籃收禮金，早年還有拿掃帚的人會於隊伍前方做出掃除的動作，象徵掃除汙穢、準備迎土地公到來，但近年編制改變，陣中已看不到這個角色。
14. 下竹圍聚落，因缺少轎班人員傳承，近幾年已不再參與弄土地公活動。

坤天亭、下溪砂尾的鎮安宮也同樣有弄土地公的文化，各個聚落的裝扮衣著、路線、擺炮的方式也各有特色。

與水特別親近的浮洲與浮汕聚落，在端午節則有超過百年的「刣龍舟祭江」儀式。早年物資不充裕，兩聚落會共用祭祀用的龍舟，浮洲會在農曆五月五日端午節當天於基隆河岸舉行，浮汕則在農曆五月七日借用浮洲的龍舟至淡水河岸舉行。這樣分開時間舉辦的傳統延續至今。

刣龍舟祭江儀式是以水仙尊王為核心的民俗活動，目的在於滌淨環繞社子島的淡水河、基隆河水域，並藉由龍舟競渡的友誼

溪砂尾聚落元宵夜弄土地公（李長文攝）

賽，維繫聚落居民的感情。浮洲的划龍舟祭江以景安宮為中心，浮汕則以福德宮為中心舉辦。至今仍不允許女性划龍舟，若家中有親人過世且尚未滿一年者，也不歡迎上船。兩地的划龍舟祭江儀式皆可分為獻江、划龍舟競賽以及謝江三個階段。獻江儀式從下午二時左右開始，兩艘龍舟巡迴基隆河與淡水河水域，在過程中鳴放鞭炮、灑下金紙與銀紙，以祭祀水仙尊王及其他水中的眾神靈。

獻江完成後，就開始龍舟競渡友誼賽。浮洲的傳統是頂浮洲與下浮洲各一艘龍舟互相較勁，浮汕則是最大的李氏家族一艘船，其他姓氏一艘船，或者浮汕一艘船、溪砂尾一艘船，亦有中年人一艘船、年輕人一艘船等不同組隊比賽方式。浮洲與浮汕的龍舟競渡友誼賽，分別以基隆河與淡水河長約五百公尺的水域為賽道，比賽時，兩艘船從上游往河口順流划行，船上的男丁必須跟著鼓手擊鼓的節奏出力喊聲、划槳，以搶先奪得終點上的鏢旗。划龍舟的動作看似單純，但除了要正確使用手臂與腰部的力量，還要懂得在不同階段分配力氣，且考驗隊員間的默契。在地居民說，從船槳的握法、划水的姿式、與前後隊友的配合，就知道是否為在地出身。浮洲居民亦說，由於基隆河在靠近八仙有個漩渦造成阻力，通常由靠近社子島側的龍舟獲勝，因此比賽有兩趟，兩艘船會交換水道，都有機會享受勝利的喜悅。

最後的謝江活動，旨在感謝水仙尊王保佑活動順利進行，過程與獻江類似，皆是巡迴聚落周遭水域，並灑下金紙、銀紙。與獻江不同的是，為了避免打擾河中眾生，同時表達莊嚴、肅穆的氛圍，謝江不放鞭炮，鼓手也不擊鼓。

浮洲與浮汕龍舟競渡最重要的目的是，「尊敬淡水河、基隆河，尊敬河神，尊敬不幸在河水往生的先人。」居民透過划龍舟、投紙錢，表達對河流的敬重，並祈求水仙尊王保佑河川平靜安寧，同時也緬懷、告慰眾多歷年來因洪水或船難等意外而在水中不幸過世的人們。這樣的儀式，也凸顯社子島居民與河流親密的關係。

浮洲與浮汕的端午節，也是各個家族吃「辦桌」團圓的日子，已經離開社子島的家族成員會在此時回來，下午參與划龍舟祭江，晚上共吃團圓飯，和農曆新年一樣熱鬧。由於划龍舟競渡需要大量人力物資，兩聚落每年選出「爐主」與「頭家」輪流負責辦理，而經費來源包括地方人士的捐獻，還有景安宮、福德宮向聚落各戶收取的「丁口錢」。[15]

浮汕的福德宮也與蘆洲的保和宮共同舉辦以五年為一個週期的祭祀儀式，第一年為迎接神明的「許平安」，中間則有三年的「太平年」，第五年則是感謝神明庇佑的「謝平安」，[16]雖然蘆洲與社子島早已分屬兩個行政區，昔日往返的水路交通也不復見，但這項民俗見證了早期蘆洲與社子島兩地的緊密關係。

（本節部分文字感謝徐碩的貢獻）

15. 臺灣廟宇、祭祀組織常見的集資方式，以男性為丁，女性為口，依照每家戶的人數收取費用。參與的家戶就有參與擲筊成為爐主、頭家的資格，至於收取的費用就成為廟宇或是祭祀組織的公用基金。

16. 過去「太平年」僅有一年，為「許平安－太平年－謝平安」三年一輪的循環，最近幾年則將太平年延長為三年，改為五年一輪。

上：浮洲聚落的水仙尊王香案（張榮隆攝）
下：浮汕划龍舟（張榮隆攝）

漂流、安置的神祇

沖刷、堆積，是社子島與河水共存的日常，是位處兩河交匯的沙洲需要面對的課題。因為與水和自然的獨特關係，位處淡水河流域下游的社子島容易出現從基隆河與淡水河上游漂流而來的無名屍。當發生無法解釋的事蹟時，居民會透過祭拜這些流浪的魂魄來安定人心，因此社子島有不少陰廟。臺灣民間傳統中，陰廟信仰通常指的是非神、非仙的魂魄，也就是「非典型」的神，像有應公、萬善祠、水流公、姑娘廟等都是常見的陰廟。傳統認為，陰廟的存在是為了安定經常作亂的鬼魂，祭拜時也有較多禁忌。但在社子島，陰廟與居民間的關係卻截然不同，居民並不將陰廟視為禁忌空間，而視為守護者。居民收留流浪的魂，將祂們安置於聚落邊界，希望祂們可以看顧、守護地方。因此社子島的陰廟多位於聚落主要道路或是聚落分界上，而非隱身於鮮少人會經過的邊緣地帶。塭寮福安宮旁的陰公祠，祀奉「陰公」、「白媽」，據傳是日治時期的逃兵坐船躲追捕，不料遭人出賣被日軍發現而淹死在河裡，事後作祟不斷，於是建廟祭拜以慰之。在塭寮與溪洲底分界的許英媽廟，相傳是一位原居於新店、名為許英的年輕女子，自幼與父親學習中醫，遇水災落水，屍身漂流至社子島後被居民撈起。當晚便托夢給陳姓居民，希望能留在地方濟世，救助貧苦人。許英媽廟一八九五年建廟至今有一百多年歷史，早已成為地方重要的信仰中心，每年農曆四月一日，居民除了準備牲禮供奉之外，也有熱鬧酬神戲感謝其守護地方。

浮汕的威靈廟囝仔公，則是另一個由陰廟轉正神的傳奇故事。據傳，囝仔公本是一對

洪曜平所繪威靈廟盛況（林萬得提供）

母子，早年渡海來臺遇到船難，由地方居民收容後經常顯靈。也有人說囝仔公本是一位牧童，在此處得道成仙，經常顯靈幫助地方居民解災治病。威靈廟發跡相當早，在社子島在地畫家洪曜平[17]的畫作中，就已描繪一九三六年前後，行經淡水河的香客、商人將船隻停泊於岸邊，來到威靈廟祭拜並將廟擠得水洩不通的盛況。

除了人的軀體漂流來到社子島，位於延平北路九段、基隆河側三號抽水站正下方的東山宮，則是收留另一種樣態的漂流。一九八〇年代臺灣錢淹腳目，各地盛行大家樂、六合彩等博弈遊戲，許多人將發財夢寄託於神祇，求神拜佛希望

17. 洪曜平（一九二四－二〇二一）生於社子島，擔任過臺北日僑學校的講師，擅長描繪自然景致，畫作中經常描繪在社子島所見的農田、聚落、動物。作品曾入選日治時期總督府展，為臺灣水墨畫界大師。

可以「得明牌」，但隨著六合彩熱潮衰退，許多神尊被信眾拋棄，順著河流來到社子島。地方居民收容眾多神尊為其建廟，讓祂們能有個安身之處。多年過去，熱心的居民仍持續打理、照顧這些神祇。

穩定聚落的神祇——聚落的信仰中心

祖公會，是守護移民家族的信仰文化；土地公及水神，是守護沙洲的信仰；陰廟，則是漂流的魂變成聚落邊界的守護神，聚落內部也有核心的信仰中心。

溪洲底的信仰中心玄安宮，主要供奉開基玄天上帝老二帝、中壇元帥、虎爺公與康趙兩位將軍。據載，這些神尊是謝氏族人在乾隆三年（一七三八年）自福建泉州府同安縣的謝氏祖廟帶來。起先並沒有興建廟宇，而是以輪值爐主的方式在謝氏族人家中輪流供奉，當信眾有需要時就會到爐主家中請示玄天上帝。早年農業社會，醫療不發達，農作物欠收、久病未癒都會請示玄天上帝降駕賜福，協助信眾。因玄天上帝神蹟顯赫，逐漸成為溪洲底的共同信仰，信眾已不限於謝氏族人。家中有喜慶、小孩出生，也都會至爐主家請示神明，將神尊請至家中數日。隨著信徒愈來愈多，神尊經常被請到不同居民家中，導致需要問事的人到爐主家卻撲空，管理不易。一九九一年，開基二帝降駕，希望能整修謝氏祖厝（今玄安宮位置）作為固定住所，溪洲底多位頭人來回奔走募款、與地主協商，於隔年過火開廟門，玄天上帝與眾神尊有了固定住處。將近二百五十年間，從謝氏族人的輪值，到地方

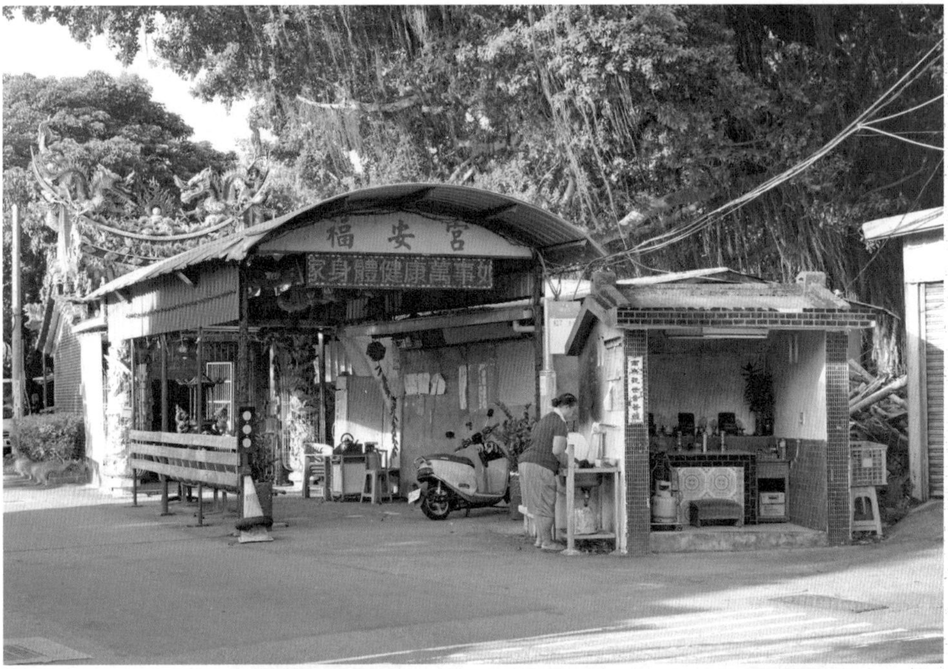

上：福安宮與陰公白媽（張式慧攝）　下：許英媽廟（張式慧攝）

上左：舍人公（鄭永裕攝）　上右：威靈廟（張式慧攝）
下：社子島居民王木琳介紹東山宮百尊流水神像（莊舒晴攝）

頭人協助找尋住所，見證了一個神祇從單一家族擴及至聚落的過程，也體現出庄人共同為一事合作努力的成果。

溪洲底中窟福安社旁的山口廟，供奉的是鄭姓家族從中國帶來的守護神「舍人公」。本來是在家族內部輪值爐主、頭家，僅在每年農曆九月十五前兩日搭建臨時紅壇、戲棚於福安社旁。經過鄭氏族人一代代的傳承，舍人公也漸漸成為中窟具代表性的區域信仰。幾年前，有信眾發願要幫祂蓋廟，地方各家族有錢出錢、有力出力，四處奔走，於二〇一九年完成入火安座。

頂溪砂尾的信仰中心坤天亭，主要供奉中壇元帥與黑虎將軍。早年開墾艱困、常有瘟疫，清朝光緒年間由聚落中二十四位仕紳共同請人雕刻兩位尊神，於聚落家戶中輪流供奉，希望藉此安定地方，至今已超過百年歷史。相傳在日治時期，溪砂尾有多位壯丁被抓去作軍夫，最後全數平安歸來，居民認為是中壇元帥與黑虎將軍冥冥之中庇佑。一九八〇年代左右，庄人不捨神尊在家戶中輪值，沒有固定地方讓信眾供奉，在洪姓地主以及眾多地方人士熱心捐地、捐款下，坤天亭成為今日所見雙北地區最大的中壇元帥廟。

位於下溪砂尾的鎮安宮，同樣是供奉中壇元帥與黑虎將軍。據傳，本來下溪砂尾的居民們也是到頂溪砂尾一同祭拜，但後續庄人共議，認為下庄應也要有自己的神明，經過請示後，便從頂庄分靈出另一組中壇元帥與黑虎將軍。起先是在李姓居民家中一角供奉，後來由居民捐獻住家空間整修成今天的鎮安宮，成為下溪砂尾的信仰中心。

其他獨特的在地信仰

社子島從這些信仰中心，發展出許多貼近生活的組織與儀式，例如軒社、犒軍。社子島廟宇眾多，不論是神明誕辰、迎過頭、建醮等節慶與儀式，地方皆共同參與。早年傳統農業社會中，是由各家族頭人號召族人一起參與廟宇的公共事務，其中各庄頭都擁有的軒社具有相當的代表性。如頂溪砂尾坤天亭「南龔社」、下溪砂尾鎮安宮「富安社」、浮汕福德宮「南安社」、浮洲景安宮「安樂社」等，也有以家族與周邊居民為主的溪洲底中窟「福安社」。

當地方廟宇舉辦慶典時，參與軒社的聚落青年就會協助演出、酬神，透過參與祭祀活動、學習樂器的演奏、唱子弟戲等，也繼承了在地文化。雖然現今社會結構轉變，各軒社已不如過往規模，仍有不少在地青年透過網路社群號召同好參與、向專業的老師學習北管樂器，持續傳承軒社文化。

「犒軍」是農曆初一、十五[18]各廟宇為了答謝天兵天將守護、穩定地方的例行公事。每個月的這兩天，廟裡就會準備豐盛食材來祭祀、犒軍。待祭祀告一段落，各個繳納「丁口錢」的家戶就會一起到廟前，分享稍早犒完軍的食物。早期居民不如現代社會富裕，平時家裡吃的就是簡單菜色，但每逢初一、十五，為了答謝神明照顧，庄裡會準備平時餐桌上少見的魚肉。透過犒軍中的食物共享、庄頭居

18. 社子島聚落密集，許多廟宇都仍保持犒軍的傳統，但因考量信徒可能有跨聚落的祭祀，為避免初一、十五犒軍時撞期，有些廟宇則是將犒軍改為初二、十六。

上：玄安宮（張式慧攝） 下：鎮安宮（柳志昀攝）

坤天亭（張式慧攝）

民的相互往來，人與人的距離拉得更近。

有別於軒社與犒軍有固定的運作空間，溪洲底還有另一種獨特的聚落輪祀組織，是位在延平北路七段一〇七巷內戲臺口的「溪洲底公佛」。[19]不限單一神祇或單一姓氏，也沒有固定的廟宇空間，是一種只有在固定日期、時段，才會出現的「臨時廟」。

「溪洲底公佛」的信仰圈供奉九位神祇，有些有神尊，有些僅有香爐，這些神祇平時安住於各個爐主家中，每當其中一位神祇生日，戲臺口就會「搬戲」（演戲），其他神祇也會被請到戲臺口旁的「停車棚」下一起看戲。每年福安里長會擲筊請示神明選出下一年度的爐主，筊數最多的家戶將接待生日的神明一整年，直到隔年生日再進入下一次輪值。

由於「溪洲底公佛」的神祇相當多，一年到頭幾乎每個月都有神祇誕辰。平時若要見到這些神祇都必須去不同的爐主家，相當不便，因此每當戲臺口為神祇搬戲時，許多居民便會備著水果與簡易的供品來祭拜，借此機會祈求家中大小的平安。

清朝時期首批來到社子島的移民將中國信仰帶到臺灣，發展出不同的信仰圈與祭祀文化。約莫是在一九六〇年代社子島迎來第二批移民，是隨著國家產業結構轉變而來的中南部城鄉移民，其中一群來經營工廠的業者，將原

19.「溪洲底公佛」共祀組織共有九位神祇，分別為玉皇大帝、天官大帝、天上聖母、五穀先帝、雷公、電母、福德正神、水官大帝、普庵佛祖。原先都是由當年各個值年爐主找尋地點搭設戲棚。大約在二、三十年前，里長與地方頭人向皇宮戲院地主商借地方搭設固定戲臺，此後開始幾乎每個月固定在此酬神至今。

鄉的信仰帶入社子島。鄰近基隆河畔、位在延平北路七段一〇六巷底的北興宮，就是在這樣的社會背景下出現、屬於「出外人」的廟。臺南將軍鄉的移民於一九八〇年起將家鄉所信奉的吳王爺（臺南南鯤鯓金興宮三王爺）分靈至社子島，成為許多城鄉移民的精神寄託。北興宮除了心靈守護，其實質空間也成為南部北上打拚鄉親的車站。早期鐵路、公路運輸班次較少，北興宮於假期間會準備遊覽車，將這些出外的遊子載回臺南金興宮，甚至連三重、蘆洲地區的臺南將軍鄉親也會透過「將軍鄉旅北互助會」相互聯絡、協助。

從中國移民祖公會迎過頭、聚落的陰廟、土地公、水仙尊王，到犒軍會、軒社等習俗活動，社子島的居民自數百年前移民至今，在維生的勞動與不同神祇的敬拜慶典中，一起參與輪值廟宇的公共事務，「真的無閒，逐工攏抵攢拜拜」（真的忙碌，每天都在準備拜拜），楊大姐隨口說出的一句話，貼切地講述在社子島時區理的日常。社子島人自有一張屬於自己的時間表，是一張世代流傳在家族與聚落之間，移民百年歷史的信仰文化。

犒軍會

（柳志昀攝）

道士帶領爐主於戲臺口與居民共同
頌經叩謝神明一年來的看顧（柳志昀攝）

戲臺口公佛神尊與香爐（柳志昀攝）

社子島聚落重要廟宇分布圖

（柳志昀製圖）

聚落廟宇／軒社

陰廟

（丸同連合繪製）

關渡
基隆河
東山宮
浮汕
鎮安宮 / 富安社
坤天亭 / 南詼社
浮汕福德宮 / 南安社
威靈廟
聖靈公
下溪砂尾
淡水河
蘆洲
0
100
300
500

社子島時區祭祀時間表[20]

月分	日期	祭祀原因	聚落（廟宇）
每月	初一、十五	犒軍會	頂溪砂尾（坤天亭）
	初二、十六		浮汕（福德宮）、浮汕（威靈廟）、頂浮洲（景安宮）
正月	初九	玉皇上帝萬壽	溪洲底（公佛）
	十四	開閩王公（王審之）聖誕	塭寮（王氏宗親）
	十五	上元天官聖誕（慶元宵、弄土地公）	中窟（福安社）、塭寮（福安宮）、溪洲底（公佛）、港墘仔（靈威公廟）、頂溪砂尾（坤天亭）、下溪砂尾（鎮安宮）、浮汕（福德宮）
	廿七	格界陰公	中窟（百福宮）
二月	初二	福德正神千秋	各聚落土地公廟
	十三	楊氏馬府聖侯迎過頭	溪洲底（楊氏宗親）
	十四	開漳聖王	頂溪砂尾（坤天亭）
	十六	同安陳姓五角頭開漳聖王迎過頭	溪洲底、溪砂尾、浮洲（陳氏宗親）[21]
	十八	林氏忠惠尊王迎過頭	浮洲[22]
三月	初三	三日節獅仔頭（觀音山）祭祖[23]	各姓氏家族
	初三	玄天上帝萬壽	溪洲底（玄安宮）、下溪砂尾（鎮安宮）
	十五	保生大帝聖誕（四甲內謝平安、年禮）[24]	各聚落
	十五	天上聖母聖誕	溪洲底（公佛）
	十六	兌山李氏保生大帝迎過頭	溪砂尾、浮汕（兌山李氏宗親）
	廿三	咸草媽祖	浮汕（福德宮）、頂溪砂尾（坤天亭）

20. 表格內為農曆日期，近年部分祭祀活動會視情況調動日期以方便信眾參與。
21. 丙洲陳氏祖公會，已結合同樣在社子島的官山陳氏(中窟)、洋江陳氏(港墘仔)，共同舉辦。
22. 原為林氏祖佛的忠惠尊王，因在社子島屢現神蹟，已成為浮洲聚落多個姓氏家族共同參與其中。
23. 社子島為泉州移民，多會在農曆三月初三前往獅子頭（觀音山）祭祖。
24. 早年社子島、社子、葫蘆堵、後港，都屬於大龍峒保安宮「第四甲」的信仰圈範圍，區域內的家戶皆會於農曆三月十五拜年禮。

月分	日期	祭祀原因	聚落（廟宇）
四月	初一	許英媽廟聖誕	塭寮（許英媽廟）
	十六	黑虎將軍	頂溪砂尾（坤天亭）、下溪砂尾（鎮安宮）
	廿六	五穀先帝千秋	溪洲底（公佛）
五月	初五	刈龍舟祭江（水仙尊王）	浮洲（景安宮）
	初七	刈龍舟祭江（水仙尊王）	浮汕（福德宮）
六月	初一	雷公電母聖誕	溪洲底（公佛）
七月	初二	靈威公	港墘仔（靈威公廟）
	十二	大小將軍聖誕千秋	浮汕（威靈廟）
	十五	中元地官聖誕（普渡）	各聚落廟宇
	十五	萬善同歸	頂溪砂尾（聖靈宮）
	廿九	格界陰公	中窟（百福宮）
八月	十四	福德正神	塭寮（福安宮）、下浮洲（福安宮）
	十五	福德正神	溪洲底（公佛）
九月	初九	中壇元帥聖誕	頂溪砂尾（坤天亭）、溪砂尾（鎮安宮）
	初十	燕樓李氏中壇元帥迎過頭	中窟（燕樓李氏宗親）
	十五	舍人公（輔順將軍）聖誕	中窟（山口廟）
	十五	吳府千歲	北興宮
	廿九	囝仔公聖誕	浮汕威靈廟
十月	十五	下元官水大帝聖誕	溪洲底（公佛）
十一月	廿七	普庵祖師聖誕	溪洲底（公佛）
	冬至	燕樓李氏宗親祭祖團拜	中窟（燕樓李氏宗親）
十二月	十	福德正神聖誕	下浮洲（福安宮）
	十二	郭子儀會迎過頭	溪洲底（郭氏宗親）

攝影／簡秀峯

弄土地公

攝影／簡秀峯

攝影／簡秀峯

攝影／張榮隆

攝影／張榮隆

攝影／張榮隆

攝影／張榮隆

攝影／張榮隆

攝影／張榮隆

攝影／張榮隆

攝影／張榮隆

攝影／張榮隆

坤天亭五朝祈安福成圓醮

攝影／李長文

攝影／李長文

攝影／李長文

攝影／李長文

（廖桂賢攝）

第三部

吾水吾土的記憶，社子島的水與生態

文字／張式慧

1 水的記憶

社子島島形經年變化，是水與土的互動，為了肥沃的沖積土與水資源而來的人們，有著居於沙洲、與水共生的覺悟。

社子島各個聚落因應不同的地理條件，對往日的水擁有不同的記憶：基隆河沿岸的浮洲擴展出了綿密水道，得以在島內行船，大小溝渠滿布田地，成就大片水田與菜園；溪洲底共享造就臺北繁華的淡水河，成為貨物集散的水路交通樞紐，發展多樣的商業型態；溪砂尾沒有想要擋下潮水，面對潮汐變化的陸域與水域，賦予其名稱並展現不同的利用方式；居於隘口前，地勢最低窪的浮汕發展出獨特的土地制度，繁忙的工作船往來蘆洲、五股、關渡。

河水帶來了生計，也帶來了信仰，人們為漂流的神像與岸邊的亡靈起廟，陽廟與陰廟坐視聚落變化，接收不同世代居民之所求。每日田地退縮又延展，水進水出領著船進船出，有潮汐作用的河川與水道，漲與退是日子的循環與平衡。

兩河之濱

初一、十五前後幾日，正值大潮，潮汐變化最劇烈，李長文回憶幼時，漲潮時淡水河越過土堤，漫上頂溪砂尾聚落周圍農地，河水灌滿又溢出溝渠，最後幾近搆著了李和興宅邸前的小徑，幾小時內潮水退去，半日後，潮水又來。

頂溪砂尾低窪，沒有綿長的土堤，從陸地往水域的方向，可分為「內港」、「沙埔」與「口港」（港：臺語意指溪流），其有著不一樣的動植物以及不同的利用。漲潮時，聚落周圍的窪地「內港」沒入水中，幼年的李長文領著牛，游水到高地處放牛吃草，「內港」長滿了挺水植物鹹草，也有許多毛蟹，孩子們喜歡漲潮淹水，李長文與玩伴搖晃著鹹草，用畚箕收集落下的毛蟹，但想到長輩說吃了會拉肚子，僅拿毛蟹餵豬。退潮時，「內港」的水退去，留下大小水窟仔。聚落的農地種稻，而較易淹水的陸地「內港」及沙灘組成的高灘地「沙埔」，則是種植了花生、地瓜、南瓜、冬瓜、餵豬的茄茉。「口港」是「沙埔」之外的水域，有蚶仔（蛤蜊）、大蝦、鰻魚、花身鯽、午仔魚等水產，人們在此洗滌、捕撈、垂釣。

基隆河一側河岸則接近泥灘地，也長著鹹草，在沒有塑膠袋與橡皮筋的年代，鹹草纖維粗韌，居民用其編繩捆綁，裝束蔬菜漁獲，也做成草蓆、草履、草笠。浮洲所坐落的基隆河凸岸，有著發達的水路，綿長的土堤環繞沿岸與河道圳溝，水道水位跟著漲退潮升降，不漫入農地聚落。頂浮洲的王木琳回憶一九五〇、一九六〇年代河裡有「浮崙」，即現已絕

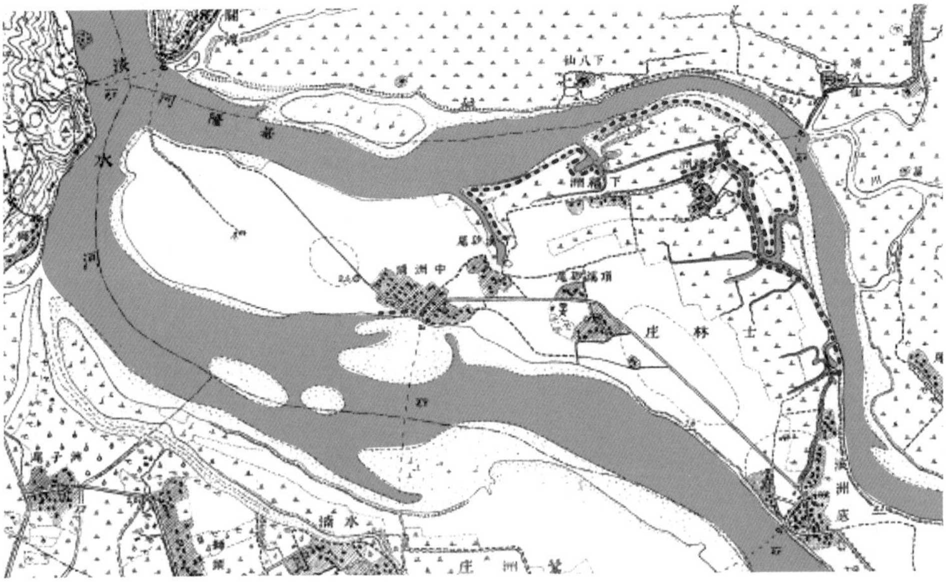

一九二一年《日治二萬五千分之一地形圖》。藍色區域為水體，紅色線條為聚落居民搭建的土堤，尤以浮洲最綿長；溪洲底地勢較高，與水有一至二・一公尺的落差；溪砂尾、中洲埔（即浮汕）多為沙地也最接近水域，土地與景觀受河水與潮汐影響。（圖片來源：《臺灣百年歷史地圖》，中央研究院人社中心GIS專題中心；張式慧標示）

一九七七年的港墘仔渡船頭，居民從小就在水邊嬉戲遊玩。（柳志昀提供）

跡的大蜆，浮崙的殼有手掌長，蜆肉也大，王木琳記得幼時搆不著水底，得要大人潛入水中

來捕撈浮崙。除了漁獲，人們也在河邊養鴨與挖紅蟲，當作魚餌、或鰻魚及鴨子的飼料販賣。

基隆河與淡水河岸兩側也停靠著許多鴨母船與工作船（比舢舨船年代早，船型也較小），居民開船在河道穿梭忙於工作。

河流也為孩子打造出最有趣的遊戲場，在玩耍中熟悉水性、認識自然。居於浮汕的李先生戴上斗笠，騎車載著精力充沛的小孫子去島頭公園，他見著孫子在家叫嚷衝來跑去，累了就趴在地上看卡通，嘆道：「現在小孩子沒什麼可以玩的，不像我們的童年，九段這個地方就玩不完了。」位於兩河交匯的浮汕水中多高灘沙地，與關渡、五股距離僅一至二百公尺，浮汕的孩子帶個橡皮圈（當時的車子內胎）就能游至另一岸。李先生回憶幼年一九五〇年代，浮汕河岸邊停了四、五十艘居民的工作船往來蘆洲，小孩子在船邊學游泳，會游的人就上到沙埔，抓躲在鹹草根部水窪的蝦子；退潮時，沙埔就能摸浮崙、蚶仔、蝌仔，魚則是困在水窪裡，這時孩子會搗一搗臺灣魚藤的根部汁液麻痺魚，讓魚吃了戇（傻）去浮起，而有時還能抓到大白鰻。

童年離不開水的孩子們，沒在河邊玩水，就是在陸地上的水窟仔裡游泳釣魚。位處低窪、河水會越過界的浮汕與溪砂尾，有著許多水窟仔：有自然形成的沼澤、池塘以及農人挖的農塘，它們隨著潮汐、雨量多寡而變化。浮汕的農人會在田邊留一條「屯水」，讓多餘的雨水與積水匯流其中，而挖出的土還可以用來墊高田地，避免園中的作物泡水。居於浮

汕的李景德（化名）說學校旁的沼澤，是學生一放學就奔去游泳的地方，想釣魚就在水邊挖泥鰍作餌，釣屯水與沼澤中的花身鯻、成仔丁（斑海鯰）、土虱，他回憶兒時趣事：「小孩子沒有錢，都市的人會來釣魚，如果鉤子卡到石頭縫，那組釣具，魚鉤子跟鉛子（鉛垂）就斷了掉在那裡，魚線有時候是整條，趁水乾的時候，我們小孩子就去撿，撿一撿收集起來，用竹子綁就可以釣了。」

在溪砂尾亦有個挖土填地的「崩空」窟仔趣聞，李長文說「崩空」其實是李家的地，供親戚挖土墊高農田或地基，因愈挖愈大而成了蓄著河水的水窟。延平北路興建時剛好得通過這個大水窟，工人便在裡面放置了涵空（涵管），並在上方鋪平如橋，人方能通過。在通往學校的路上有個這麼大的窟仔在腳下，看到涵空又看到大洞的孩子便喊它叫「崩空」，而「崩空」這個地名還流傳在這些五、六十多歲的居民記憶中。

河道圳溝

除了兩條河川環抱，社子島還有著臺北市難得一見的未加蓋水道所環繞的聚落。行走在頂浮洲，最令人印象深刻的就是南面路旁寬大的圳溝「大條溝」，是社子島最大的圳溝。

六十年前，年僅六歲的王木琳，就站在岸上，看著從大稻埕來的「大肥船」，載著臺北市人的水肥，順著基隆河來到社子島。大肥船搶在漲潮時開入大條溝，開往菜園方向，接著挑夫快速架上木板，用扁擔挑著肥跑上岸、將肥水倒在菜園前的水肥坑，再趕緊回船，划去其他菜園。這一趟得速度飛快，不然退潮時河口成了淺水沙灘，船就出不去了。幼年的王木琳目不轉睛地看著挑夫熟練地在木板上跑上跑下，從不摔落水，六十年之後他還可以彎著腰呵呵大笑，逗趣地模仿挑夫快速地舀著肥水來搶時間。一九〇四年的《日治二萬分之一臺灣堡圖》[1]中就已經可見此大條溝河道，河寬約達二十公尺；這條基隆河流入社子島的支流，被分段命名，上游寬大的河道是大條溝，接下來的河道彎曲處腹地較大，專給船調頭，有著「垵仔頭」、「擋門仔頭」、「渡船頭」之稱，流經陳靈宮轉入上浮洲聚落的水道是「頭前溝」，下浮洲支流流回基隆河的地方則叫「擋門頭」。水運式微後，大條溝曾被窄化為十二公尺寬，今日則為五公尺，一側出現了行車的馬路，也多出了工廠和釣蝦場的鐵皮房，兩旁還是有著農田，農民持續地耕作。

社子島另一側，淡水河被沿岸居民稱為「外溝」，其在島中的支流是「內溝」，從聚落往河流方向前行，先經過「內溝」，接著是沙洲，再向外是沼澤，最後到達「外溝」淡水河。河水維繫著人們的生活，由寬漸細地流經聚落，提供足夠的水源給與農地灌溉、生活飲用、洗衣，這些細支流讓人能夠就近取水，挑去田裡或家用。對小孩來說，這些圳溝也豐富了他們的世界，童年總是在圳溝裡抓魚、撈蝦、摸蜆仔。住在頂溪砂尾的楊陳寶貴與玩伴會乘著家裡的鴨母

1. 中央研究院人社中心地理資訊科學研究專題中心「臺灣百年歷史地圖」系統，https://gissrv4.sinica.edu.tw/gis/taipei.aspx#。

上：今日頂浮洲的大條溝，已改窄並以混凝土固岸。（張式慧攝）
下：一九八〇年代的社子島圳溝（鄭春芳提供）

船，沿著內溝採東西玩耍，看著養的鴨由河邊沿著圳溝游進來，再到沙灘地去採花生。圳溝的水也受每日漲退影響，退潮時內溝的水退去，人們得走到淡水河的窪處汲水，其餘的淺灘是會讓小腿陷入的沼澤；漲潮時內溝的水深可沒過頭頂，必須得行船。楊陳寶貴回憶漲潮時一個不小心翻船，採的花生都在水上漂，笑著說那時真是好玩不怕水。

三歲時的王木琳看著水車把水引進了島內，幼小的身軀還搆不著。大他五歲的楊陳寶貴在頂浮洲的水田等著大人「算流水」（計算潮水漲潮時間），夜深與姊姊趴在水車上不敢四處張望，邊踩邊看著月亮聊天壯膽，水規律地嘩啦啦打響圳溝再灌入水稻田，伴隨遠方河流漲潮時的流水聲。後來幫浦取代人力，再也不踩水車了。溪洲底商業發達又鄰近河邊，阿葉姐每日得提著水桶去河邊取水，回憶「這條港（溪流）裡有魚、蝦、蛤蜊、蜊仔，以前要煮時就去河邊摸一下，摸一碗公就來煮湯」。

一九六四年，關渡隘口拓寬（炸開獅子頭隘口）、浚渫社子島頭土地，再加上石門水庫啟用，導致鹹水往上游入侵，淡水河感潮段終點更往上游推升，基隆河口鹽分濃度上升，河口生態環境也跟著改變，[2]楊陳寶貴說，「以前這邊有一個獅子頭，還沒有打掉時，我們這的水都是淡的，打掉後都是鹹水，海水流進來」，鹹水讓活在淡水裡生物退去了，無法飲用鹹水的人類，用水的來源也得

2. 許銘熙，《淡水河系河口感潮段水理、水質及生態系統模擬之研究》（國立臺灣大學生物環境系統工程學系暨研究所，二〇〇二）。

跟著改變，之後自來水和地下水漸漸成為民生用水與灌溉用水的來源。

中研院已數位化的《日治二萬五千分之一地形圖》（一九二一年），拿它來對照《臺北市瑠公農田水利會社子地區灌溉區域圖》，就能看出排水幹線支線是由百年前的圳路改成。一九七五年臺北市政府為成立「社子島蔬菜專業區」，七星農田水利會做灌排水調查，調查結束後認定社子島排水不佳，應加強排水設施。[3]接手實施工程的瑠公農田水利會，將目前劃歸水利局公有地的排水出口附近土地、加上圳溝的私有地，照著原有圳路改成排水道，以混凝土固岸興建排水溝，將逕流水匯流至堤防邊，並興建水門，也利用抽水機將水排入基隆河。灌溉方面則完全以抽取地下水為水源，埋暗管興建噴灑系統。一九九九年開始改建縮減挖深排水道，浮洲最大的十二米七圳道（即大條溝）縮減為五米，馬路也跟著拓寬，水路退位給車行，是時代的交通變異。充滿兒時回憶的圳溝被稱之為排水幹線與支線，王木琳搖搖頭說：「不是排水功能，以前圳溝與水塘是用來灌溉、飲水、洗衣、養鴨與鵝的，不是排水。」

從「抓魚、撈蝦、摸蜆仔、鴨子游水、乘鴨母船」到現在走不下去也碰不著水的混凝土三面光[4]排水溝，中生代沒見過耆老記憶中的圳溝。頂浮洲的王菁茹說：「記得小學時水道還沒水泥化，稍微比現在寬一點，兩側是鵝卵石，溝底是土，生態還算不錯，看得到有些小動物，之後改成水泥的，就沒

3. 臺北市瑠公農田水利會，《臺北市瑠公農田水利會會史》（臺北市：臺北市瑠公農田水利會，一九九三）。

4. 治水整治工程將河道之河床連著護岸均由混凝土覆蓋，一般戲稱這種河道為「三面光」。

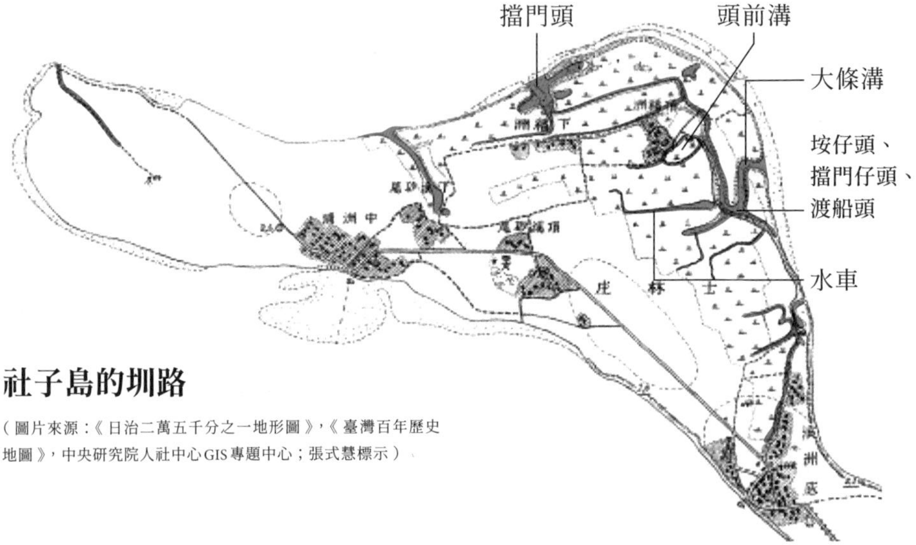

社子島的圳路

（圖片來源：《日治二萬五千分之一地形圖》，《臺灣百年歷史地圖》，中央研究院人社中心GIS專題中心；張式慧標示）

現今社子島的排水幹線位置圖

（排水幹線位置資料參考《臺北市瑠公農田水利會社子地區灌溉區域圖》，底圖資料來源：OpenStreetMap；張式慧重繪）

現今社子島的排水幹線

社子島現今的水道，橘色線段為加蓋的部分，其餘為未加蓋。（排水幹線位置資料參考《臺北市瑠公農田水利會社子地區灌溉區域圖》，底圖資料來源：OpenStreetMap；張式慧製圖標示）

有了，很討厭也很難過。」「一九九六年怪手清淤，能見到許多生物：青蛙、鱔魚、螃蟹、綠頭鴨等，水門一打開生物就進來，多年來的生態好壞跟著水汙染與農藥起起伏伏，這幾年農藥沒有這麼多，生態有稍微好一些。」

頂浮洲的水門前，時而坐著一位二十出頭的年輕人，低頭滑手機，旁邊放著兩支釣竿，「我只是好玩而已啦」，「有釣過很多魚啊，吳郭魚、土虱、草魚、也有螃蟹和青蛙啊。」墊高的路面，水離他有三公尺遠，新生代與河流的距離，與耆老大不同。而接下來呢？在臺北市府「生態社子島」開發案的規劃圖裡，沒有圳溝了，全島填土後將會開挖一道貫穿社子島頭尾的「中央運河」，兼滯洪功能——如孟婆碗裡湯，消除記憶的水。

與水共生

社子島早期的文獻較為缺乏，日本實業家西岡英夫在一九三三年造訪社子島，並於《臺灣時報》發表〈浮洲村落「社子」：鄰近島都的特殊村落之鄉土觀察記〉一文，[5]是今日人們理解社子島早期地理環境的文獻。西岡英夫指出，社子島的土地「雖面積廣袤，被兩支河流所支配，或被淹沒，獲新生而增減」；他也提到，當年社子島的護岸工程，僅有溪洲底的淡水河側一帶的土圍，至於其

5. 西岡英夫著，杜武志譯，〈浮洲村落「社子」：鄰近島都的特殊村落之鄉土觀察記〉，《臺北文獻直字》第一三八期（二〇〇一年十二月），頁二六〇至二六七。

他區域，則沒有較穩固的防洪工事。

面對經常發生的洪水，早期居民自力適應、減低洪水的影響。一九四〇到一九六〇年代中期，市政府做防洪建設之前，聚落居民各自修築自己區域的土堤「駁岸」，為顧好自己的庄不會淹水，居於基隆河沿岸的浮洲人修築鄰近聚落沿岸的土堤，溪洲底人也確保淡水河沿岸，最低窪的浮汕聚落邊也有一部分的土堤防止沖刷。組成土堤的黏土，先以「沙挑」（方鍬）切成方方的土塊，王木琳回憶年幼跑去幫忙，土塊很重抱不太動，村裡的男人排成一列，環抱著接力運送，直到堆成了土堤，外圍再敷上鹹草加固。「做風颱」時，大水就沖垮其中一段，颱風離去之後，聚落的人再去修築毀損處。

洪水雖然沖毀了田裡作物，但也敷上了從上游沖積而下的土壤，居於浮汕的李先生說：「以前種田時，颱風來土都多了好幾尺高，等水乾了、土乾了，推一推再重新種，第一次種的，都很美，因為很有營養。」看似水占了上風，總是沖走作物與家園，不過頂浮洲的王家，懂得如何順勢利用河流凸岸留住上游洪水沖刷下來的堆積沃土來擴張田地，王家在颱風季來臨前就會去沿岸種鹹草，每當洪水來，泥巴就卡了一尺高，把突出的鹹草割掉就成了一塊新生地，經年累月，稻田愈變愈廣，自家人做不來就收租請佃農，成了擁有社子島最大片水稻田的家族。這種「與水爭地」的做法稱作「塭田」，在溪洲底靠近基隆河側的聚落，至今仍然留下「塭寮」的地名。[6]

大水襲來的時候，高樓與挑高磚房是居民避難的地方。頂浮洲的王家宅院很早就蓋了

上：一九八〇年代，石頭岸的排水溝（圳溝）。
下：一九九〇年代的混凝土排水溝（圳溝）

「樓仔厝」（兩層樓以上的樓房），大洪水發生時，庄內人會躲到王家二樓避難，王木琳描述道：「大颱風時大家都淹滿了，村裡的人都到我們家那個古早厝去躲，躲又沒東西吃啊，我阿嬤就說快啊快啊，快去煮稀飯，拿醬菜出來配。」而一般傳統一層樓的磚房，挑高並建有閣樓空間，平時用來儲物，住在頂溪砂尾的楊陳寶貴說，淹大水時，就與家人坐在閣樓等水退。地勢最低的浮汕，算是社子島淹水最嚴重之處，「那時有住關渡那邊山頂的看過來，喔！浮汕那裡全都淹去了，」李先生描述昔日遭遇到大洪水的浮汕，整片如同汪洋，沒有突出的建物。

一九六〇年代以前，浮汕還未有任何樓仔厝，「以前庄上三合院是磚仔厝（磚房），其他剩下都是塗墼厝（土角厝）、草厝仔，塗墼厝與草厝仔見到水，都溶去了，那時候生活真艱苦。」塗墼厝，是用摻上粗糠與草桿的土塊砌成；草厝仔，用竹子與草做好結構，用牛糞砌牆，再搭上厚厚的茅草屋頂，塗墼厝與草厝仔不怕下雨也不會漏水，但就怕水淹，一九五〇年代出生住在三合院的李先生，每每看見鄰居的塗墼厝與草厝仔在洪水中泡水塌掉，總於心不忍。人能於高處避水，而農家養的牲畜，能趕得上或抱得上二樓與閣樓的，就跟人一起躲避，不過又大又重的牛隻就無法一起上來，只能牢牢綁好以防被水沖走。李先生回憶到，家裡的牛隻只能讓牠們站在三合院的「雨庭」等

6. 王志文，〈以地理學的觀點來分析淡水河畔社子地區的古契約與地圖〉，《淡江史學》第十八期（二〇〇七年九月），頁二四七至二七五；王志文，〈臺北淡水河畔社子沙洲歷史變遷〉，《白沙歷史學報》第四期（二〇〇七年十月），頁一至四二。

待水退，雨庭是客廳與走廊間的墊高平臺，有屋簷可避雨遮日，是地面最高的地方。葛樂禮颱風時，水位一直升高，淹上牛的下巴，九歲的李先生看著牛害怕地一直抬頭、一直抬頭，還好最後水不再升高，慢慢退去。

社子島的耆老回憶一九四〇年代至今，最深刻、最嚴重的一場淹水，每個人都會提到葛樂禮。葛樂禮颱風帶來的大洪水，不盡然只是豪雨引起的河水暴漲，也包含人為的疏漏。一九六三年，葛樂禮颱風掠過宜蘭、臺北等地帶來強風豪雨，石門水庫緊急洩洪，大水抵達河口下游時適逢漲潮，導致社子島水位急升、難以消退。王木琳說他不會忘記那一天，他的妹妹就在那天出生，年幼的王木琳坐在樓梯邊趕著豬仔上頂樓，看著躺在床上生產的阿母，床板跟著水浮呀浮的……。那時的楊陳寶貴，坐在頂溪砂尾家的閣樓邊，淹到腳一伸就碰到水面了。

因害怕洪水而愈加愈高的堤防，永久改變了社子島與水的關係，水運與行船的習慣都被水泥高堤擋下，人與河的互動也漸漸式微。浮汕人早年多從對岸蘆洲前來開墾，耕種的田地遍布浮汕蘆洲兩地，每日行船來回淡水河兩岸種菜、割菜，沿岸邊也滿是農家的工作船，在蘆洲堤防興建後，沿岸農田被徵收，堤防內的農田被高聳的堤防阻隔，難以水路運輸。李先生說：「民國五十幾年、六十幾年，那時候車子還很少，我們到對面去工作，割菜什麼的都是開船去，以前淡水河比較沒那麼寬，民國六、七十幾年，蘆洲的堤防造起來後，上下都很不方便，那麼高，一籃菜幾百斤要怎麼扛，沒辦法扛啊，那時候有種的人，發展的比較好的，就改用車子載。」

土堤之後，一九七〇年代河岸浚挖砂石蓋了防潮堤，之後又將二．五公尺防潮堤加高為四公尺。雖然人跟水有著四米高的阻隔，住在溪洲底的李華萍說，那時推著嬰兒車就能上到河堤，從緩坡滑下就來到水邊，福安碼頭是居民用木頭築起的，一些塑膠水管鋪在岸邊，碼頭有很多舢板船，家人也有一艘，可以出去釣魚。許多人坐在岸邊泡茶聊天，小孩子手可以摸到寄居蟹，看彈塗魚在泥灘上翻滾。

一九九〇年代興建六公尺高堤防，社子島兩岸居民被徵收土地，堤防往島內退縮，尤以基隆河沿岸浮洲退縮最多，七．九七公頃的土地被劃分在堤防外。過往頂浮洲種植鹹草攔土、長年慢慢擴張出來的水稻田，現在是六公尺堤防外的「社子島溼地」，溼地的外圍還可以看到防潮堤圍出的邊界。六公尺堤防的興建，也拆除了居民自己搭建的碼頭，居民不方便收放管理船隻，李先生以前常開船在淡水河上釣魚，曾有過舢舨船、竹筏、海釣船，當時「今二號」海釣船申請了牌照，最多能載到十個人，然而他說：「堤防造起來以後下去那麼高，車子也不能下去，每次遇到颱風那個船都很難顧啦，沒有碼頭，拉不上來，颱風來風那麼大，旁邊那個石頭，撞一個洞一個洞的就破掉了。」今日社子島淡水河堤防外還可見以前四公尺堤防的低矮坡段，福安碼頭有了混凝土平臺，周圍的欄杆區分了「河」與「岸」，示意不該跨過的區域，堤外也多了涼亭、籃球場等休憩空間。

未來預計「生態社子島」要蓋的兩百年防洪標準的九．六五公尺堤防，使人與水間不僅

社子島周邊部分地段的堤防，原為四公尺，後加高為六公尺。（廖桂賢攝）

又升高了屏障，距離也更加遙遠。社子島兩河岸的堤防將要更往內退縮三十至一百三十公尺不等的距離，過去與水緊密關聯的聚落人家也會因此被拆除。

2 濱水生活

船屋

在人與河流的關係逐漸淡化的年代，船屋是一個特別的存在。船屋面向淡水河，坐落在福安河濱公園的高灘地，背後是六公尺高的堤防與腳踏車道。偶然瞥見這幢不大可能會出現在都市河濱公園的建物：不甚規則的房舍是以回收帆布、木料、竹子、鐵皮拼搭起來，作為地板的木棧貼合著塑膠浮管，一條長長的路橋朝水的方向延伸，跨越平緩的溼地、直達船隻不會擱淺的深度。船屋前方的溼地擱著漁具與備用的船隻，有鴨子覓食，遇漲潮時溼地被水淹沒，鴨子在屋旁游水，景觀奇異；靠陸地的一邊則闢了一小塊菜園，雞隻隨性地在堤邊行走，屋邊則堆積漁網、魚缸、雨衣、膠鞋、大小不一的塑膠水箱水桶裡放著早上補來的漁獲。

河堤下的船屋有點像是都市中的小自治區。走入由抽砂船改裝的漂浮房子，面向淡水河一側有著開放的平臺空間，擺放一張長桌、圍繞著塑膠椅是泡茶聊天與共餐之處，屋內的小廚房能熱炒加菜。聊天之餘往外欣賞河景，搭配平臺上方竹結構塞滿蘆葦流蘇垂墜，更是別有風情。天氣不佳也沒關係，放下外推的木板，船屋就成為一個封閉空間，能阻擋河上的風雨。當斜後方的混元紫玄殿旁開始高唱卡拉ＯＫ時，船屋的側間也擠滿人，洋溢著歌聲與笑聲。

以前淡水河中有許多抽砂船，長長的管子將砂輸送上岸，砂石業的黃金年代過去後，抽砂船也報廢置於河邊，十幾位居民便合資將船買來整修成河邊休憩之處，成為今日所見的船屋基座。未有船屋前，居民多在岸邊蛤蜊加工寮仔與威靈廟休息，四十多年前市政府以綠美化為由拆除河岸的廟宇、寮仔，其後居民又重建了威靈廟與搭起船屋、種植榕樹，重回了過往的河濱生活。這些「不合法建物」歷經幾度議員與水利處協調後，有幸留存了幾十年來社子島居民使用河岸的樣貌。如今在大臺北地區找不到其他類似船屋這種同時具備漁業功能與生活休憩的漁寮，大臺北地區大部分堤防外的土地，在建設堤防的過程中皆被徵收為國有或市所有，漁民在淡水河邊的私有土地若要申請漁塭、耕地，也須向臺北市工務局水利處（簡稱水利處）申請，承辦人員表示若地上有構造物，考慮到泥沙淤積也不會批准；而隸屬新北市的淡水河一岸，新北市水利局承辦員則表示，近年來中央政府關切河川環境，申請案的批准也更為牛步。

老舍年輕時做市場零售，一九六〇、一九七〇年代與他兩個哥哥在河邊寮仔從事蛤蜊加工，新鮮蛤蜊難以保存，老舍收購萬華攤商未賣出的蛤蜊，處理完就在中央市場和太平市場販賣。河濱公園建成前，加工烹煮後的蛤蜊殼被丟棄在一旁的河畔。他笑說這些蛤蜊殼在二〇〇七年整理河岸的時候挖出，竟然被爭取是過往生活遺跡，在河濱公園立了紀念碑緬懷。也許比起蛤蜊加工廠，福安碼頭更該被記憶的是沿岸繁忙水運交通的熱鬧景象。過去延平北路七段頭有居民自行搭建的土堤，也設有閘門讓船隻開進，在日治時代，大型貨船、漁船、農產運輸船、肥料船、來往蘆洲交通船、鴨母船充斥著溪洲底的渡船頭，岸邊有人在洗衣、打水、捕撈、撿拾鴨蛋。此景已時過境遷，老舍說幼時不曾見到的紅樹林與蘆葦已隨著鹹水蔓延至福安碼頭。

現今河邊的淡水蜊仔已消失無蹤，在水庫興建、關渡隘口拓寬、社子島頭浚渫後，淡水河鹽分濃度上升出現了海蟹，秋冬正值蟳仔交配完來到河口產卵的高峰，阿文很會捕蟹，熟練地觀察泥地的洞穴從中鉤出螃蟹，或是把傳統的捕蟹籠置於河中，幾日後再去收回，屆時船屋邊阿文會埋頭處理一箱箱的蟳仔。都市河堤邊竟有如此漁獲，吸引了路人圍觀，阿文則一邊綁蟹螯，一邊將蟳仔分類，解釋怎麼分辨處女蟳、紅蟳，歇息時也大方邀請路人進去船屋喝茶。對老舍與阿文兩人來說，在河口捕魚是「做議量」（消遣），捕撈到的漁獲加減賣補點油錢。四、五月抓斑節蝦、沙蝦，中秋節至過年抓毛蟹、鰻魚。隨時節活絡筋骨增添生活樂趣。

上：站在船屋的碼頭回望船屋（張式慧攝）
下：泡茶聊天與共餐的空間（張式慧攝）

上：由船屋望向淡水河，對岸是蘆洲。（張式慧攝）
下：漲潮時，水位上升。（張式慧攝）

每當有人問船屋是老舍的嗎？老舍總是眉頭緊皺說，「不要說我的，這是大家的」，的確，居民出出入入熟門熟路地用起裡面茶桌與廚房，也帶著點心而來，將臺灣寮子的茶桌文化轉換成共餐文化。其實也不難想像，一邊欣賞水鳥與夕陽，一邊備菜共餐聊天，如此愜意的生活誰不想要呢？老舍沒事就乘著動力漁船到河上賞鳥，途經社六溼地與島頭溼地，最遠到達關渡大橋然後折回，夕陽的餘暉落在對岸蘆洲高聳堤防與水景第一排林立的高樓，老舍說他從不想要成為對岸那樣，臺北哪能找得到如此的水岸生活？

溼地營造與捕蟹人

社子島目前有三處水利處管理的溼地，「社子島溼地」位於基隆河側，「社六溼地」在淡水河側靠九段社子島的島頭，連接著島頭公園裡的「島頭溼地」。面積最大的「社子島溼地」，原是與上下浮洲相連的農地，也是王家以前用鹹草攔土所得之耕地，在一九九〇年代興建六公尺堤防時，堤防往陸地退縮一百多公尺後，才被隔在堤防之外；而一九七〇年代水利處修築的四公尺高防潮堤未被拆除，一大一小水閘門也還在原處，小的水閘門位於上下浮洲中間，大的水閘門靠下游。防潮堤是以混凝土加固，河水鮮少越堤氾濫，從此土地的形狀被固定下來。

王安祥走下六公尺的堤防，進入溼地範圍，鋪了網布的小路筆直延伸到河邊，兩旁的蘆葦高於人，路邊長著田埂的雜草。直到景色忽地開展，聽到小水閘門高低差的水聲隆隆，便到了以前的舊堤防。

一九六〇、一九七〇年代，王安祥小時候，家人就在此耕種，範圍超過一千二百坪。王安祥指著小水閘門，「這就是古早的『擋門』（水閘門）啊！」幼時王安祥與家人一起挖了與擋門相連的小圳溝，確保田裡的排水順暢，擋門前的小圳溝將家裡的田一分為二，沿著田的邊界往下游方向去。小圳溝的水略鹹，一般不用來澆灌，灌溉的淡水來自水井。管理水閘門的人給了王安祥爸爸一組開關水門的工具，他總是帶著，當下大雨或做風颱過後，王安祥的爸爸會先嘗一下小圳溝水的鹹度，如果是淡水就抽上來用，如果是鹹的就打開門，趁著退潮將水排出去。河邊有點偏鹹的田地，最能種出鮮甜的菜頭，是大家搶著要的。

彼時靠河口的田是熱鬧的，是數個生態系的交會，堤外的溼地上聚集覓食的水鳥，全年堤邊都有人抓從海裡迴游打洞的螃蟹，圳溝裡有許多魚、蝦、小螃蟹，它們是鴨子與鵝補充營養的食物。每天近千隻鴨母會從下浮洲王安祥家的鴨舍出發，來到田裡的小圳溝覓食，傍晚時分再把鴨母趕回家，王安祥家也是浮洲養最多牛的，收成完的田地，需要牽一隻最好使的水牛來翻土。王安祥幫家裡種田直到國中畢業，之後就出社會學師仔（做學徒）。

現在溼地上已經看不到家人合力挖的小圳溝，倒是右邊多了一個筆直的寬溝，延伸到六公尺堤防上的水門。王安祥二十歲時，地主告知父親田地被徵收蓋堤防，原以為會賠償地上物的損失，沒想到工程前一晚，施工單位未知會農民就把田裡一排寮子放火燒了，每

社子島溼地的四
公尺防潮堤與水
閘門（張式慧攝）

戶寮子裡的工具也付之一炬。堤防建成後，王安祥說就沒人來種了，「就放草仔埔（放著長草），後來才有規劃作溼地，因為那邊有一個水閘門壞掉了（即以前田裡的水閘門），水會自動進出，他們利用那個水閘門這邊挖一塊、那邊挖一塊當溼地。」

二〇一九年底，基隆河側新舊堤防間的社子島溼地，迎來磯鷸、青足鷸、小環頸鴴等來臺度冬或過境的水鳥駐足，同時也吸引小白鷺、蒼鷺、紅冠水雞前來棲息。隔年三月，又有幾隻北返的黑面琵鷺到社子島溼地停留，而社子島溼地已經連續數年有黑面琵鷺的紀錄，讓臺北地區的人不用遠赴臺南曾文溪口，便能一睹這瀕臨絕種之明星級候鳥的風采。假日民眾騎腳踏車到堤防上的「社子島溼地生態小築」參觀，在水利處志工的導引下，欣賞蒼鷺起飛覓食、看灘地上的彈塗魚與招潮蟹移動，讚嘆溼地生態的多樣。這些景象似乎證明了，歷經三次溼地營造的規劃與設計，經過多年的維護與不定期的浚挖工程，水利處對社子島溼地的經營，已成功將這位於基隆河側新舊堤防的空間，打造為大自然的樂園，社子島儼然成為臺北市重要的環境教育據點。

王安祥從來沒帶自己的孩子來溼地玩，這片土地有很多記憶，回想起來有些鼻酸，他指著以前田埂的方向，說父親就是在那倒下的，突然中風倒在車邊，想說不是出去一下怎麼人還沒回來，當找到人時，見著一隻手在那抓，爬不起來。不久之後，田也被徵收去了。

想著小時候在田邊看人抓螃蟹的回憶，王安祥說：「那時堤防邊的溼地有許多螃蟹，小時候的自己不敢抓總是在旁圍觀。」二十幾歲的王安祥回到被徵收的土地，觀察有無螃蟹的蹤跡，摸索著如何抓。雖然河邊的土地變成了公有，社子島直到現在都有人在溼地抓螃蟹，連對面庄也來。他二十幾歲時還碰到公司的同事，從對岸八仙坐船來抓呢。不需要水利處志工的帶領，時而去島頭溼地、社六溼地、時而來社子島溼地找著大沙公的蹤跡，王安祥指著社子島溼地屬於家裡農田的那一塊說：「之前溼地做的比較好，這邊以前溼地的範圍較大，以前水窟仔邊的土，草長很高，溼地要整理，要發包出去，把草清掉，前幾年（維護的人）把雜草與土全部攄（推）進池子裡，水窟仔變成太淺，魚跟螃蟹就不住了，你現在看到長草的、有土的地方就是之前被推進來的。」他又說：「以前這都還沒有紅樹林，都只是蘆葦，現在這怎麼走，（紅樹林）這個密密麻麻你根本沒法走，蘆葦就很好走，撥開就走得過去。」王安祥到處走看溼地的變化，是在地的中生代與老一輩對溼地的生態觀察與監工。

「我那時在走車（開車為生），沒記得那麼多，就抓來吃，很少賣啦。」約莫三、四十歲時，王安祥開始抓大沙公（蟳），一開始總抓不到，想起年紀長他快三十歲的陳德欉「阿欉」也有抓，阿欉給王安祥看了他的工具，帶著他走一趟。王安祥說，之後自己一個人走上五趟以上後，慢慢知道螃蟹的棲息地，也才摸透了螃蟹的習性與特性。「離堤防十公尺裡都有，因為牠會隨著潮水上來，潮水所在的左右十公尺就是牠的棲息地，螃蟹打洞都會打在溼地裡面，還有小圳溝的斜坡上，像之前那個梅雨季，差不多下三天到四天的雨，就跑出去了，因為水太淡了，牠們受不了，就會跑出去跟著河流去大海，雨季結束後才會再回來……。」

阿欉給王安祥看的工具，與他小時看人捕蟹的工具是一樣的，人力抓蟳的工具沒改變過：一根粗細為十番或十二番的鐵線，插在無患子中空的樹枝上，當作握把，鐵的末端打成扁平，下彎九十度，用來將洞裡的螃蟹拉出來。王安祥的樹枝手把，削得仔細，握起來非常舒服光滑，「鉤子要有手感啊，不然你怎麼知道牠有沒有在裡面！」這種「手感」是感覺到敲擊的震動、分辨石頭與螃蟹、知道蟹螯夾擊放開、感受洞穴的彎曲走向與寬闊的「房間」、摸出螃蟹方向、繞到背後去鉤牠等，沒有這些技巧是不可能鉤得出螃蟹的。現在一般在河邊捕蟹是使用後來發展出的捕蟹工具：蛇籠，兩邊的大鉤卡在流水比較穩比較慢的地方，蛇籠捕的蟹比人工抓的還多，但王安祥還是選擇用鉤子抓，「算起來是那個抓的比較多，但吃起來沒有挖洞的好吃，因為有挖洞肌肉比較結實，如果只在水裡面游，肉不夠結實，我兩者有比較過。」他說：「有試過（蛇籠）啊，我那時也有船啊，有一條舢舨仔。」王安祥說後來幾乎在溼地補蟹為主，船很少用，就送給對面庄的人，請他牽回去了。

社子島溼地營造從二〇〇六年開始。經由社區組織、居民與水利處之間長達半年的討論，水利處決定浚挖並種植鹹草，以重現浮洲聚落早期河濱的「鹹草埔」地景。但由於當年種植鹹草後，缺乏後續棲地維護的工程，蘆葦生長速度過快、泥沙淤積造成陸域化嚴重，鹹草埔地景的重現計畫終告失敗。至於在淡水河側的溼地營造，也與社區發展協會有關。二〇〇七年時，富洲社區發展協會以「找回居民兒時河濱生活記憶」為構想，向內政部營建署申請城鄉風貌計畫，爭取在位於淡水河側的第六號抽水站附近，設置堤外灘地的觀景平臺，並引進士林扶輪社的資源，同時請荒野保護協會前來製作生態浮島。議員助理謝梅華

上：王安祥穿著溯溪鞋，以及背包、鐵鏟、鉤子。（張式慧攝）
下：王安祥捕蟹（張式慧攝）

說，他們當初推動基隆河側鹹草復育、爭取六號抽水站的觀景平臺時，是想要回復當地一九五〇年代以前出生的居民兒時與河流共同生活的記憶，根本「不曉得什麼叫作溼地」，謝梅華說直到某日一位剛赴香港米埔溼地參觀、有意在臺北河濱營造溼地生態的工務局官員，在民意代表的陪同下，造訪六號抽水站的觀景平臺時，看見一隻埃及聖䴉停留在浮島上，而認定這就是所謂「溼地」，並決定以社子島的河濱為溼地生態營造的據點。

二〇一六年水利處在堤防上以貨櫃屋打造「社子島溼地解說小築」，當作生態解說與環境教育的場地，同時也委託民間公司成立「河濱溼地生態志工隊」，負責社子島溼地的生態解說、環境導覽以及棲地維護等工作。社子島生態小築除了在週末定期開放之外，也不定期舉辦環境教育活動，內容包括鳥類與螃蟹生態觀察、水筆仔染布體驗、蘆葦手抄紙體驗等。部分場次也會讓參加者體驗棲地維護工作，讓參與者

上鉤的螃蟹（李華萍攝）

穿著雨鞋，踏入溼地範圍內，移除外來種植物、水筆仔、蘆葦以及撿拾垃圾等。儘管如此，原本生活在堤岸地景之中、在堤外河濱抓魚蝦、捕螃蟹的居民，則不被視為溼地地景的一分子。

同樣是使用溼地，水利處與社子島捕蟹人總是互相對峙。王安祥說：「水利處的人有時會管你，有時不會管你，現在他們看到你們抓螃蟹就會一直跟你們瞪，他們都會在上面巡，大部分巡淡水河那邊，這邊（基隆河）也會巡，他們會騎摩托車，上面寫『臺北市水利處』。」問王安祥被瞪要怎麼辦，「他看我我也看他啊，我也瞪他啊。」社子島的溼地捕蟹，並非以蛇籠大量捕捉，也不是捕捉產卵期的螃蟹，而是趁著螃蟹的換殼期，挑大洞捕捉成年的蟳。王安祥說，會上岸挖洞的螃蟹是要換殼的，換殼是螃蟹最弱的時候，會躲在洞裡，或者是要交配，曾抓過一公一母的蟹在洞裡，螃蟹也不會在岸上產卵，因此從沒抓過抱卵的母蟹。水利處不歡迎社子島居民前往溼地進行過往傳統的捕蟹活動，即根據《溼地保育法》第二十五條，非經主管機關許可，重要溼地範圍內禁止從事變更溼地地貌與獵捕生物資源。水利處的親水想像，從未把目光轉向社子島內部居民與水共生的記憶——享受水邊時光的船屋、捕蟹活動等。在王安祥的庄裡，下浮洲曾有二、三十個捕蟹人，王安祥說，近年來整個社子島的在地捕蟹人只剩下十幾個了，也有幾位關渡、八仙來的人。

王安祥的抓蟹裝備：背包、塗刺（方鐵鏟）、鉤子、Tabi（早期的日式農用鞋，近年改穿溯溪鞋）。使用塗刺的時機是鉤不出螃蟹時，用來挖洞徒手抓的，多年來，王安祥的手腕手臂滿滿的抓痕傷疤，有被螃蟹螯夾傷的，或是被洞穴裡的尖石割傷的。如此費力又辛苦，問王安祥為何要抓螃蟹呢，「抓也好玩，吃又很好吃這樣，想吃就來抓啊。」相信回到五十年前，詢問浮洲外的基隆河岸田邊，幼年王安祥所圍觀的那群溼地邊抓蟳的人，也會如此說吧。

（本節部分文字感謝徐碩的貢獻）

3 浮汕的變遷

李復發號的故事

社子島的浮汕地勢低窪，大片耕地位於易受河水遷動的沙洲，漸漸發展出具有憂患意識、共擔風險的土地舊慣，以調適洪水帶來的土地變動。

不若今日形似尖嘴鴨頭，昔日的浮汕土地寬廣、直逼當時的關渡隘口，平坦的沙洲沉積在已不存在的風水寶地「獅象捍門」前。兩岸長長的山石，從山壁延伸至水中，落在五股、關渡、浮汕的三角地帶，天然的地形給隘口安裝了一個水閘門，雖然在臺北防洪計畫中認定隘口阻擋水流，但浮汕的居民認為隘口是有益的，描述隘口深至河底山石讓上游的河水易通過又阻攔了海水侵入，使得浮汕即便靠近出海口土壤也不致鹽化，種菜不成問題，靠近隘口的土地上也種植了適合沙質的花生、地瓜、蘿蔔。昔日浮汕與關渡、五股兩岸甚近，在《日治二萬五千分之一地形圖》（一九二一年）和《臺北和淡水航照影像》（一九四七年）裡浮汕與關渡距離約兩百公尺、與五股獅子頭僅約一百公尺，當退潮時浮汕末端沙洲露出，三地的距離又更進了一些，沙洲末端面迎關渡之處，可招對邊港口的渡輪前來載客，關渡的船隻往返獅子頭與浮汕。鄰近的三岸關係緊密，信仰上，浮汕人去關渡宮祭拜媽祖、去五股觀音山掃墓祭祖，浮汕人的親戚也遍及對岸，「以前交通不便，嫁來嫁去都在這幾個地方。」李先生說。

一九四七年《臺北和淡水航照影像》，此圖應為不同年分航照圖拼接而成，可見關渡隘口拓寬前後的島頭面積差異。（圖片來源：《臺灣百年歷史地圖》，中央研究院人社中心GIS專題中心）

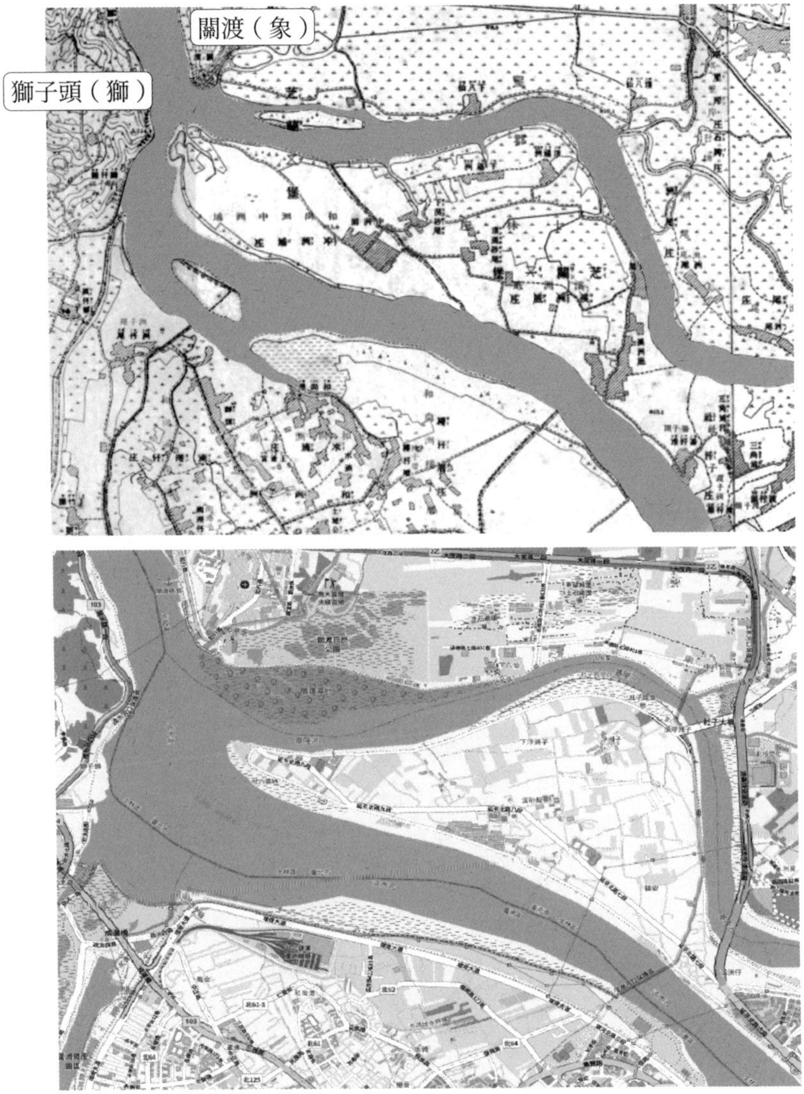

對照上圖為一九二一年的社子島，《日治二萬五千分之一臺灣堡圖》（大正版），可見浮洲地理的改變，下圖為現今社子島地貌。（上圖來源：《臺灣百年歷史地圖》，中央研究院人社中心GIS專題中心；下圖來源：OpenStreetMap）

李先生描述的「三地距離很近，在這喝（大喊）對岸都聽得到」的日子，持續到了一九六四年為止。當時臺北地區防洪計畫的「第一期實施方案」動工，除了削掉部分獅象山石以拓寬被認為阻擋洪水宣洩的關渡隘口，也浚渫社子島北端沙洲，浮汕被挖除的大片土方——屬於「李復發號」公產，約占四成的田地——回填墊高了今日的九段。

十九世紀清帝國統治，李復發號由共同開墾浮汕的人們所創立，這一群人中的男性皆姓李，不確定是否有親族關係，以開墾時出錢出力之多寡來決定擁有多少股的土地。樹木在昔日作為防災與標記土地的功能，「李復發號之七十股公產」是由威靈廟旁的大榕樹為起始，南北向延伸直到盡頭兩河交匯的出海口。李先生說：「浮汕土地易受洪水沖刷，做颱風時就割了一些」，李復發號的土地管理與分配是順應土地變動、共擔風險而來。公產的土地分為「實畑」、「上帖」、「下帖」三大類別，實畑是地勢最高、相對不易變動之地，用作住家與菜園；上帖、下帖較易淹水，便作為農地使用，下帖靠出海口，面積最廣，也最易受河水影響而變動。公產土地以「艮坤分割法」即東北—西南方向來分配土地，實畑平行切分成七大股，七大股再以同方向平行切分十等份，總共七十等份，故稱「七十股公產」。實畑土地為梯形，每股大小不一，以正中四股為準，其餘上下互補成等份。上帖與下帖裡的土地又各自分成七大份，為七大股的代表「股頭」抽籤決定分配，採取十年重新抽籤的方式來分配上帖與下帖的土地，並因應臨河的土地時常因洪水而流失，有流失土地互補的機制。李先生的老家三合院就位於實畑四股上，擁有上帖、下帖的農地，李復發號公產的

「艮坤分割法」在今日社子島的地籍圖上還能看得到，社子島排水五區幹線以南，有著密密麻麻東北—西南長條型分割的地籍，保留了昔日公產的分割方式。

公產規定不可與外人買賣，但隨著持股者家族擴張或入贅，漸漸出現了李姓以外的姓氏，李先生指出李復發號曾有居於蘆洲、八里、北投等地的持股者，不過在務農時代，因應就近耕種方便，也因為公產土地買賣容易，不用向政府登記，跟股頭講一聲賣給什麼人了、改個名冊，土地又逐漸回到在地居住的人手中。

一九六四年起，關渡隘口拓寬與社子島北端浚渫工程執行的數年間，李復發號公產的下帖被挖除而沒入水中，土方用來墊高其餘九段的土地，沿著現今延平北路九段往島頭，還是能感受到上升的地形。浮汕沿岸逐日的沖刷流失，也漸成為現在尖嘴鴨頭形狀，李先生說：「退潮還能見到島頭公園末端剩餘的沙灘地，但這幾十年來也愈來愈小了。」一九六六年，中國海專（今臺北海洋科技大學）的投資者來到浮汕覓尋士林校區土地，並欲購買李復發號的共有地，當年的七大股頭提出賣地的條件是，希望對方能協助將李復發號依照持股者的股份登記成私有土地，在還未民主化的年代，行政部門還不是以服務民眾為目的，持股者只好循此門路處理。持股者領到了土地所有權狀，李復發號只剩下分散各處的畸零地，共同耕作土地的機制畫下了句點。

一九五四年出生的李先生，家族來自蘆洲兌山李家一支，是二〇〇〇年代欲取回祖產、重新申請李復發號的八位青壯輩之一。在此之前，最後一次的李復發號登記是在一九五一

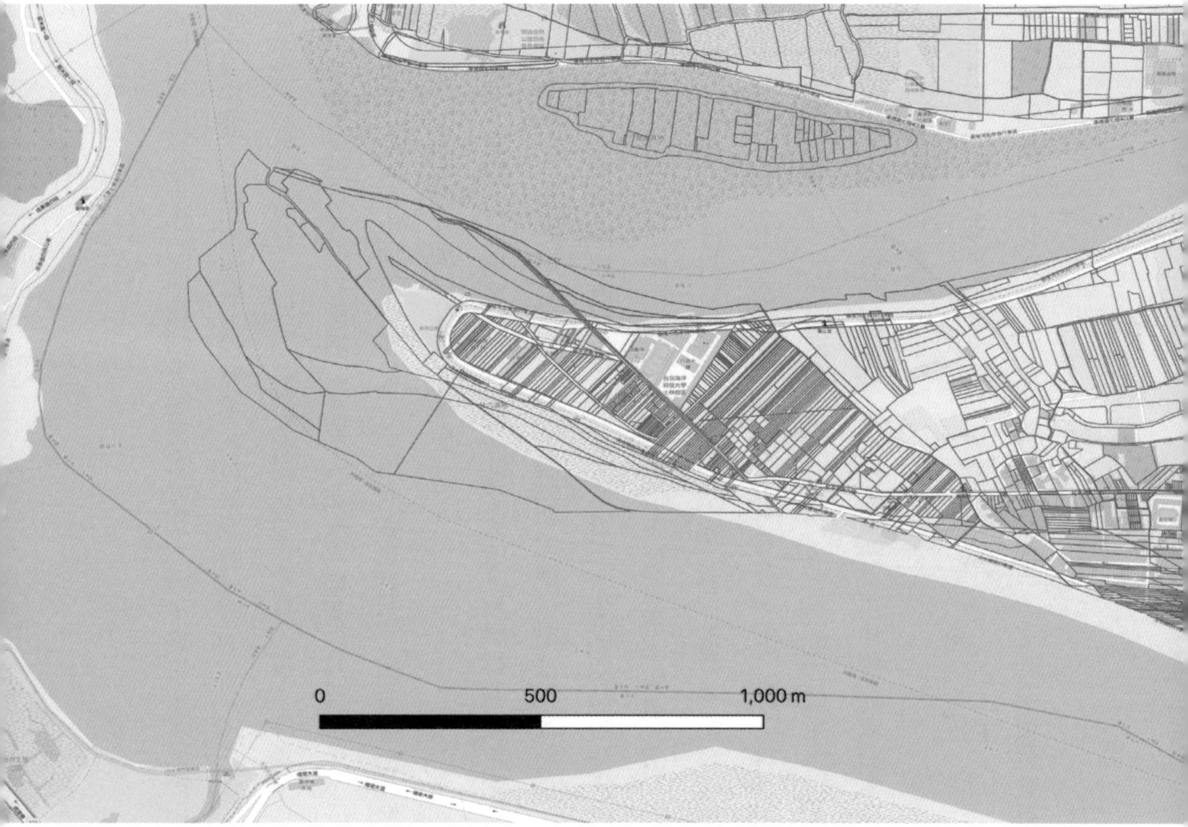

浮汕的東北—西南長條型分割的地籍以及沒入河道的土地（地籍資料來源：臺北地政雲；底圖：OpenStreetMap；張式慧製圖）

年，那時里長將整理好的名冊交由陽明山管理局，提交的〈不可分割申請書〉提到「該土地因屢遭水患，地形時常變更，為預防水患，與顧及人人有地可耕起見，實不可能分割」。之後五十年間，李復發號的持有者年邁過世，眼看未辦理繼承的祖產李復發號共有土地將收歸為國有，年輕一輩僱請土地代書，整理過往的歷史資料、提出家族系統表，費了將近十年的時間，才重新申請到了李復發號。在二〇一〇年，持股者有三百多人，「七十股公產」分割成有小數點的股份。李復發號重新取回土地所有權，也讓期間土地買賣出現了漏洞，一九九四年辛苦存錢在九段買房落腳的蕭先生不悅地說，當初購買的坪數中的六坪現已成為李復發的土地，為了保有廚房與陽臺後段，還得每年繳交一千多元的租金。

為調適災難而立的土地制度也伴隨祭拜、祈福保佑的儀式，叮嚀家族不忘洪患，有難共擔、有福同享的意志，至今李復發號仍保留十九世紀以來的媽祖「半股」與祭祀媽租的儀式。在過去，李復發的七十份有半份登記為媽祖持有，收入作為祭祀的支出，跋（擲）爐主選出的「頭家爐主」，負責祭祀與準備三牲，在每年農曆三月二十三日，大夥划船至關渡宮祭拜媽祖。李先生說：「李復發號沒有宗祠，以前下帖田園的港邊有一間土地公廟，草寮仔小廟，幼年時還在，之後做風颱崩掉了，沖刷倒了下去，福德宮現址是四、五十年前遷至今的。」關渡隘口拓寬後，福德宮加蓋的二樓請來媽祖神像，傳承李復發號的信仰中心。今日的李復發號，媽祖的半份份額的收租用作祭祀，並成立媽祖會，延續跋（擲）爐主制度，每年委員代表出來跋桮（擲筊），連續跋最多聖筊的人就是爐主，農曆三月二十三時媽祖會請來爐主家，眾人便在那祭拜。李復發號也持續激發了「有福同享」的精神，李先生說，二〇〇〇年代李復發號的土地租人賺錢了，累積下來的租金作爲日後每學期的獎學金，發給成績達到標準的股員子女。

因關渡隘口拓寬，基隆河與淡水河邊的沖刷嚴重，加上一九七〇、一九八〇年代淡水河畔砂石場抽砂，今日李復發號剩餘的土地已一半在河道內。李復發號尚有租給臺北海洋科技大學的部分校地與碼頭的港底地、一九六六年分割留下堤防內的畸零地、道路用地、堤防上的公共設施地等。除此之外，還有浮覆地的爭議，一九九〇年代建設六公尺堤防徵收了大片一九五〇年代登記的李復發號土地，在二〇一〇年重新登記後，股員才領回徵收土地的補償金額，同時堤防建設也重新填回過去李復發號被沖刷掉的土地共四千多坪，今日股員還在猶豫如何支付高達千萬的訴訟費向國有財產局取回這片浮覆地。設立李復發號制度的先民們，細想著如何共擔洪患風險，未料到現代工程形塑沙洲更鉅，過往不停變動的土地被安定了下來，以個人資產進入了更大的市場。

社子島聚落孕育出各自的水文化，水域陸域資源利用、人們合作防災並為憂患祈福，以及與水共居的生命喜悅，這些還長存在中生代與老一輩的生活記憶中。社子島耆老傳承上一代的知識，知曉河水氾濫帶來的沃土能永續地收穫，他們站在泥水上用鋤頭抹平整地，期待下次豐收；居民深信隘口好風水留住了淡水、抵擋海水入侵，憶起炸開隘口的震天碰碰響，「破壞地理流血啊！」楊陳寶貴長嘆；李復發的祖先如同許多臺灣臨水而居的先民，相信彈性變動共擔的土地制度好過既定的土地所有權制；船屋的老舍與阿文行船水上，驕傲地直起項背，對有幸上船的乘客秀出沒有堤防隔絕的河景……。反觀現代治水工程的觀點，將河流、隘口、低地視為問題，對策為整治河流、興建堤防、拓寬隘口、墊高低地，對比社子島長久發展的文化，顯然更為簡單直觀，僵硬又經不起變動的考驗，讓下一代失去危機意識又渾然不覺已被剝奪的文化知識與生命經驗。

幾十年來，都市的防洪工程將河川隔絕在人的生活之外，下一代失去親水的機會，老一輩對河川的記憶不再延續。臺北的河岸被混凝土「控」住，水看似臣服在現行河道，社子島以外，臺北市民居於兩百年防洪保護標準的高堤內，不再與河川關係緊密，也淡忘了淹水的經驗。相比之下，社子島居民還是保有著對河川的敏感度，住在溪洲底堤邊的鄭永裕說：「住在臺北市你怎麼知道你樓下有淹水，根本不知道；（在社子島）做風颱做三天，我都可以看到那個水到哪裡。」不若淹水就吵著要政府負責，社子島還承續了過去聚落固守家園、互相照顧的精神，住在頂浮洲的王木琳說：「我們都有聯絡啊，九段淹水，問一下誰去顧水門的，『文宏後面是誰顧的，他沒去清淤啦！』」社子島的居民與水共生的寶貴經驗，是未來城市居民與水共居共容的一種生活方式。

4 多元的農業生態

浮洲過去是社子島最主要的水田區域，百年前王家地主開墾浮洲時，站在自家樓臺上觀看佃農工作，最盛時佃農多達六十幾人，可見耕地之廣。王家人於基隆河的凸岸邊種植鹹草，攔住從上游沖刷下來的土壤，「地會自己長出來。」王家後代王木琳笑著說，大雨後就多了塊土地，整平了泥地、割掉泥土上的鹹草後就能耕種了。

日治時期《日治二萬五千分之一臺灣堡圖》（明治版，一九〇四年）、《日治二萬五千分之一地形圖》（一九二一年）所測繪的社子島，描繪出浮洲聚落被水田包圍，田地裡穿梭著河道延伸出的圳道、還點綴著大小長短各異的水池與農塘，彎曲的圳道繞過了頂浮洲聚落上端，在下浮洲出口，再度回到基隆河主支流的懷抱；靠淡水河那一側，溪砂尾與中洲埔（即今日之浮汕）的水量不若基隆河一側充足，則成為旱田。今日的頂浮洲還是能見到百年前地圖所繪的農地、農塘以及轉化成排水道的水道與圳路，還可以見到樹林——社子島具百年歷史的農業地貌與水文在臺北都會中被保留下來。

正值春季，大條溝旁，成排高聳防風的刺竹背後是平坦的美麗農地，有經驗的老農留下了田畦邊的野花任它開放，保留著一代代的原生野花草，一叢叢的鼠麴草站得直挺，金黃色的小花密生於枝端，它的花與葉正是道地草仔粿所需要的色香氣。而強烈對比的是定

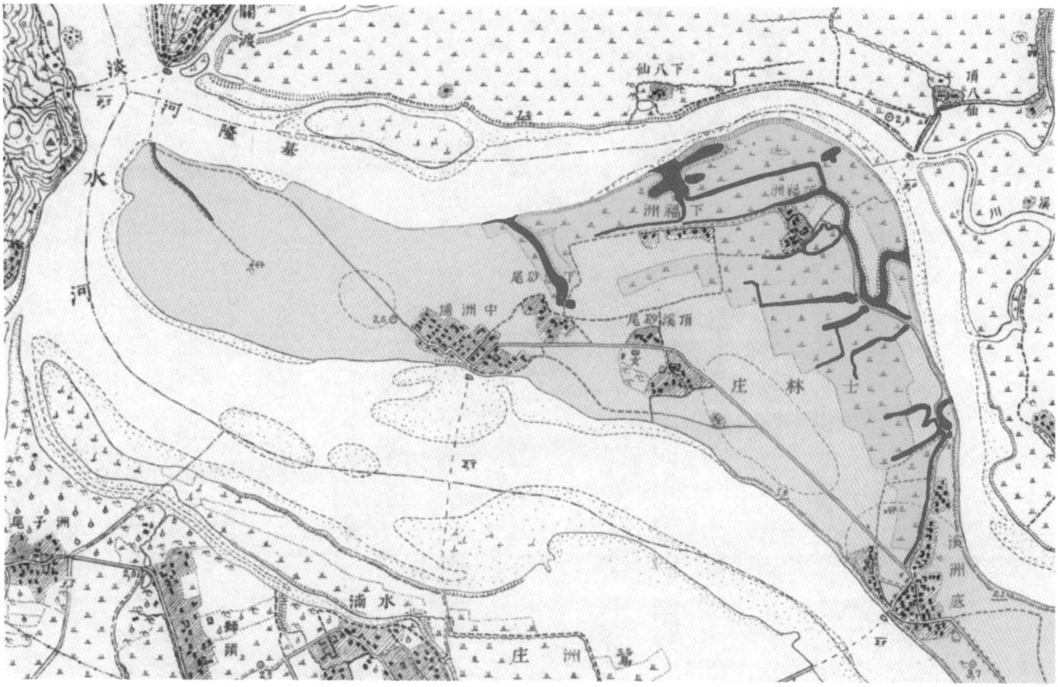

綠色區域為水田；黃色區域為「畑地」，指種植蔬菜的旱田，訪談得知居民種植季節蔬菜、花生、地瓜、瓜類等作物，藍色區域為水道、圳路、農塘。（圖片來源：《日治二萬五千分之一地形圖》〔一九二一年〕，《臺灣百年歷史地圖》，中央研究院人社中心GIS專題中心；張式慧標示）

期噴灑農藥與除草劑的田地，作物以外的土地乾硬，不見野花草與生物的蹤跡。頂浮洲的農人慶隆先生也留下了田邊野草，採摘新鮮鼠麴草與太太一起做鼠麴粿。慶隆先生每年都會留下一部分鼠麴草在田中，讓種子掉落土地，不過整年期間，鼠麴草的種子任性不發芽，堅持到隔年春天才會出現小苗，因此鼠麴草也成為了一年中「三日節」（清明節）拜拜才會吃到的季節美食。慶隆先生不大除草，跟豆腐工廠要來豆渣作為肥料（豆渣是社子島常見的肥料之一），放在作物土壤上的豆渣能抑制雜草生長，省去除草的麻煩事，田畦邊時常有龍葵、野莧、薺菜、山芹菜、鵝兒腸、昭和草等，都是幫農民加菜的美味野菜。二月涼爽的夜間，來到了慶隆先生這片農地，是個熱鬧的夜晚，可見許多種蛙類在田畦、水池、蓄水桶裡，有黑眶蟾蜍、小雨蛙、長腿赤蛙、澤蛙、布氏樹蛙、斑腿樹蛙、花狹口蛙等，田邊的樹林中有著領角鴞的低鳴。

春末的田中，傍晚時蛙鳴響徹雲霄，水塘中有著滿滿的蝌蚪，有眼睛在兩側的半透明小雨蛙蝌蚪，大家最熟悉如黑色粉圓般的黑眶蟾蜍蝌蚪，口部位置較低的澤蛙蝌蚪，吻端具白點的樹蛙蝌蚪；水中還有水蠆、蜻蜓與豆娘幼蟲，穿梭捕食微小的生物；池塘的上方結有蜘蛛網捕食闖入的昆蟲；野花盛開的田裡，蝴蝶一朵朵地訪花採蜜，春末是夏枯草盛開的時節，忙碌嗡嗡作響的有野蜂、也有農人的養蜂；田中常客黃頭鷺尋找菜葉上的昆蟲，有時也吃起蛙類，或把農人養的觀賞魚、吃孑孓防蚊的大肚魚給一隻隻地解決了。

進入夏季，蝌蚪已長出了前後腳，有些已是幼蛙，可以離開水在石頭上呼吸，甲蟲、天牛、空蟬殼也出現在田中的植物上，水蠆羽化成蜻蜓，飛入田旁的竹林與林地裡度過炎夏，眾多家燕最愛穿梭在圳道上，來往的人車對牠們來說如牛步緩慢前行。溫暖的季節也是蛇類活躍的時間，但蛇輩其實十分膽小怕人，赤背松柏根（臺灣小頭蛇）總是躲避著農人的腳步，霎時消失不見。炎炎夏日對農人來說只能種植瓜類、茄類、玉米等，但這些開花結果的作物讓飛蟲、螞蟻、瓢蟲勤奮地穿梭其間。

秋季水塘顯得寂靜，青蛙已經離水跳到田中，樹蛙則是躍進了農民栽植的果園、竹林；許多不同的蝴蝶出現在蜜源的花卉上，蜻蜓、豆娘數量突增，傍晚成群飛舞在田的上空。秋末，高溫退去，許多野花開始開花，馬蘭、艾草、仙草令蜜蜂再次瘋狂，細細密密的嗡嗡聲讓農民發現，在田中還有跟他們一樣辛苦得到甜美收穫的一群夥伴。

到了冬季，生物的活動減少，冷涼的氣候在臺灣是個種葉菜的好時節：芥菜、青江菜、白菜、花椰菜、甘藍等讓人想到過個好年的菜，是農人最期待的收穫季節。

這是社子島小農們所見的一年。

社子島的農業地景有農田、農塘、農作利用的果園竹林與生長在廢耕地的先驅植物等，在這個主要是農人所造出的生態環境中，林地的重要性是最常被忽略的。林地包含農作利用的果園竹林與廢耕地上由先驅植物構成的樹林，其皆為重要的棲地，並具有保水與防災等功能：社子島的樹林是由生長迅速的芒草、構樹、血桐、山黃麻、白匏子、烏桕等先驅植物所組成。這些林地底下有著密集的樹根，如同巨大海綿，能涵養地下水、留住礦物質，

頂浮洲老農留下田畦邊的臺灣原生野花——鼠麴草（張式慧攝）

左：農田生態系裡的生物與棲地，圖中左邊為水生態系包括農塘、圳路，中間為農田，右邊為農作利用果林與樹林，由下至上為一級至三級消費者。詢問了社子島的農民，旱田種菜的溪砂尾阿農、有農塘水池的頂浮洲郭先生、陳先生、慶隆先生、浮汕的李景德（化名）、溪砂尾有水池的「小雨蛙工作站」，這些年來曾經在田裡見過哪些生物，食物鏈低到高的粗略排列有：

- 一級消費者——不同種類的蝴蝶、蛾、蜜蜂、蜘蛛、腐木土壤裡的甲蟲幼蟲、吸取樹液的天牛、螢火蟲、蟬。
- 二級消費者——不同種類的蛙類，例如水雞（虎皮蛙）、石降（貢德氏赤蛙）等。
- 三級消費者——田鼠、松鼠，農塘、水窟仔中的魚類，例如花身鯻、成仔丁（斑海鯰）、土虱；不同種中小型鳥類，例如芒苳弻仔（褐頭鷦鶯）、臺灣藍鵲、五色鳥、翠鳥等；蛇類有臭青母、水蛇、雨傘節、眼鏡蛇、草花蛇。
- 頂級消費者——貓頭鷹、鷲、黑鳶等，可見社子島過去農業生態系統豐富的生物相。（張式慧繪）

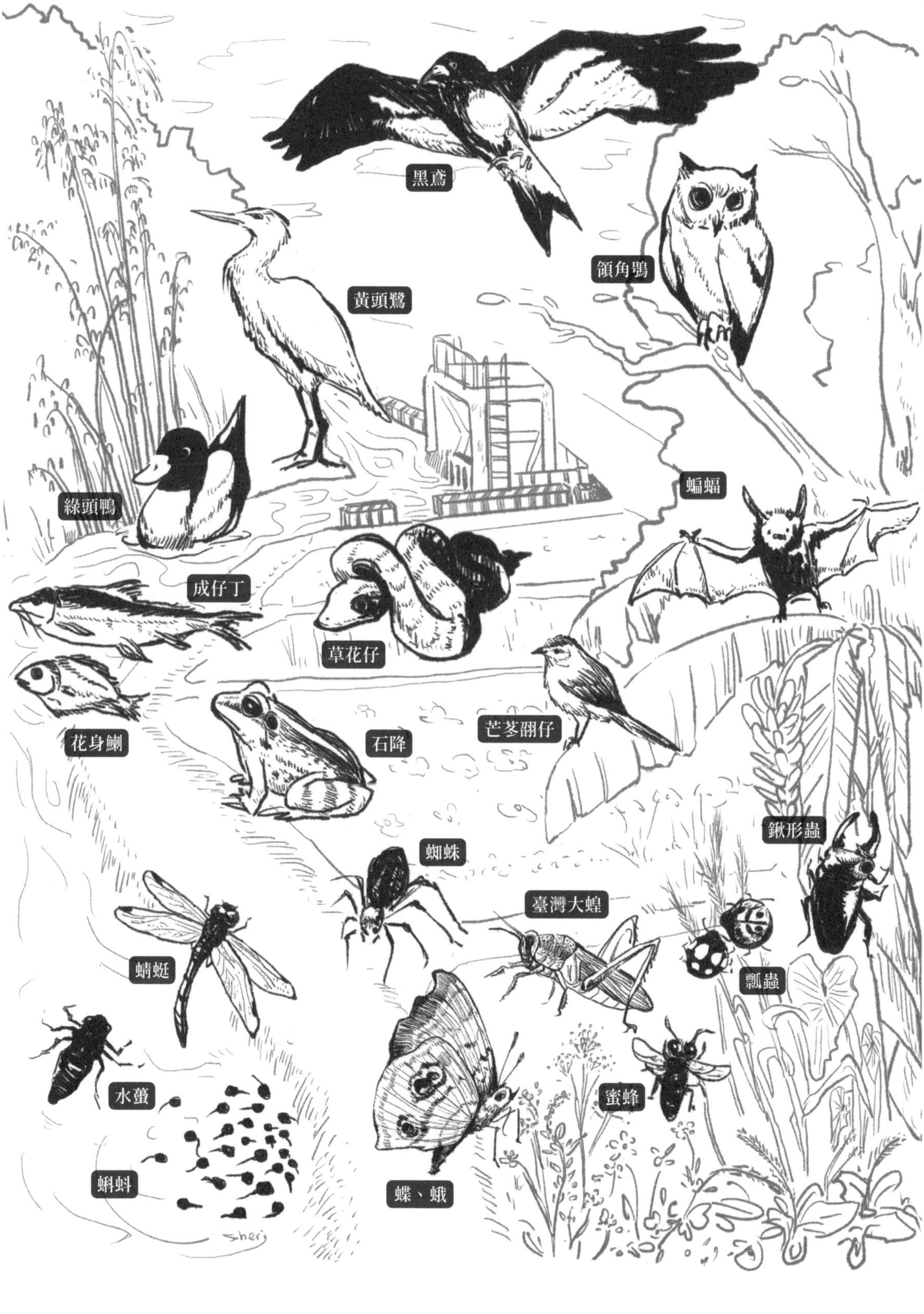
黑鳶
領角鴞
黃頭鷺
蝙蝠
綠頭鴨
成仔丁
草花仔
花身鯻
石降
芒茎翢仔
鍬形蟲
蜘蛛
臺灣大蝗
蜻蜓
瓢蟲
水蠆
蜜蜂
蝌蚪
蝶、蛾
sheri

保留下的水能潺潺地往溼地、低地、水塘補充，田地也因爲旁邊的林地而涼爽。農人需要林地，生物也需要林地：甲蟲、獨角仙、蟬、天牛、螢火蟲、蜻蜓、豆娘等，牠們的一生連結著田地、水、樹林，是農田生態系不可或缺的棲地之一。調節氣溫又涵養水源的林地，對居民來說也有防災的功能，好幾次鐵皮廠房的大火因旁邊的樹林擋下，未蔓延到聚落與民宅，林木也降低了工廠的噪音、落塵等人為汙染，又減低風災、豪雨、水災等自然災害，是社子島居民長年的防護罩。一個健全的生態系提供人類食物能量、乾淨的空氣、純淨水資源且保持水土、舒適的氣候，就是屬於生態系服務[7]的範疇：唯有保持健康，才能服務人類，人類才能生存，也才有福祉。

大臺北過去也享有農漁業生態系提供的服務，但隨著都市發展、產業變遷、環境汙染、農藥與除草劑的使用，人與自然漸漸失去了以往緊密和諧的關係。社子島因爲禁限建，還保有著百年農田地貌、河流水圳、聚落紋理，雖然社子島整體自然棲地減少、生物多樣性下降，但還是擁有臺灣逐年失去的農業生態系的多樣性。臺北大學都市計劃研究所廖桂賢教授建議，臺北市政府若能放下制式的「開發」方式，有遠見地處理社子島的汙染源、讓水道盡可能自然化、提高聚落與農田的生物多樣性與生態系服務，社子島就能發展成在氣候變遷下與自然和諧共存、糧食永續的示範區域。

7. 生態系服務（ecosystem services）指的是，人透過生態系統中之物種與自然作用所得到的好處，以支持人類存活發展。

從社子島的農業生態系可以看到人與自然一起創造出的環境，跟都市人比起來，社子島居民更能體會到人與自然的關聯、生物環境網絡是彼此相互連結。王木琳與楊陳寶貴都出生在社子島，一個住在基隆河沿岸的浮洲，一個住在淡水河側的溪洲底，兩個人對於童年與自然親近的回憶還歷歷在目。

王木琳：「年紀長到現在，睡覺時都會想著那個記憶，還會夢到小時候家旁的鴿舍。」
楊陳寶貴：「就是我們共同的回憶啦，鴨子會順著內溝支流游進來。」
王木琳：「就是那個回憶。」
楊陳寶貴：「現在的小孩很可憐呀，我的孫子已經沒有這個回憶了。」
王木琳：「掠魚仔、掠蝦仔。」
楊陳寶貴：「誰聽說哪裡有蜂巢，我們小孩就衝去抓，裡面的蟲蛹非常好吃，到處摘東西、採東西。」
王木琳：「偷摘芭樂。」
楊陳寶貴：「做賊仔也可以說啦，我跟一起長大的姊妹們可以聊起童年一整晚不睡。」

在社子島，人與聚落也是自然的一部分。楊陳寶貴與王木琳所說的「回憶」，是城市的孩子很難想像的生活，楊陳寶貴說這些記憶是讓他們拚命與臺北市政府對抗，堅決拒絕剷平

社子島農地與水域分布

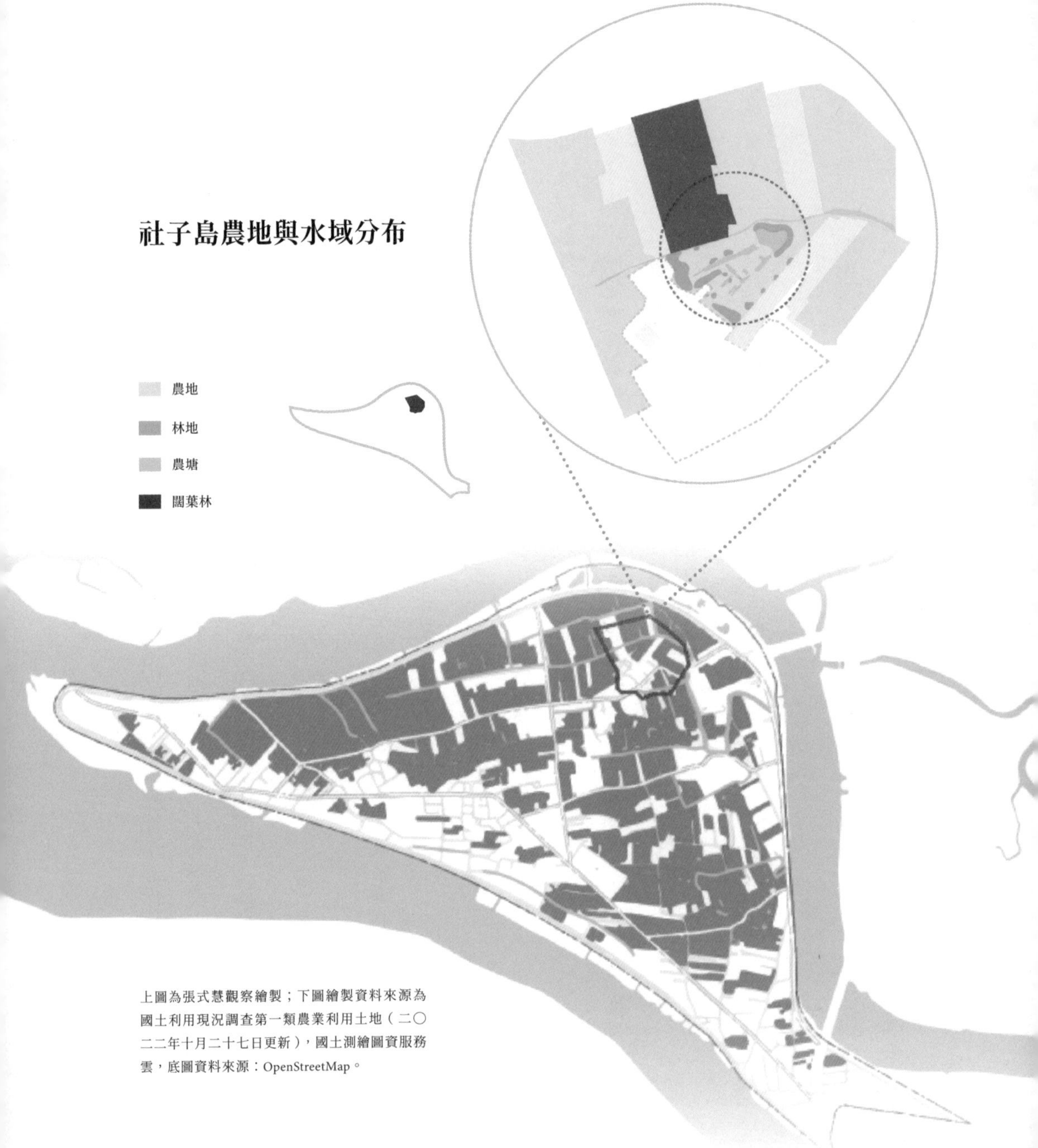

上圖為張式慧觀察繪製；下圖繪製資料來源為國土利用現況調查第一類農業利用土地（二〇二二年十月二十七日更新），國土測繪圖資服務雲，底圖資料來源：OpenStreetMap。

上：社子島的農田與廢耕地上長出的先驅植物，芒草、構樹、血桐、山黃麻、白匏子、烏桕等構成的樹林。（張式慧攝）
下：頂浮洲農人在農塘釣魚（張式慧攝）

此地的原因。這些回憶即是生活，光是「蜜蜂」這個話題，在菜寮的晚間共餐中，美珠、黑人、小蘭、美英與其他在座的社子島共餐者可以滔滔不絕地講上一整晚！聊著下田時被蜜蜂追著跑，繞著田邊跑好幾圈卻還是甩不掉；還有一次黑人將蜂巢帶回家，準備晚上跟大家享用蜂蛹與蜂蜜，不料幾個小時後蜂巢裡的蜜蜂鑽出紮好的塑膠袋，到處亂竄的蜜蜂把鄰居叮得衝出門外，連聲哀叫著「你家蜜蜂飛出來了啦！」，種種樸拙的故事讓大家笑到流淚。

然而過去的故事，漸因生物棲地的消失與農藥使用幾乎成了追憶。臺灣從一九四九年引進新式合成農藥以來，農藥使用量大增，到一九六〇年代開始有了除草劑登記使用的紀錄。近十年來農藥成品（未包含購買農藥原料）的內銷量約為持平，二〇二一年為六八一二噸，其中除草劑的內銷量為二五七四噸。[8] 農藥與除草劑的使用衝擊臺灣的農業生態環境，土壤中的農藥影響了微生物的活性與族群並危害蚯蚓，土壤因此失去肥力與營養。且農藥毒害了食用植物的一級消費者，如蜜蜂、蝴蝶等，也毒害了食用一級消費者的小型動物與鳥禽，有著農藥殘留的田水，流入池塘、溝渠、河流，危害蛙類、魚類等水生生物；從土壤到植物，毒素一路生物累積到生物鏈的金字塔頂，破壞整個農業生態系。

阿農說，社子島仍有農民在使用很毒的農藥與除草劑，而自己是在使用農藥後察覺到蛇類消失了，以前常抓的草花仔蛇、水蛇不見蹤影，還有曾在除草

8. 行政院農委會農業統計資料查詢，取自 https://agrstat.coa.gov.tw/sdweb/public/inquiry/InquireAdvance.aspx。

時看到小蛇碰到農藥立即死亡的經驗。頂浮洲的農民陳先生、郭先生則說水雞（虎皮蛙）沒有了、蛇類也減少。對植物充滿情感的楊陳寶貴，則特別注意到使用除草劑對野花野草的影響——社子島自救會結束活動後在菜寮午餐時，自救會一員的楊陳寶貴就會情不自禁地走入菜寮對面的田地觀察野花野草，她說：「我喜歡來這邊採，是因為這邊沒有使用農藥與除草劑，種類比較多元，除草劑一撒下去全部都死光光啦，沒有可以存活下來的，這些其實是我們老一輩的人比較會知道的事。」因為楊陳寶貴曾經看過社子島的沖積土壤上長滿美麗的原生野花草地，而現在定期噴灑農藥與除草劑的乾硬田地，扼殺了過去承繼的生命痕跡。

楊陳寶貴見到田裡難得一見的原生鼠麴草，順手也抓些種子留起來，叮嚀道：「要讓它繼續長、讓它繁殖下去，你看這個花等它熟了把它曬乾再把它撒，就可以保留下去，這叫作留種，這個區塊要把它特別保留起來，可惜現在的人都不懂了。」慶隆先生也這樣說道，而頂浮洲的老農亦是這樣保留下代代生長的原生野草，這樣每年冬春田埂間才會再有鼠麴草，過節才能再吃到鼠麴粿。

「保種」讓老農人留下適應當地土壤的優良種子，是留下喜好作物的方式，一併省下跟種苗商購買種子的費用 。慶隆先生留下了許多種子：玉米、番茄、秋葵、茴香、市面買不到的青菜種子等等，也因此留下過去的回憶與滋味——慶隆先生最喜愛種植的玉米是臺灣老一輩以前所吃的玉米，它長得很慢，是甜玉米和糯米玉米成長時間的三倍，「這外面找不到喔，沒人種了，長太慢啦，你看一般玉米都能收成幾次了，賺的錢就差很多，但這種玉米真的很好吃。」每次慶隆先生會留下幾根玉米曬乾，保留種子，等待下個季節來臨。

日復一日忙於割除雜草的農民知道，田裡有種稱為「土香」的強悍植物，用除草彎刃砍斷它時會散發出一陣清香，乍看是去了此草的頭尾，但地底下又深又韌的根是難以拉起的，不久後又冒出頭來，生了一叢叢，實在惱人。楊陳寶貴回憶自己的母親在她十七歲的時候過世，可能是得了一種癌症，她說：「我媽媽很聰明很厲害，我媽媽死時說她的問題就是跟土香一樣，生到哪就湠（蔓延）到哪。」這比喻的震撼力，彷若《詩經》裡的歌謠，古人觀察大自然的細節，用動植物形象來抒發感嘆。農民的想像力則來自所見，身如其他眾生物，生活在自然中知其有抗衡也有失守。肉體病症蔓延，就像田裡那種生長比作物快、又除不完的雜草，砍不到的根一直走一直生。現在人離土地與自然愈來愈遠，可能已經難以理解其中的寓意。「學習大自然的東西，借鏡學習植物動物，去學習融合的知識，團結比較困難是需要學習的。」楊陳寶貴說的話，是生活在與自然緊密相關的土地上，關心社子島土地的居民所明瞭的道理，感嘆自身的渺小，與其他生物共存生滅於大自然，唯有與自然和諧共存，甚至互相團結，才有未來。

一九六〇年代社子島農業景象與濱水生活

耕作是社子島重要的經濟活動（鄭春芳提供）

社子島農家日常（李長文提供）

船是彼時重要的交通工具（李長文提供）

特輯　社子島國寶畫家洪曜平

洪曜平（一九二四—二〇二一）生於社子島，擔任過臺北日僑學校的講師，擅長描繪自然景致，畫作中經常描繪在社子島所見的農田、聚落、動物。作品曾入選日治時期總督府展，為臺灣水墨畫界大師。本書收錄洪曜平生前未公開之社子島水彩畫。

（圖畫為洪學仁提供）

（張式慧攝）

第四部
庇護與熟悉的所在——未失根的都會聚落

文字／張式慧

1 社子島「天然長照村」

社子島的清晨三、四點，一束束白光在菜園裡左右擺動，農人戴著頭燈趕在太陽出來前，把割下來直挺挺的葉菜裝進籃裡，露水浸溼的手沒有停過；備有香火的地方小廟，香爐升起了裊裊白煙，透早，神明已受託祈求保佑；溫熱的陽光灑落身上時，早起老人家的要事已完成了大半，廣場漸漸有聲，各式各樣的椅子上開始有人歇息了。

社子島的鄰里街道還保有農業社會留存下來彼此互相照應的精神，巷道由公共空間或半公共式的私人空間串連，彼此熟悉認識，人與人的信賴存在其中。這些已退休的長者，在家人孩子上班上學後、太陽大到做不了事的時分，愛開講的長者聚在雜貨店、理髮廳、宮廟、寮子裡喝茶聊天，「閉思」（內向）的人就在自家的亭仔腳與庭院休息，時而與來往的人問候。延平北路七段的溪洲底，遠離車輛川流不息的大馬路，進入一〇七巷通往河堤的無數個小巷，有如從主河道進入許許多多細小支流：由街口前往廟口與戲臺口廣場、途經里長辦公室，前行至小吃店阿美戀食館，再到阿葉姐的柑仔店，繼續穿過比肩略寬的巷道到達河堤。這一路上，一會兒瞥見家戶敞開的門內閒適休息的老人家，一會兒撞見人在門口聊天，一會兒又見著幾位在整理庭院，這些長者都因有人經過而習慣性地抬起頭、細數著來客，試辨認陌生或熟悉的臉龐。經過這些密集的住家小巷，無論走路還是機車代步，都得跟一

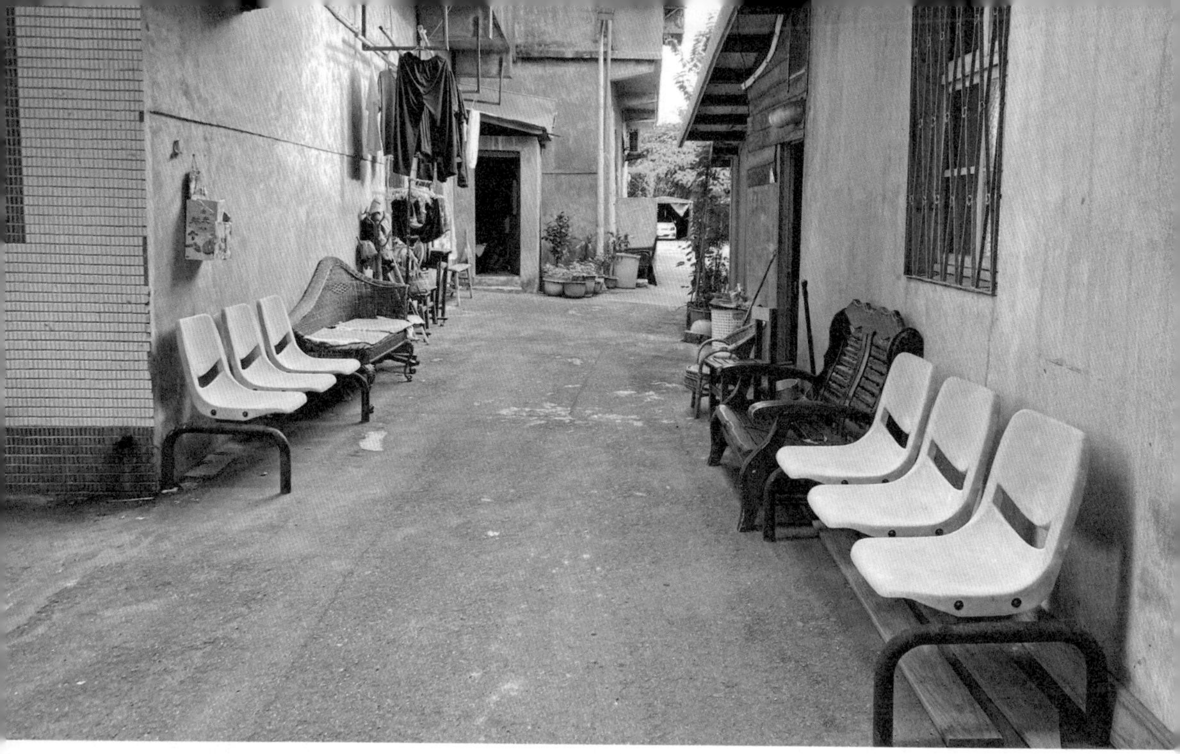

社子島街道巷弄中，隨處可見供歇息聊天的椅子。（廖桂賢攝）

雙雙眼睛照面招呼，才會到達目的地。

連結社子島鄰里的阿住姨

一個鄰里有多大呢？這很難說，有些人走不遠、有些人走得遠。有喜愛窩在家裡前後院照顧花草的楊陳寶貴，但也有一個人就能夠連結幾乎整個社子島的人物——住在楊陳寶貴旁邊的堂姐楊陳阿住，人稱「阿住姨」。

想找阿住姨，你會聽到「她很難找很愛亂跑喔」這樣的回答。八十五歲高齡的阿住姨出生在社子島，從小就「做園」（耕作），從七段嫁到八段，種菜也從七段種到八段。阿住姨走路飛快，連年輕人都很難追上她的腳步，每日四、五點天剛亮就出門沿路拜拜，先往港墘仔到福安碼頭的靈威公廟，再往七段方向，到順天宮拜完後便去隔壁華萍家看看，再沿著巷道前往七段頭的百福宮，之後又繞回華萍那「影一下」（注意一下），這種「影一下、影一下」，是社子島鄰里照顧彼此的方式，在生活中自然而然產生，在不同人與不同時間點的關照下，哪個老人家沒有在該出現的時候出現，哪個老人家沒接電話，都有人留意處理，像是一個天然的緊急通報系統，看守著大家。

阿住姨確定華萍家沒事後，走上堤頂往八段、九段前進，來到活動中心與威靈廟。這就是阿住姨大清早的有廟就拜、看到認識的人就開講、路過誰家誰的田就「影一下」的早晨行程。走遍了大半個社子島，沿路拜拜，阿住姨說是為了「保佑咱這」。一天當中沿路注意到「可憐人」就會留心，阿住姨曾端著飯菜給水邊心神不安的離家者、提供寮子給在社子島流浪的「下港人」，讓他晚上有個遮風避雨之處。社子島保留紋理的鄰里、人與人緊密的關係，也展現臺灣社會中老一輩的宗教信仰及憐憫心懷，對長者來說，這不只是個日常例行事項，也是使他們內心平靜的原因。

社子島的理髮廳與雜貨店，扮演非正式的「長照服務」，定點提供日常服務、在公共生活中長期以來互相熟悉且彼此信賴。居於溪洲底的李華萍描述居民對店家的信賴：讓善心人寄放錢在雜貨店，給特定需要幫助的人，買單他們的必需品；店家因為信賴居民，所以願意幫忙簽收包裹、為居民長者代收肉品蔬菜、甚至代墊或賒帳，即使便利超商也無法取代社子島「柑仔店」的獨特地位。理髮廳則是一個信任與放鬆的所在，顧客從小剪到老，髮量從多變到少，打理好的容貌讓人感到體面而有尊嚴。李華萍說，若是行動不便的老人，理髮廳主動打電話詢問需求，甚至到家服務，剪剪指甲、打理打理面容；店家自然而然成了居民資訊站：誰生了病、誰需要幫忙，消息一傳開，熱心的、有能力的就前去幫忙了。

節日儀式　鄰里共煮分享

不同的鄰里、不同的「庄」有其著名的食物，這些食物將庄裡的人聚在一起。

下浮洲這個「庄」，沿著福安宮一路走下去是一排長長的房舍，像是肩併肩眺望著前方的基隆河。房舍前的水道被窄化了，多出的路面上有成排的寮子，有作倉庫、車庫用，有時也供聚會休閒玩牌。真玄宮在這條路的中段，前面有間開放的大寮子，有著回收再利用的診所椅配張大方桌，供人休息聊天，倘若看到炊具、一層層傳統木製四角蒸籠攤著晾曬，就知道阿可他們剛做完好料啦！王安祥八十歲的母親王柯雲親「阿可」與她年齡相近的「老伴」們——「庄的人」、「厝邊的」上下差個四、五歲的十幾位女性，年節與拜拜就聚在真玄宮的寮子煮供品、做年節應景食物，已做了二十五、六個年頭了。

二〇二二年新冠疫情仍在，三日節（清明節）在真玄宮的寮子裡，幾位老人家還是一起做草仔粿，王柯雲親與老伴們做的草仔粿是照傳統使用鼠麴草，鼠麴草來自各家的田園，在冬春季鼠麴草的季節就開始慢慢囤積，田裡看到就摘，煮了放冰庫冷凍，要做粿時大家就一起帶來，下浮洲的粿不只染上美麗的清綠，還有原生鼠麴草特有芳香不苦膩的滋味。

在真玄宮前的寮子「炊粿」，是每年的例行公事。（李華萍攝）

為每一塊粿「點紅」做記號，區分不同的內餡口味。（李華萍攝）

做粿是老一輩的必備技能，大家也透過一起做粿增進鄰里感情。（李華萍攝）

不知是不是疫情把大家悶壞了，這年的五日節（端午節）老伴們卯足全力，大夥合資一揹一千，要幾串就拿幾千的食材錢，幾位老人家竟包了一百六十斤的米。孝順的王安祥總是幫忙較粗重的蒸煮炒，又顧蒸籠又炒料，沉重的炊斗放在大鍋的水上滾，王安祥幫忙抬，不讓老媽媽與老阿姨們動手，一炊斗的糯米重達十斤，不停蒸熟又洗米去蒸，就這樣來來回回蒸了十六次，蒸一次能包六十個粽子，「我媽早上九點多去，包到五點回家就躺平了！中午都沒休息啊！」千顆粽子在過程中不停地拿回家冰起來，待五日節拜拜祈福。

「其實我會煮菜也是在『宮的』（真玄宮的寮子）學的」王安祥說，每個年節與拜拜，顧蒸籠、炒餡料、炸雞腿都是由他負責，「媽媽忙不過來，我就下去炒下去做啦。」他說，「我就站在旁邊看，她說要什麼料，好！我趕快去切切切拿給她，然後看她怎麼煮啊，就這樣看了幾十年，看到會煮了。」「宮的」大家一起共煮的起頭，是從王柯雲親的先生身體開始不好、常常進出醫院時，在家人擔心掛念下，王安祥去問真玄宮，那時濟公伏虎說了一些事項，「哎，還真的順起來了，」王安祥說。這些年來，幫忙王柯雲親的老伴們沒變，信仰、鄰人、親戚，串起來的不只是好運氣，是使人心安的互助與祈福，穩定的生活慣習。

位於延平北路九段的浮汕，知名的是以煮「鹹糜」（鹹粥）犒勞幫忙喪家打點喪事的親戚鄰居。大鍋煮鹹糜就用掉幾十斤的米，請鄰里來客一起享用。不像現在多半請禮儀公司治喪，以前農業社會鄰里關係緊密，庄裡如有人過世，通常也是認識熟悉的，處理喪事需要人力與陪伴，左鄰右舍也自然伸出援手幫忙，在臺灣鄉里也有喪禮完事後請客的習慣。

九段土地公廟以及旁邊的三間柑仔店，常常聚集人群聊天，海瑞是土地公廟茶桌子的常客，幫忙喪家總是「從頭摻（參與）到尾」，「需要幫忙，大家都是義務的，不求什麼。」他說。以前煮鹹糜時，海瑞是副手，鹹糜一定要用舊米來煮，不能用新米，不然米會太快爛，並以大骨頭湯燉煮；土地公廟的一行長者們回憶鹹糜的食材，「金鉤蝦、香菇、肉絲、胡椒……」大夥先後補充，「煮好後滾菜摻下（指趁熱撒下切細的芹菜）。」然而九段以鹹糜犒勞請客的習慣不再，「吃鹹糜的人都回去（過世）了。」海瑞說，「以前整個村莊都是這樣，這裡煮鹹糜很有名，一煮就煮很多，現在不一樣了……像旁邊店的老人九十四歲了，幾天前還可以算錢，後來救護車來載，還沒到醫院就走了，命好啊。」與鄰里一起治喪煮鹹粥的一輩漸漸老去離世，現在年輕一代大部分選擇從簡，出殯後也不再煮鹹粥請客。

八段的下浮洲，聞名的則是「油飯」。王柯雲親與她的老伴們，互相稱呼著對方的乳名，「阿可」王柯雲親、「稻仔」林稻子與「茶仔」陳玉葉，三人合作無間煮出了揚名社子島的油飯。稻仔是三人中最先開始做起油飯的，以前八段最出名的油飯是溪砂尾坤天亭前頭的小販，三十年前，稻仔邊工作邊看著幾位阿婆做油飯，就學了起來。王安祥說，「有的人生兒子要滿月油飯啊，就有人做了啊，有名了，就會訂啦，要幾百斤啊。」稻仔的油飯就這樣傳開了。如今稻仔無法在炙熱的廚房做粗重工作、炒不動四十斤的鼎，退居為公關與備料的角色。突然好想念那滋味，鄰居親戚就會來拜託她，是想要油飯、米糕、還是肉粽，要多少斤？稻仔開始算多少斤需要搭多少料，準備叫貨與備料，並聯繫阿可與茶仔，討論什麼時候來煮，稻仔就知道什麼時候要開始浸米了！稻仔、阿可、茶仔煮這些是不拿工錢的，只會收材料費，可說是鄉下的純樸，或是種幫親友煮飯的心情。有時如果自己想吃，也會煮個二十斤的大分量，飯盒、塑膠袋是寮子必備的物品，能把多煮的即時分送給經過的鄰人。煮得多時就使用福安宮的廚房並拿到寮子裝盒、裝袋，福安宮前方的寮子位在丁字路口正中，瞭望著三方，可說是下浮洲村莊的大門，每當有人聲與機車聲響，大夥就一同向外瞧，「你欲油飯無！」看是要進來坐坐還是趕忙拿裝好的飯盒送去，庄的人收到稻仔的美食，那滿足寫在臉上，這味道與人情可不是上網訂購能取代的。

福安宮的宮主從稻仔的公公、先生、兒子傳到現在她的孫子，怕孫子忙不過來，稻仔一行三人也會來幫忙。十二月初十福安宮建廟，大家捐獻的錢會給神明「搬戲」，也會算作食材錢，讓人邊聽歌仔戲邊享用：第一天是油飯配菜頭湯，第二天則是芋頭米粉湯，同時慰勞了神明與庄的人。而每月的初二、十六「犒軍」需要供品，稻仔會跟她的妯娌，也是

稻仔、阿可、茶仔的油飯

糯米二十二斤
豬油三鱟杓
紅蔥頭三斤
乾香菇一斤
蝦米一斤（阿可說不要那麼多啦，十二兩就好）
瘦豬肉絲五斤
米酒一瓶
醬油橘色塑膠碗九分滿
味精

個人口味

白胡椒、麻油、爆好的薑。

她的小嬸茶仔討論準備什麼來煮，請阿可來做拿手的高麗菜飯或油飯，並買些東西來拜，拜拜完大家就在福安宮的寮子共餐。

下浮洲的油飯各有滋味，當福安宮拜拜，食材是稻仔負責，當真玄宮拜拜，食材是真玄宮宮主負責，油飯的味道就因此不同了。

福安宮旁的寮子，拿手料理做好了，就在這邊一起吃。
（莊舒晴攝）

清晨福安宮的廚房兩個快速爐已經架好，一個黑大鼎用來炊米、一個白合金大鼎用來炒料，過程中兩鼎同時炊煮。地上放著一鍋昨晚開始浸的二十二斤糯米，大鋁盆中泡著大炊斗、蒸巾、與稻仔向送貨員要來的米粉袋。阿可爲炊斗鋪上蒸巾，用大漏勺把糯米舀入炊斗，茶仔先在生鐵大鼎加水，接著走進走出，把寮子裡的調味料拿進廚房，也去隔壁稻仔媳婦陳秀鳳經營的柑仔店，取稻仔備好的料：炸好濾淨的豬油、切碎的紅蔥頭、泡軟切好的香菇、金鉤蝦、豬肉絲。

食材齊全後，阿可與茶仔兩人合力將沉重的炊斗抬上大鼎，阿可一手各拿一支長筷子在米上插出許多洞，讓煙可以衝出，接著摺好蒸巾、蓋上麵粉袋讓蒸氣留步，這樣米已經都就位了。接著阿可轉向旁邊的大鼎，炸紅蔥頭是耗時又値得的步驟，阿可用鱟杓量著茶仔倒下鍋的豬油，確定量沒錯並叮嚀茶仔，豬油中有炸過的紅蔥頭要撈起來，不然等等「臭火焦」（燒焦），接著倒下稻仔切好的新鮮紅蔥頭，茶仔用半身長的大鏟子不停攪拌翻炒，等到爆酥金黃香味撲鼻。這時王安祥的弟弟王安鑫走進廚房，接下大鏟子，讓茶仔喘口氣，他不停翻攪、刮下鍋邊的食材，是不間斷的辛苦任務。阿可依序放入蝦米、香菇、肉絲（稻仔的順序則是香菇、肉絲、蝦米），炒香了才會放下一個。再來是調味料，米酒、醬油、味精、水。水要稍淹過炒料，才是對的量。

阿可煮米是不計時的，笑說都靠感覺啦，中途掀開蒸巾，用筷子插入之前的煙道（這次用了兩根筷子戳洞），估量著狀況。稻仔解釋：「我以前在煮的時候都沒在試，現在給她們煮是多好的事，那兩個很能幹，都是王安祥的老母試鹹汫（試味道如何）。」阿可感覺差不多了，就拈起幾個米粒嘗嘗，也眞的是恰到好處。算算二十多分鐘，糯米也煮好了。

王安祥也來了，來幫忙最後辛苦的翻炒。阿可跟茶仔抓起蒸巾，把煮好的二十斤糯米飯拉出炊斗，「阿母稍等啦，我們來扛啦」王安祥的弟弟王安鑫說，「免」阿可回道，跟茶仔一起將飯倒入鼎中，兄弟各拿了鍋鏟，動作整齊一致從左翻到右、從右壓平到左，「你們兩個兄弟翻飯眞好事」茶仔開心地誇獎，兩人不停地重複著動作，直到米飯上了色。王安鑫說，外面在賣的油飯，都是用機器攪拌，省了人力；而用人力在鍋中攪拌燜煮，小火再次受熱的米飯更能吸收醬汁，也變得更香更Q，這是從小吃到大的。稻仔走進來，問著醬油夠不夠、香菇原本怕太少，阿欉沒去買醬油，害她昨晚不敢用醬油呢。三個八十歲的老人家，總算有空放鬆閒聊了。

剛好一小時，二十斤的油飯剷進大鋁盆，抬出廚房。

上：在福安宮的廚房，阿可將洗好的糯米用大漏勺舀入炊斗。（張式慧攝）
下：黑大鼎用來炊米（張式慧攝）

上：茶仔（左）與阿可（右）用半身長的大鏟子攪拌翻炒油飯（張式慧攝）
下：王安鑫與茶仔合力將大鋁盆裝的油飯抬去寮子（張式慧攝）

閒暇做議量，讓長者動腦的四色牌

「九段鹹糜，八段油飯，七段四色牌！」四色牌是老人家「做議量」（消遣）消磨時間的娛樂，社子島老一輩的人幾乎都會，打四色牌以下浮洲最盛，女性居多，有的就在亭仔腳，或藏身在小巷與寮子，這裡一桌、那裡兩三桌、東邊一間、西邊一間，在地人可以細數出來。阿可與她的老伴們每週六、日都會在王安祥的寮子開個一桌六人（「本來是我的工作室啦，我老母說她要用啦，我就爬去二樓。」），從下午一點開始，有時玩到五、六點多，或玩到晚上十點。平日大家沒時間，得各忙各的活；在王安祥田裡，阿可種自己吃的菜；算是老人家運動筋骨，王安祥種著要賣的菜邊看顧母親。王安祥的阿祖從溪洲底遷來下浮洲，當時蓋的三合院現在已改建透天厝，家族人口變多就需分家了，王安祥的爸爸排行老四，兄弟們就這樣一人選了塊地蓋起兩層樓透天，原本寬廣的巷道入口變窄了，僅只一輛車能通行，不變的是每戶依舊如三合院般環繞著以前的埕（庭院），家門窗口面向中心，像是肩並肩照看著大家，現在已不曬稻子的埕是親戚烤肉、休閒的空地。

不同於阿可她們只有週末玩，頂浮洲王家的王菁茹母親是週間玩四色牌，王菁茹說還做得動的厲害阿姨清晨就在忙，上午是她們的下田時間，而她的母親則悠閒起得晚，東摸西摸就到中午，不過只要等到一點鐘，電話就來叫人了！

四色牌通常是午飯後開始玩，有時也有愛做菜的阿姨心血來潮就煮了飯菜大家一起共餐，或給人打包當晚餐。打四色牌的通常是長者，以前做塗水（泥水匠）、種菜的中午休息就做議量打四色牌，有些中生代與年輕一代因為在旁陪伴媽媽、阿嬤而學會規則。下浮洲的長者們玩四色牌都「玩小小」，銅板輸贏增加趣味、活絡頭腦。「媽媽四色牌玩久，就知道附近的人了，」王菁茹的母親來自雲林麥寮，因媒妁之言嫁來社子島，退休後玩四色牌認識了從虎尾嫁來的林太太，同鄉帶來王媽媽愛吃的番薯籤，是雲林海邊辛苦回憶的滋味，「我媽有段時間說妳不用煮我的，妳煮妳的就好，妳要玩就去玩……那是我媽媽過的一段快樂太平時光。」

泡茶、聊天、共餐

「天然長照村」的名字的由來，源於臺大城鄉所教授康旻杰對社子島提出的規劃概念「養生村」，自救會發言人李華萍看到社子島居民的生活型態，如同天然形成的長照系統，從「養生村」字詞得到靈感，稱社子島為「天然長照村」。宛如一個長照村的社子島，其背景始於百年農業社會的同姓聚落，現今鄰里有部分可知的親戚關係與姻親關係：「嫁不出庄」嫁誰娶誰就在附近；有就讀同個國中、國小而成為同學、學長姐弟妹；有一起長大的玩伴；中南部來到北部打拚的工廠雇員，之後落腳社子島成為長居的租客；跨國婚姻來到社子島的新住民等。緊密熟稔的鄰里關係，加上社子島因為禁建而保全的聚落紋理，在現代都市觀念的影響下，逐漸拿捏出一種平衡：顧及都市著重的隱私觀念下，一種人們互相照顧生活的樂趣，其特色最顯著的就是「寮子共餐」。

鄰里閒來一起看電視（柳志昀攝）

靠近淡水河一側，沿岸擺有許多塑膠椅，供大家坐下來「開講」。（廖桂賢攝）

社子島自然形成的「寮子共餐」是由常見於鄉下的公共空間聚會文化發展而成，居民在農忙休息下工後共煮共食的生活型態。來吃飯的人原因各異：不愛待在家、下班疲憊、年長獨居、身體不方便、家裡不開伙等等，無論什麼原因大家都前來放鬆心情與享受同樂，就像一家人互相看顧彼此。

共餐的食材是由參與的人自主提供（空手也可以）：熱愛海釣的人帶來新鮮海產、雜貨店的老闆娘提著店裡的上好貨、種田的人提供新鮮的葉菜蔬果、愛跑大市場的人買來各式食材點心，有時就有突然送上門的山中野味；會料理的人就早點來洗菜煮飯，時間到了誰沒來就打電話提醒，不想走來寮子還有機車接送，晚上大家喝酒放鬆互開玩笑……。「寮子共餐」是社子島最活絡、最好客的地方，多元族群橫跨不同年齡層的交流之地，也因為彼此熟悉，甚至從共餐變共遊，一群人浩浩蕩蕩包車旅遊、戶外休閒露營等。在社子島的半公共共餐空間有：宮廟與雜貨店前形成的寮子，下浮洲的料理高手阿姨們負責煮飯的「廈浮洲福安宮活動中心」；溪砂尾農田裡存放農具與休息的「菜寮」；漁民放置工具、停船、處理漁獲的「船屋」等。雖然是由農漁業、信仰中心為出發點而發展出的特殊文化，但社子島身處於都市區域，「寮子共餐」已經從屬於鄉下區域的同質性，轉向揉合了都市的多元包容與農業社會的緊密紋理，發展出一種意識到外界都市的疏離，因擁有社子島生活而感到驕傲的共同情感。

「菜寮」——從茶桌仔、共餐到公眾參與的議事空間

穿過狹窄房舍間蜿蜒小徑，眼前開展出寬廣的農田景觀，「菜寮」就坐落其中。從道路走入下凹的基地，進入絲瓜棚，棚頂的遮陽布延伸到寮子頂，前方整齊劃一的菜園陪襯著向天山的山麓。在這美麗的景緻下，除了不同時段的泡茶與共餐，因社子島開發爭議，菜寮也是自救會開會場所之一，大學師生、律師團也前來參訪，聆聽居民的心聲。

寮子的主人鄭樂園，大家喚他「阿農」，年輕時從彰化到臺北工作，輾轉來到社子島的研磨廠上班，在此租房居住三十多年。退休後借朋友的地種菜，給人批去賣，也作共餐的食材。阿農小時被辦桌的爐灶燙傷失去雙手手指，他跟別人無不同，就那性格多的一股強悍是克服之後留下的報償。小巧又多樣的菜園，沒有機具代工，菜園裡的菜卻整齊得像是整好隊的士兵，阿農秀出自己焊的狀似鐵耙的量具，可以精確地畫出隔線並依照網格來種菜——端看阿農的菜園，顯現出他一絲不苟的個性。在阿農口中「退休的種菜健康生活」背後是「有種才有得吃」，可見菜園實質上對長者與弱勢族群的必要性。

菜寮原是阿農置放農具的農舍與歇息之地，而後逐漸演變成鄰里共餐處所。從入口走下斜坡，進入狹長寮子，幾根柱子豎立，經過水泥砌的洗滌區、切菜區、流理臺、炒菜區幾個瓦斯爐，就是一起共餐的圓桌、茶桌仔與長椅，牆後的室內空間有冰箱與櫃架，最後是儲放農具之處與廁所。好天時，可以到絲瓜棚下幾張桌子拼成的大長桌吃飯，瓜棚網布下

臺北大學都市計劃研究所師生到菜寮參訪（張式慧攝）

菜寮的日常午後（張式慧攝）

遮避了日曬，顯得涼爽舒適，廚房與吃飯區域雖然沒有實質的牆面，卻讓寮子通風又舒適。社子島特色在寮子的搭建過程與建材上可見一斑，柱子是回收以前的木頭電線桿，屋頂、牆壁是多餘邊角與回收角料、鐵皮、瓦楞，絲瓜棚是回收再利用的鐵管搭成，桌椅是從學校及公家機關汰換買回，或者是家具工廠拿來的樣品，廚房用具是工廠的庫存，有流理臺、架子等等……菜寮是搭伙共餐泡茶的鐵工、木工、家具工廠朋友們經年累月一起形塑而來，外觀顯現了社子島在地的產業與人情。

共餐的寮子每日被規律地使用：清晨五、六點，阿農開始農事，直到田裡熾熱難耐而返回寮子休息，這時會有同是務農的朋友加入泡茶聊天的行列，中午有午餐群，由退休或彈性工作的人們組成，十點多就會開始準備午餐，十二點散了回家睡午覺，阿農兩點再回菜園工作；下午工作的休息時分，又有朋友加入泡茶行列，大約傍晚五點就有晚餐群來洗菜準備煮飯，是結束一日漫長工作的人們，阿農則是在晚上八點鐘騎車離去，留下的人繼續喝酒聊天，九點左右就收拾清理完畢。

阿農說：「對我來說反而比較輕鬆，因為我這裡種菜，你有什麼就帶什麼來，他有什麼就帶什麼來，如果有人出去，就去市場買塊肉帶回來，或買隻雞回來。」兩個冰箱加上齊全的廚具設備是來一展長才的。能夠早來的人就分工幫忙，不論是帶自家菜來的、阿農的菜園割的，挑揀菜葉、洗菜煮飯沒有停下，在這個過程中，大夥可是動作靈活、腦筋也動得飛快——因為可是要餵飽一堆工作勞累饑腸轆轆的人呢，看看帶來什麼菜、退冰了什麼肉，想好動手。時而下菜園現摘現採來搭配，時而問問大家習慣什麼口味。

若是要說誰較頻繁地料理，就屬中午的月娥姐與晚上的小蘭姐了。月娥與小蘭都不是土生土長的在地人，月娥從金門嫁來社子島，小蘭則是三年前搬到菜寮附近而認識大家，兩人後來都成了菜寮掌廚。一大早報到的王木琳熱心地到蘆洲的菜市場挑好菜，幫大家準備中午食材與甜點，自救會帶領的活動、律師團參訪、大學生參訪等也是以這個時間為主。傍晚時小蘭姐、美英、黑人就來備料煮菜。小蘭家裡務農，自產自銷，白天要工作的她，通常只在晚上來寮子，晚上場非常多元，固定班底五、六人，也有人多到大圓桌塞不下，要坐到瓜棚和茶桌仔，在那時小蘭會熟練迅速地將菜一道道上桌，旁邊兩位，美英與黑人也不停備料，大炒鍋在烈焰上翻動，豬油滾滾發燙香氣四溢，又深又大的湯鍋噗噗地燉煮餐餐不可缺的肉湯。這場景讓人回想起社子島人家中還留有的特大湯鍋與炒鍋，以前大家族一起吃飯時，廚房裡的女性受囑咐有責任餵飽眾人；回想百年前，浮州王家佃農六十幾人一起吃飯的大場面，大灶邊應該也是揮汗不停。

「這我第一次在這煮欸，小蘭姐太厲害我都不敢跟她搶啦。」初五小蘭家拜拜沒來（小蘭姐晚點還是被大夥連環敲電話找來了），個性開朗的寶媽臺語講得韻味十足，雖然不精準，但要大聲還是要消遣人，氣勢馬上到位了，寶媽帶著雜貨店裡的海產蔬果，裝滿掛滿腳踏車，要來做豐盛的年菜給大家吃。寶媽不算常客，平時工作繁重，會因想念大家而來，那時便請兒子顧店或索性鐵門一拉就跑來了。寶媽清晨去萬華市場競貨、運來上等蔬菜肉

14. 豬油、鹽、糖。
15. 儲物空間
16. 電鍋
17. 乾淨碗盤
18. 水泥砌的洗滌空間
19. 生薑、蒜頭
20. 切菜處
21. 榕樹
22. 入口階梯與斜坡
23. 木頭電線桿做的柱子
24. 燒落葉、紙張、木柴等，也烤番薯、熱洗碗水。
25. 道路

菜寮內部(張式慧繪)

1. 香蕉刀(割菜用)
2. 今彩539開獎數字
3. 進去有兩個冰箱，給大家放要煮的食材。
4. 喝茶聊天區
5. 阿農的專屬座位(泡茶給大家)
6. 熱水
7. 免洗碗、免洗杯(來很多客人時用)
8. 共餐圓桌
9. 學校椅子
10. 小瓦斯，吃火鍋用。
11. 免洗筷
12. 烘碗機，上有免洗筷。
13. 三個瓦斯爐

品，當有路人想找個便利商店時，寶媽大嗓門：「你就在社子島的COSTCO啊，你看這裡哪家店可以刷卡。」「我這可是社子島唯一登記的店！『寶媽食堂』是有登記的。」寶媽看到各式新鮮海鮮在餐桌就開始講起她福建海邊小漁村的成長故事了，相映社子島人的孩提時光，「還不是被你們臺灣人騙來這裡！」寶媽有一種非臺式的幽默自嘲，能誇大又貼切地講述憶起的趣事，寮仔沒有男人可以講得過她、喝得過她。菜寮女性的共通點是一種能在父系閩南社會裡站得直挺挺的本事。

不若中午共餐多半是自救會相關的活動與人群，晚間共餐又回到菜寮以往的型態，一個輕鬆吃東西、聊天、也喝喝酒的時刻，晚餐的人群並不談開發案的事，因為鄰里親戚都知道開發案是撕裂情感的話題。不過社子島居民聽到菜寮時，常小聲地讚賞自救會成員的努力。菜寮也因為開發案的討論帶來新的年輕人：大學研究生、社會人士、藝術創作者、律師團等，甚至有一來就很想長住的，礙於「連社子島人都不夠住了怎麼租給外面的人」，最後也成為時而出現的菜寮共餐食客。菜寮的共食也常常演變成共遊，大家加個LINE就約了。如果來了位潛水教練，那帶團露營、划船釣魚、包車出遊，也就自然成行。

菜寮的人群與時代像是滾雪球般不停地前進，愈來愈多說不完的人物故事，不變的是長者與年輕人都互相看照、互相幫助。「我們一些老人，可以來這裡坐啊，如果這裡開發，人就散四方了。」阿農這麼說。真實生活中就能發揮自治力量的地方，如菜寮互助的緊密鄰里關係，在面臨危機時就能展現凝聚的力量。在自救會抗議活動回程的路途中，阿農接起電話，對方關心他吃了沒，因為菜寮的晚餐已經準備好了！

2 為家園站崗的柑仔店

「社子島還有柑仔店啊！」居住在臺北市的中生代驚呼，現今臺北市區處處林立連鎖超商與超市，已經很難見到家庭自營的雜貨店了。在臺北市的社子島，還有這些令人懷念的小商店，店鋪門口的亭仔腳人們或站或坐，泡茶喝酒、閒聊玩牌，甚而碳烤剛捕捉來的螃蟹；坐在輪椅上的老人家等待著熟悉面孔出現，一旁的外籍看護買到了新進的印尼商品，正開心地聊天……，社子島每個庄內的柑仔店依舊服務著鄰里，數十年來照看熟悉的常客與居民。

清晨三、四點的社子島已經甦醒，農人忙著割菜，準備好的菜籃在等菜販仔來收，緊接著太陽升起，農民歇息喘口氣的時間，柑仔店七點開始營業。清晨起床沿路廟裡拜拜的王木琳，這趟也來去延平北路七、八、九段的柑仔店：光顧下浮洲阿鳳的柑仔店，在溪砂尾的「優客多」壓了些錢給惦記的「風蛇」，算是幫「風蛇」先結了帳，讓他能拿些需要的東西。王木琳也會前往浮汕土地公廟福德宮旁的李萬美商行，到了下午四點多則去塭寮一〇六巷的「烏的」（黑的）。到這些柑仔店，王木琳都會買些菸，見見還在的老人家，已經過世

社子島的柑仔店(張式慧繪)

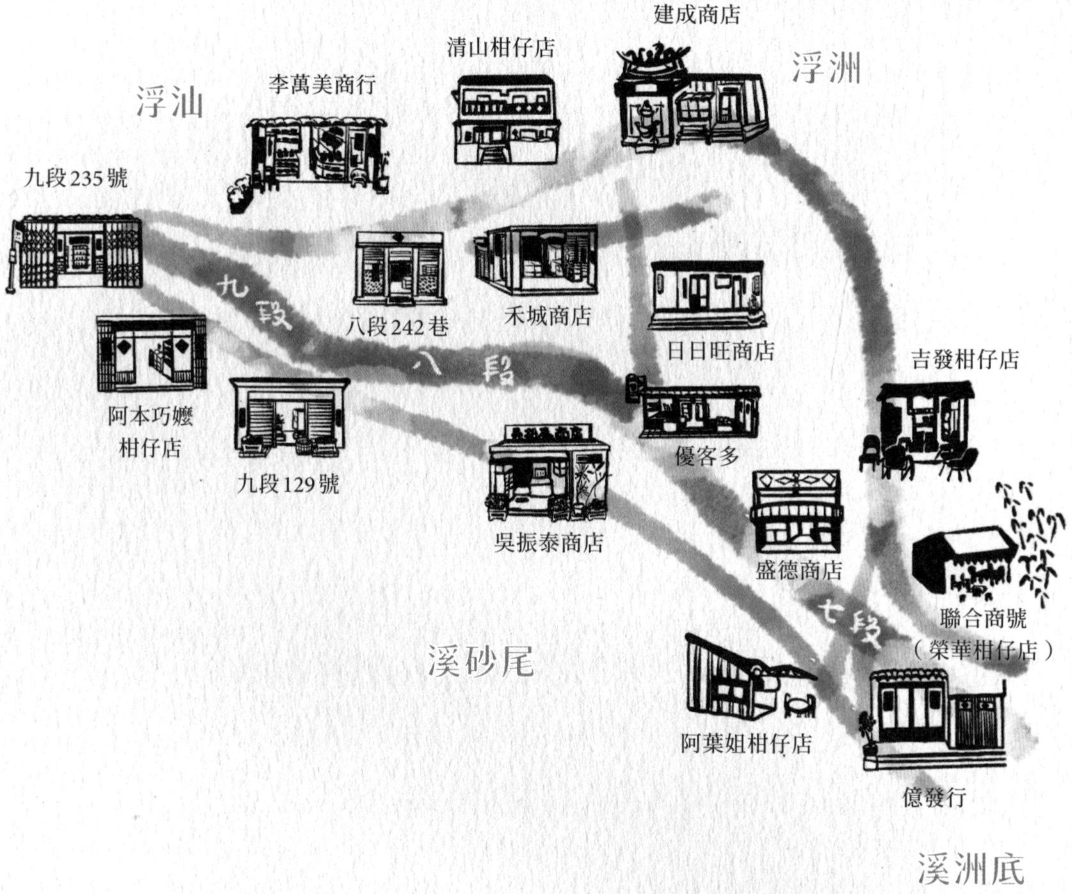
建成商店
清山柑仔店
浮洲
李萬美商行
浮汕
九段235號
九段
八段
八段242巷
禾城商店
日日旺商店
吉發柑仔店
阿本巧嬤
柑仔店
九段129號
優客多
吳振泰商店
盛德商店
七段
聯合商號
(榮華柑仔店)
溪砂尾
阿葉姐柑仔店
億發行
溪洲底

的那幾間就不忍去了，說「那邊有老大人（老人家）在我才會去，老大人不在我就不去了，可憐」，也說到「阿嬌的店只剩一群喝米酒的那些人，其他死則死逃則逃，也沒人了，都會一直淘汰掉」，可見柑仔店的中心就是人，由情感維繫著，牽動著佇留的人群，誰走了那一群可能就散了，不停地變換。

過去溪洲底商業活動最盛，也是社子島柑仔店最多的聚落，一〇六巷的柑仔店「盛德商店」老闆說：「以前店仔口這裡一家、原本中藥房對面一家、過去巷子口那棟破敗的房子以前也是柑仔店、再上去萬善堂隔壁也是一家，才多呢。」

今年八十四歲在溪洲底經營柑仔店四十年的陳汪阿葉，大家叫她阿葉姐，她說以前溪洲底就有六、七間柑仔店，現在剩下三、四間。阿葉姐的柑仔店在一〇七巷內，一側通往戲臺，一側通往港墘仔（河邊），一層樓的老磚房現在搭成了鐵厝，門口突出斜遮的鐵棚，以往就在這做泡茶生意：昔日木棚換成了鐵棚、學校淘汰的木頭課桌椅換成了機關淘汰的塑膠桌椅。在門面改成鐵捲門之前，阿葉姐一早開店得用棍子把木棚頂出去，再拆下一片片木門板，從室內搬出木板放批來的水果，還有小桌椅來放囡仔物（指給小孩玩的「戳戳樂」遊戲），「現在較輕鬆，不然以前到晚上都要一個一個捧進來，門要一個一個裝回來再關起來。」阿葉姐說。陳汪阿葉出生於頂浮洲汪家，幼時五歲因家貧而到溪洲底的陳家做養女，現在開了六十多年的店面就是昔日陳家阿公阿嬤住的老厝。

阿葉姐年輕時做過靴管（雨鞋），之後到三重埔吃頭路，也去過下竹圍的紡織廠工作，婚後與先生五斗經營水果店，五斗騎孔明車（腳踏車）去葫蘆堵、後港、臺北大市賣魚賣蔬菜，也批水果來賣，「以前水果都是我老翁（先生）去臺北大市，永樂市場補，補貨有人用貨車去載來，甘蔗、柚子、柑仔，貨車從延平北路七段、八段、九段一間一間配，賣到都熟識了。」之後注意到溪洲底的孩童愈來愈多，不只厝邊孩子多，戲臺與小吃攤也吸引來人群，五斗開始從雙連帶囡仔物，孩子們可以用五角錢，戳開薄紙格裡的糖果和塑膠玩具，「放一張椅子、一張桌子就讓他們戳，很有趣味。」阿葉姐說。正從囡仔物起頭，五斗陸續帶零嘴、飲料回來擺放，原先的水果店逐漸像間柑仔店。

五斗早年顧渡船，在溪洲底淡水河一側港墘仔載菜也載客，幾十艘工作船來回社子島與三重埔、蘆洲，社子島的農民忙碌地洗菜挑菜，專門收菜的人騎車用驢仔駕（二輪或三輪拖車）將農民一捆捆綁好的菜載去販售。阿葉姐的柑仔店就臨近港墘仔，也做泡茶生意，一大早忙完的務農人就來到店門口泡茶，一群人十點多、十一點就會到，固定四、五桌，「都泡慣習（習慣）啦，來了就知他要泡茶了，每天啊，都是做園的（種田），都是那邊港（河邊）的，」阿葉姐說，「一泡一百塊：一個水果、一個李鹹（蜜餞）、一個餅，這三盤加一泡茶，一泡茶四十塊，這樣一百塊。」來阿葉姐柑仔店的農民也會小賭一下，打四色牌、目賊仔（黑字仔）、擲骰仔等。與阿葉姐同歲的厝邊陳麗如說，稍年輕的一群移往福安碼頭泡茶去了，「以前來這泡茶的那群阿伯都是中年人，五、六十歲，如果現在還活著也九十幾歲了！」五斗過世之後，阿葉姐東西愈賣愈少，厝邊經過就打招呼、抬槓、坐一坐，看看能互相幫些什麼忙，「有閒的人就會過來，沒閒的就不會出來，沒人就關了。」阿葉姐說。

在社子島基隆河那一側的浮洲，不如溪洲底商業發達熱鬧，可說是農村聚落。「我們那個時代柑仔店什麼也沒有，柴米油鹽而已，剩下也沒半樣，」王木琳回憶年幼時，約六十年前一個庄頂多就一家柑仔店，近處有一家就很不錯，不用跑到別的庄去買；也因為需求不大，不會在庄內多開一家店競爭。雖然賣的東西不多，結束農忙休憩來到柑仔店泡茶的人可不少，以前茶葉昂貴，農人喝茶多是泡茶枝，王木琳回想，「也沒什麼茶，就那種茶枝，紅的。」過往的休閒娛樂就是在柑仔店外玩「剖甘蔗」，剖甘蔗是臺灣農村就地取材的遊戲，參賽者手拿甘蔗刀站在椅子上，立起長長的甘蔗，再一刀唰一下砍到底，以削斷的長短定勝負。兒時居於頂浮洲的王麗珠還記得比賽輸的人要出甘蔗錢，以及一大把甘蔗放在空地的光景。溪洲底阿葉姐的柑仔店前空地，讓人泡茶也玩剖甘蔗，「甘蔗長就站在椅子上、短就站在地上用甘蔗刀剖。」阿葉姐每天要準備好甘蔗兩把，約二十支來比賽呢。

柑仔店玩牌小賭是農民、工人的消遣娛樂。警察抓聚賭後，王木琳說，「比較遮縫（偷偷摸摸），跑到小房間去，東（主持賭局的人）有抽頭，不太會在光明正大的地方，在柑仔店的邊邊玩。」現今最有下浮洲特色的場景之一就是麗珠的「清山柑仔店」，小馬賽克磁磚外觀的亭仔腳總有著一兩桌人在玩四色牌，旁邊圍著興致十足的觀眾，店內的小桌則時有人開酒配點心。

王麗珠今年七十二歲，柑仔店原是長輩朋友的店鋪，老人年紀大了而孩子也不願意接，

清山柑仔店（張式慧繪）

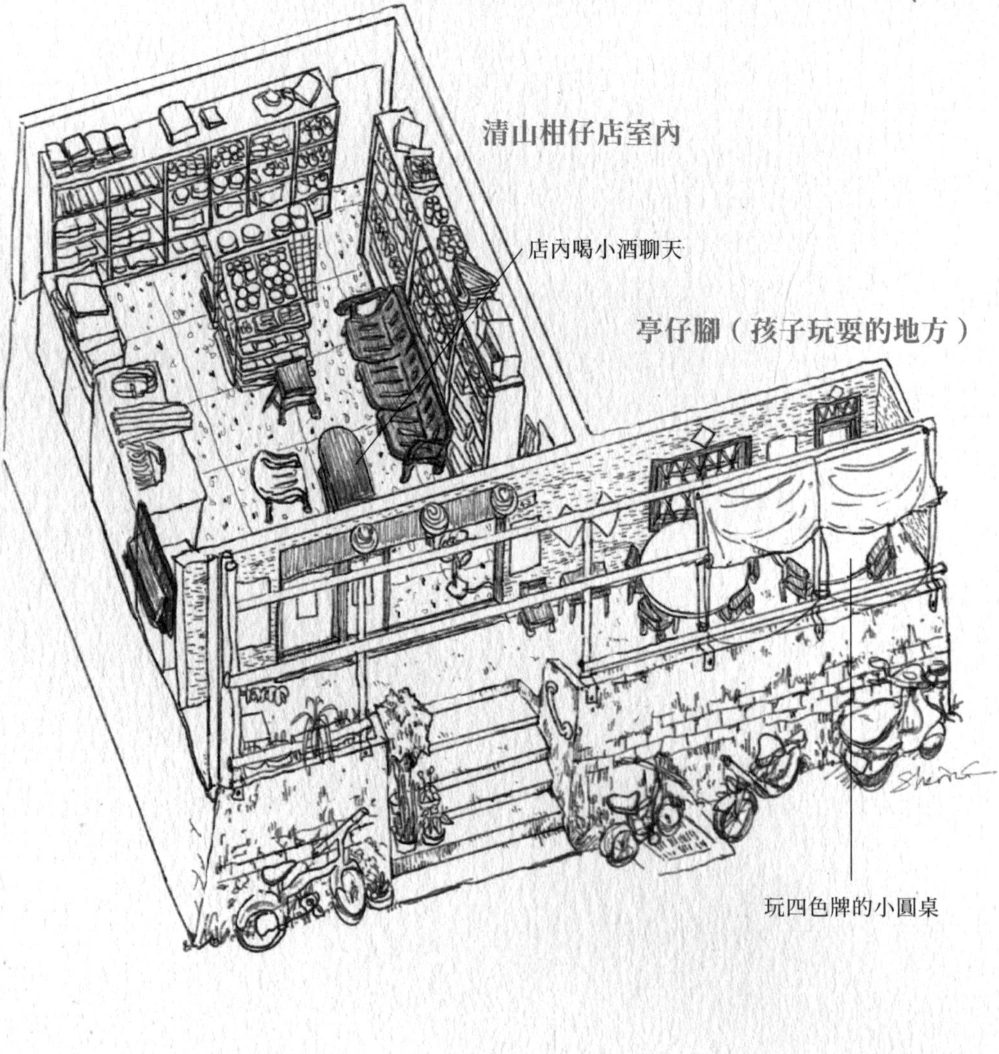
清山柑仔店室內
店內喝小酒聊天
亭仔腳（孩子玩耍的地方）
玩四色牌的小圓桌

清山柑仔店外的亭仔腳，可以泡茶、聊天、吃點心、玩四色牌。（張式慧攝）

她頂下經營已有四十多年。王麗珠的二兒子郭信宏，幼稚園跟著家人搬來柑仔店，小時就有熱絡的人群相伴，郭信宏說，「以前就是長這樣了，喝茶喝點小酒配點東西這樣子，店裡亭子都有人，工作回來啊，因為我們這邊做塗水的比較多，有些沒班的就在那邊休息一下啊，吃個東西啊，或做田的，有時忙完就在這聊天啊。」老人做議量四色牌娛樂也從以前延續至今，郭信宏說工作休息的牌友們會到柑仔店看看有沒有人，沒人就會進來問一下有沒有人在。四色牌通常早上玩，中午都會回去吃飯，下午再來看看有誰來，有時玩很久，有時一下就結束。顯眼的亭仔腳裡熱絡的牌桌，增添中老年生活樂趣的小賭也招來執法關切，「警察也會抓啊，兩桌就抓，會看啊，最早以前不會，現在抓賭博，」郭信宏說。到了一九六〇年代中，生活中增添了電視娛樂，當時庄內電視還未普及，柑仔店的中古電視機前擠滿了人，王木琳印象深刻的是看美國電視劇《勇士們》與卡通影片，王麗珠說，「厝邊來柑仔店，就像現在你們看電影那樣，開始播就會圍過來。」

熱鬧的地方吸引人群與孩童，以前柑仔店前各家孩童嬉戲，大人玩剖甘蔗時，小孩子就等在旁邊撿甘蔗來吃。甜甜的滋味還有「金含仔」，一種硬硬的球形糖果，咬不動要含在嘴裡融化，古早的柑仔店裡只有賣這種糖果。「麥芽膏這種高級糖，柑仔店沒賣，」王木琳說，「只要你討得到錢才有可能去柑仔店，你若討無錢，就看人吃，看人吃金含仔就說給我食一喙（吃一口）。」人群聚集的柑仔店，商家以及群眾隨時的注意照看，也具有社區鄰里兒童安全守護的功能。下浮洲清山柑仔店的王麗珠說，「看孩子覕相揣（捉迷藏）、跳索仔（跳繩）。」從小就得幫家人顧柑仔店阿鈴說，「小孩子都會跑到柑仔店門口玩，就一個小亭子而已，小時候覺得它好大，現在回去看就覺得它好小，在折疊桌寫功課，用橡皮筋玩跳高。」郭信宏回憶，「我們小孩都在這（亭仔腳）玩啊，跑來跑去啊，捉迷藏，玩一大堆，都我這個年紀的差沒幾歲，玩到晚上九點，小時候很自由跑來跑去大家都認識，都知道是誰的小孩，也都很熟。」

柑仔店不僅提供了鄰里家庭的生活必需，也見證了臺灣器物的演進，早期社子島柑仔店販售的花生油、醬油、米酒裝在甕仔（口小身胖的大陶甕）裡，用科（舀）的一觳一觳賣，以一觳多少錢來算錢，或以買一塊、兩塊、五角錢來計算。「去柑仔店買一觳豆油回來」王木琳的家人會如此說，於是就拿一個破碗去裝；「或是隨便一個矸仔（瓶子），柑仔店有個漏斗。」阿鈴說。舀的器具也一直改變，王木琳媽媽的時代用鱟科仔來科，用鱟魚的殼來當勺子；王木琳兒時則開始用木勺來科，之後罐頭開始普及，柑仔店就用竹子插著罐頭作為勺子，而後才有鐵製的鐵觳仔。回憶起以前一觳一觳賣燒酒的阿葉姐說，「以前這樣舀趣味趣味！」

雖然油、米酒、醬油已轉為瓶裝的方式販賣，但這種批發進貨再分售的方式保留了下來，依舊是現今社子島柑仔店的特色之一。餅乾零食的量販價格是柑仔店的優勢，其品項是便利商店所沒有的。位於浮汕的李萬美商行由七十多歲的老夫妻經營，女兒李小姐說，「這對客人來說是比較划算的事情，進大量都用秤的，這也是便利商店無法取代的地方。」，

李萬美商行

李萬美商行店前空地與福德宮的茶桌仔是老人聊天聚集的地方，中間相隔延平北路九段，此路段已變得狹窄少車，更顯寧靜。（張式慧繪）

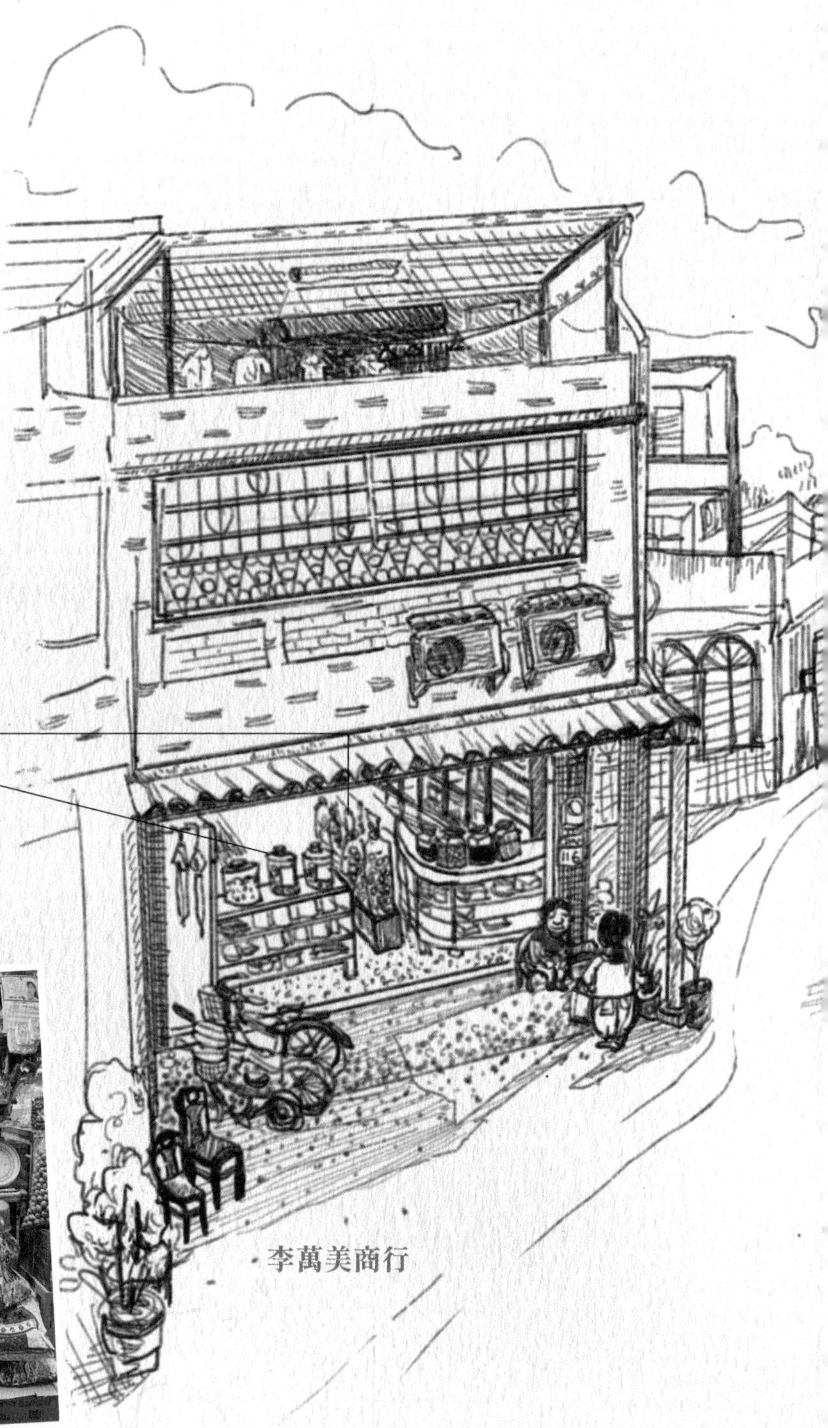

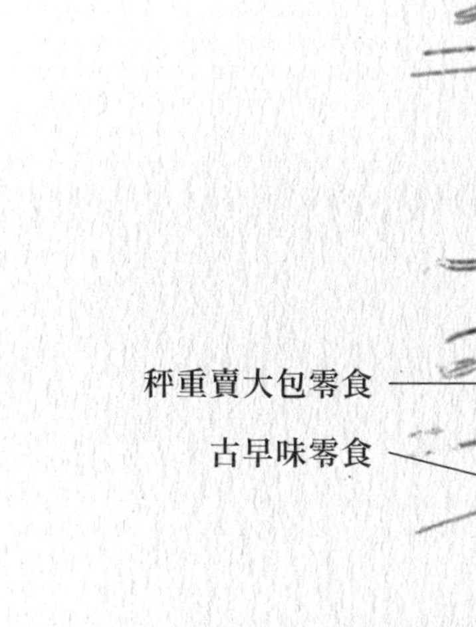

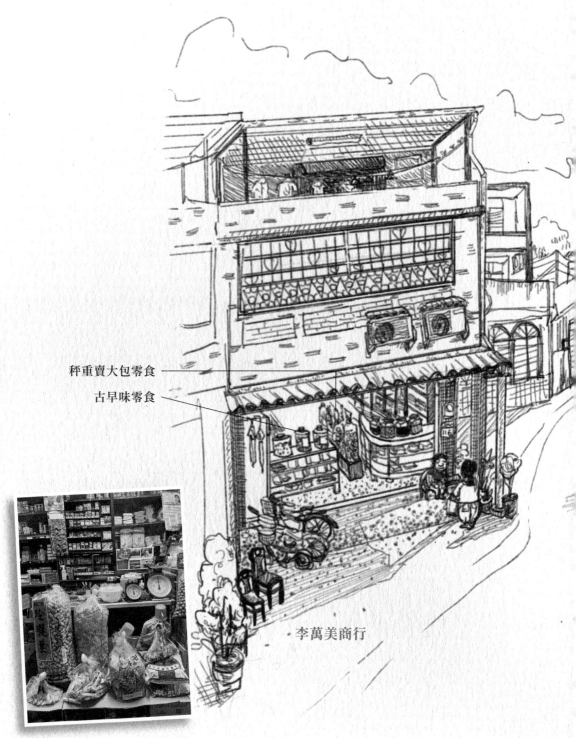

李萬美商行內，可秤重購買的零食。（張式慧攝）

大袋大袋的蝦餅、番薯餅、玲瓏果、糙米捲、圓餅乾、龍眼乾、瓜子、蠶豆等都是秤重賣，另一種則是批來補充在塑膠圓筒盒的古早味商品，如辣魚乾、話梅、麥芽梅心棒棒糖、桃酥等，為了保持貨品新鮮度，炎熱季節過後柑仔店就進貨更多的零食可供選擇。

賣批發慣了的阿葉姐說，「聽說七段開一間還是八段開兩間，他們都說很貴啦，這麼貴誰要買，就學生啦，開在那給海專以及中小學生，加減有影響啊。」二〇二二年連鎖便利商店終究在社子島開張了，三月延平北路九段的威靈廟對面空地進駐了7-ELEVEN行動車、六月全家便利商店在延平北路八段設立了「社子島店」、十月7-ELEVEN「社子島門市」在海洋大學校門口正對面開幕；除了停駐在空地上的行動車，兩間便利商店門市的原店址就是柑仔店：全家便利商店「社子島店」的店面原是溪砂尾的「和信興商店」，7-ELEVEN「社子島門市」的店面原是浮汕的「興隆平價商店」。可見便利商店選址的考量為聚落熱鬧的地段，商店聚集、柑仔店服務人群之處；詢問社子島經營柑仔店的長者們決定收店的原因：年邁的經營者過世、體力不濟，兒孫不願意接手營運。

距李萬美商行約五百公尺處，是7-ELEVEN行動車，再過去五百公尺就是全家便利商店，李萬美商行老闆娘說「有啦有影響」，老闆說「加減（多少有一點）」，女兒李小姐則認為，「便利商店會做活動多多少少影響夏天飲料銷售量，比較精打細算的人，就可能會騎車去那邊買，那裡有買幾送幾的活動，」也補充道，「雜貨店沒有科學統計，不是像收銀機可以統計今天營業額多少，都是憑感覺，感覺收入有減少，沒有很精確地說減少多少，但多少稀釋掉我們的客群。」便利商店的競爭在近一年發生，但在此前柑仔店的經營者已經感受到消費模式、人口數與人口結構等種種影響，社子島的柑仔店老年經營者採取「老歲仔就像顧厝」的態度。王麗珠說，「老人加減顧，沒什麼事做也是閒著，以前生意比較好，大家會在這裡買，現在大家會去外面買，只有熟客才有來。」而李萬美商行的閉店時間從十二點改到十一點，之後又調整到十點半，老闆娘說，「因為房子不能蓋，禁建啊，年輕人都到外面去住，這裡都是老人。」年輕人減少也就少了半夜消費的族群，老年人又逐年老化與減少，「老人生病不能出來了，有的已經回去（過世）了，人變比較少。」老闆娘說。

雖然老人減少，李萬美商行還是致力照看鄰里的老人家，每日約十趟以內的外送服務，送米、蛋、點心、飲料等等到長者家中，還有一位行動不便的長者會打電話給李老闆，請他幫忙買菜並一併外送柑仔店商品。位在浮汕的土地公廟福德宮的對面，李萬美商行經營超過五十年，從阿嬤那一代傳下來，李小姐高齡的阿嬤還是常坐在柑仔店門口，來去的熟客時而圍聚招呼聊聊天。延平北路的另一邊，福德宮前的茶桌仔是浮汕老人每日定時聚集的場所，還能行走的、坐輪椅的，加上外籍看護、時而走進走出的鄰居們，甚至騎車來聊天的社子居民，前後加起來近十位固定早上與下午湊在一起，李萬美商行的李老闆也過去對邊聊天，「這邊會有屋簷，比較有空位，不過主要還是坐在對面，我覺得這裡是老人家聚集的場所，算是一個公共場所。」李小姐說。

李萬美商行商品多樣、新舊並陳，女兒李小姐週末幫忙家裡顧店，平日外出工作，在外

李萬美商行（張式慧攝）

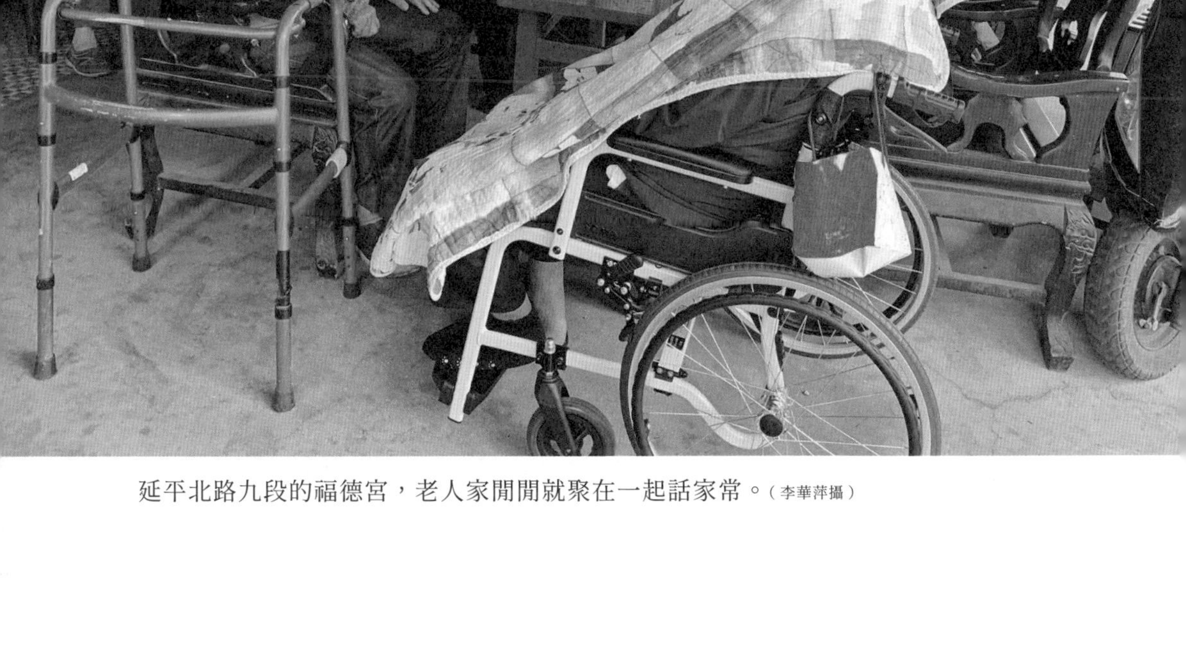

延平北路九段的福德宮，老人家閒閒就聚在一起話家常。（李華萍攝）

消費就留意廣告，並建議父母進一些新的東西到自家柑仔店。有著古早臺灣味的李萬美商行，店內靠牆四組深色美麗的高大實木櫃，店門口玻璃櫃擺放了舊時零食糖果，吸引騎腳踏車悠遊社子島的外來客消費。更特別的是店裡還販售東南亞的進口商品：好幾款印尼泡麵、椰奶、印尼咖哩、印尼巧克力等等。李小姐說這起因於一次進貨附送的印尼泡麵贈品，多的就放在店裡銷售，有位客人發現是自己喜愛的印尼泡麵就買了，腦筋動得快的李小姐想到很愛來買蝦餅與臺灣小東西的外籍看護，便配合兩種客源需求，印尼商品果然有了銷量。之後還有外籍看護請託想要的商品，李小姐開始尋找採購通路，商品的種類就跟著增加。不過李小姐的嘗試並非都成功，例如設置的租書箱只租出去一本，「爸媽觀念比較保守，會覺得占空間，後來為了放別的商品就收攤了。」雖然如此，柑仔店因為年輕人願意改變的活力，讓李萬美商行看起來更有朝氣。

七十年來居民記憶所及的年代，社子島聚落裡的柑仔店開了這家又關了那家，甚至連柑仔店殺手便利商店也進駐了，歷史隨著社子島轉變未曾斷裂，長者與中生代依舊努力延續這種親近的鄰里關係。

3 上工上課快食族

「我們這邊以前很鬧熱，小孩很多，那邊空地有戲臺有搬歌仔戲，很多人買東西吃，老人也愛看，那時我才是小女生，還沒嫁人。」阿葉姐回憶道。昔日社子島溪洲底聚落位於水陸運交通節點，人群聚集商業發達，有著許多柑仔店、泡茶店、水果攤、各種小吃攤販，「以前賣吃的很有生意！」八十四歲的陳麗如說。聚落的泡茶店和柑仔店做務農人歇息的生意，戲臺旁的小吃攤則是迎來孩童、放學的學生以及來看戲的人群。

「戲臺」前是小吃攤聚集之地。位於溪洲底最熱鬧的店仔口一〇七巷，皇宮戲院向陳麗如家租地蓋戲院，木造的戲院有二百坪大，皇宮戲院一開始演歌仔戲，後有一陣子生意不好休息，之後改播電影，新片舊片都有，也租人拍片。陳麗如回憶道，「社子有一間是第一間，我們這邊是第二間，浮洲、八段、海專的人都走來這邊看，那時沒車也沒公車，大家都走路來的。」散場戲更是熱鬧，最後十分鐘、十五分鐘左右戲院會大門敞開讓人進去觀賞，一群孩子就蜂擁去看「戲尾」。老一輩在地人稱皇宮戲院「戲臺」，在戲臺前還有一個兩層樓高的「小戲臺」借人上演屬於機動型、路邊規模的戲，可以搬歌仔戲、演布袋戲、放電影等等。戲臺前的空地鋪上了水泥，白天聚集玩耍的孩童，在地上畫線跳啊跆（單腳跳）啊、玩釘干樂（打陀螺），晚上則滿是小吃攤販、學生與人群。「很少有一塊空地給小孩子玩對不對，較凊彩（比較隨興）」，陳麗如說。陳家的空地就隨意給孩子去玩，也大方讓攤販來賣小吃做生意。

陳麗如手一揮指著家前畫滿停車格的水泥鋪地說，以前擔仔（攤子）都在這裡賣，由戲院一路排到巷口。各色各樣的擔仔，有人力推車的擔仔、有人挑著的擔子，或載了幾個籃子、幾個箱子就來賣了；傍晚小販搖著鐵片響板，鏘！鏘！鏘！鏘！在鄰里裡敲響，沒見著擔仔但聽到聲音就讓人嘴饞了；擔仔的小吃也是各樣，豆乾糋（炸油豆腐）、麥芽膏糖、菜頭、貢丸……，陳麗如說，「放學回來肚子餓就出來吃了，大人問你要吃什麼？米粉湯啊、油炸粿（油條）、豆奶（豆漿）、剉冰、甜不辣攤啊、什麼攤什麼攤的、什麼都很多！」

四十年前生意不佳的皇宮戲院收掉後，當年陳家用七十萬買回了皇宮戲院的「房子殼」，也讓戲院抵掉所欠地租，戲臺裡面的器材已經搬空，移往大稻埕的大光明戲院一帶，另開張新戲院落腳。少了戲臺的人潮，陳麗如回憶，小吃攤販仍繼續在空地擺攤，直到學生放學不再往這裡來、溪洲底的孩子長大外移後，擔仔就散去了。

如今社子島小吃店多聚集穿越溪洲底、溪砂尾、浮汕的延平北路七段、八段、九段，小吃攤、便當店、快炒店專營午晚餐，讓小型工廠倉儲、大專院校等快食族能填飽肚子上工上課。

阿娟米粉湯位於溪洲底店仔口，面對著時常有大貨車進出的延平北路七段一〇六巷，以及居民每日通勤公車的延平北路七段。阿娟的阿公在一九六〇年代時便在這個路口經營食攤，招牌菜芋頭蒸排骨遠近馳名，前來皇宮戲院看戲的男女老少都愛來這裡解饞，日復一日，這個家族見證溪洲底聚落的產業變遷。

阿娟米粉湯

阿娟阿娟有佇咧
社子島的一蕊花
喂！米粉湯一个

溪洲底的店仔口
攤頭擺佇正路口
阿娟親像放送頭
喊叫人客內底坐
案內（gâu-àn-nāi）人客伊上敖（gâu）

阿娟楊家第五代
囡仔飼大無煩惱
決心大鼎點予著（tioh）
店內定定人客滿
這攤毋驚人吃倒

夜晚仍燈火通明的阿娟米粉湯（王麒愷攝）

（張式慧繪）

米粉湯是好厝邊
地方消息攏這集
二十年的好滋味
阿娟伊也無謙虛
因爲食材有夠青
口味實在感動天

有時情緒澎湃時
遠遠就會聽著伊
「阿！你是咧哭枵（iau）喔！」

一九八〇年代後臺北市快速的工商發展，讓社子島吸納愈來愈多製造業工廠。二〇〇三年開張的阿娟米粉湯，上門的客人許多是來自浮洲一帶工廠的勞動者，因此店內的菜色諸如米粉湯（二十五元）、滷肉飯（二十五元）及黑白切，即是以「俗閣大碗」的經營理念服務在地，在地客人各個黏著度極高，用餐時間必來造訪。

阿娟名叫楊麗虹，家族世代居於溪洲底，今年六十六歲的她，在店裡忙碌起來依然姿態麻利（敏捷俐落），見到熟客不需等到對方多說，就能將料理妥當地放置在客人面前。阿娟的先生退休後也時常在店裡幫忙，相對於太太的洪亮嗓門，先生則是沉默寡言。他的家族位於距離楊家不到五百公尺的中窟，兩人自幼即相互熟識，阿娟在貌美如花的二十四歲之際嫁給了夫婿，她笑說自己「嫁袂出社子島」，話題至此總滿臉潤紅。

這間小店是阿娟第一次創業，她婚後好一段時間是全職家庭主婦，小孩子陸續長大出外工作，才有了開店的念頭。米粉湯是店裡的第一道料理，這尋常不過的家常菜由大骨熬煮湯頭，加入手工製作的米粉條，再放上油蔥酥及芹菜珠提味，成了小店故事的起點。阿娟承襲阿公的好手藝，而且每天堅持使用最新鮮的食材來烹煮菜餚，每當問她為什麼有自信從一位家庭主婦成為米粉湯店老

左：店內一隅，表達對開發案的心聲。（王麒愷攝）
右：繼承阿公好手藝、性格爽朗的阿娟。（王麒愷攝）

闆，她的回答總是：「只要食材有夠青（新鮮），毋免刀子師（總鋪師），料理自然就會感動人。」

阿娟爽朗的個性與好人緣常常吸引厝邊來店裡小憩聊天，每到年終尾牙，阿娟會準備刈包和鄰居好友分享，銷魂的滷豬肉夾著酸菜撒上花生粉是一年一度的隱藏版料理。阿娟的犀利幽默也累積了一票死忠老顧客，這裡是地方消息的集散地，無事逃得過阿娟米粉湯，眾人聚在小店裡此起彼落的聊天歡笑，是今日溪洲底最熱鬧的風景。

面對即將讓溪洲底產生劇變的社子島開發案，阿娟說自己雖然書讀不多，但無道理的事總會出來講幾句。她偶爾會在店裡邊煮米粉湯邊和客人聊開發案，憤恨不平之際，阿娟會扯著嗓門說：「開發案若弄落去，未來無一定連在地人攏住袂起社子島！」（開發案如果進行下去，搞不好連在地人都住不起社子島）面對未知的將來，這攤佇立在十字路口的米粉湯小店又將見證些什麼？小店裡的牆上貼著臺北市長柯文哲的照片，照片上寫著「連這麼白賊的話都說得出口」，每個來大啖米粉湯的客人，抬頭總會看到這張諷刺性十足的照片，這是阿娟堅持又犀利的抵抗。

（本節文字／王麒愷）

拖板車上的海院食堂

市政府的說明會上，有位行動不便的先生坐著一臺拖板車來到現場，手上套著拖鞋來推動前行，時而觀望時而滑入，在人群中敏捷流利。他是蕭木德，今年六十八歲的他，在延平北路九段的臺北海洋科技大學對面經營食堂已經超過二十五年。他回憶剛開店時，日、夜間部的學生加起來有一萬餘人，夫妻倆每天至少要包一千多個便當，店內還請了七、八位工讀生，那時候左鄰右舍都經營著服務學生們的食堂或雜貨店，每逢下課時間總是人潮滾滾。

來到社子島生活其實是一場機緣，蕭木德出生在南投草屯，面對這個先天不完美的身軀，他父親一路以來都鼓勵他「腳不方便沒關係，你還有一雙手。」在家人的支持下，他鮮少為此感到挫折，反倒養成積極的人生觀。求學期間，蕭木德在南投當地的加工廠工作，他的手工藝技術相當純熟，高中畢業後經人推薦來到了浮汕一帶的工廠接續本行，當時工廠的業務主要將天然的貝殼加工成戒指等飾品後外銷各國，以他的手藝，很快就成為老闆信賴的員工。後來老闆為了開拓其他投資事業，便將工廠交由蕭木德管理，底下有員工四十多人，同時另有新莊、永和及基隆等代工站，那時候有位女孩子負責接洽事宜，兩人時常接觸，日久生情，後來成了蕭太太。

來到社子島工作，在工廠裡認識未來的牽手（妻子），蕭木德就此在社子島落地生根。然而時代的巨輪給了這個看似幸福的故事一段小插曲。一九八七年在美金持續對臺幣貶值的

（張式慧繪）

情況下，臺灣加工出口的優勢逐漸受到挑戰，當時蕭木德工廠的訂單讓東南亞國家搶去不少，而老闆的多角化投資一時之間難以回填本業的損失，那年，工廠收起來了。往後這段期間，蕭木德憑著過去的人脈獨立接單勉勉強強做了十年，但產業榮景不再，後來在太太的提議下，決定在自家附近開設學生食堂，當時尚未改名的臺北海洋科技大學的眾多學子，讓他們看見了可能。

當地人仍習慣稱為「海院」的這間學校，對延平北路九段的社子島人來說，曾經相互依存著。一開始蕭木德和太太經營的是自助餐店，儘管忙碌，他們對於來店裡打工的海院學生視如己出，蕭太太燉煮麻油雞或豬肝湯讓有月事的學生補身，大家就像一家人那樣。蕭木德提到，當時在店裡打工的學生至今還有幾位和他們保持聯絡，有的每逢中秋都會寄柚子給他，有的時不時就會來探望，他笑說：「以前的學生比較惜情吶。」

蕭木德的太太在二〇〇四年因氣喘發作逝世，這件事讓他有段時間意志消沉，少了太太的協助，自助餐店再也難以張羅。後來在兒子的陪伴及協助下，蕭木德重啟食堂的生意，品項回到單純的炒飯炒麵，每天一早固定起身備料，在中午及傍晚兩時段販售，也會跟著學生一起放寒暑假，這個小店面的熱絡讓蕭木德慢慢找回生活的重心。

身為社子島資深的移住居民，蕭木德深愛這塊土地，他認為這裡緊密的鄰里關係是臺北市不復見的人情味，居民晚上甚至不鎖門也不必擔心安全。如同許多世居於此的島民，蕭木德並無持有他所居住及工作所在地的土地產權，對他而言，柯文哲主政下的這場區段徵

海院對面開設了7-ELEVEN，蕭木德的食堂就在隔壁幾間。（張式慧攝）

收遊戲他連入場票都沒有。蕭木德後來經常出席相關會議，儘管行動不便，但他認為：「我得繼續關心，這裡和我一樣的人太多了。」

二〇一三年海院校本部自社子島移至淡水校區後，島上的學生數量逐漸減少，學校對面的食堂及雜貨店如今剩沒幾家，盛況不再。二〇二二年九月，隔壁裝修的小卡車忙著清運，來回在他的店門口徘徊，上貨下貨聲響不斷，「那是7-ELEVEN在裝修，要開張了。」「我不擔心影響啊，各做各的生意」蕭木德微笑說。年過六旬的蕭木德，生活並沒有因此鬆懈，業餘時他會到單親家庭互助機構擔任志工，他常說自己一路以來接受過許多人的協助，如今他也要回饋給更多需要幫助的人。而熱愛生態環境的他，在木柵萃湖的生態池擔任講解志工，也在家裡培養許多原生植物，過去只要有空，總會和太太一起出門到野地賞鳥，如今他仍持續著這項興趣，或許看著那片熟悉的土地，也是對太太最真切的思念吧。

（本篇部分文字感謝張亞喬、王麒愷的貢獻）

（李華萍攝）

第五部
社子島的產業

文字／張式慧

1 農業產銷

漫步頂浮洲，王菁茹熟練地指出過往家家戶戶的水池位置，種菜賣菜沒有往年盛了，水池大多拆除。在王菁茹的阿嬤那一代，家前皆有個磚砌的四方水池，水池是用來洗菜跟浸泡葉菜用的，若是下午割的菜，晚上就浸泡在水池中，這樣白天才會活挺起來，也才能販賣。

王菁茹邊走邊說這家的阿嬤以前也去北投市場賣菜、那家也是、那家的水池是在這、有多大等等，也記得過往哪家後院有養豬、哪裡是大豬寮，「這片鐵皮工廠以前是豬寮，是白磚喔，不是紅磚，我印象非常深刻，豬寮後面整片是農田、地瓜田。」「這些水塘我小時候就有了呢，現在還有人養魚釣魚。」過去浮洲與北投來往密切，蔬菜、肉品、漁獲橫跨基隆河以水運至北投市場販售，王菁茹的阿嬤帶著菜到碼頭搭船至對岸，再請人力車拉到北投市場；到了王菁茹的媽媽那一代，陸運取代了河運，就與親戚共叫一臺小發財車載往北投市場，王菁茹記得小時候過年都得去北投市場的攤位幫忙，從舊市場一直賣到新改建的市場。基隆河一岸的社子島農人與對岸北投的八仙熟稔，渡口船隻往來密切；而靠淡水河一岸，社子島農人過往的田地延伸至對岸蘆洲、三重，農家擁有工作船，如居於浮汕的李先生記得兒時與家人划船至對岸幫忙種菜、割菜，家裡的菜與其他農民一起在晚間集中運往淡水河五號水門外的中央市場蔬菜批發，以秤重的方式販售給大盤商。

一九八〇年代，位於浮汕的農田。（圖片來源：柳志昀）

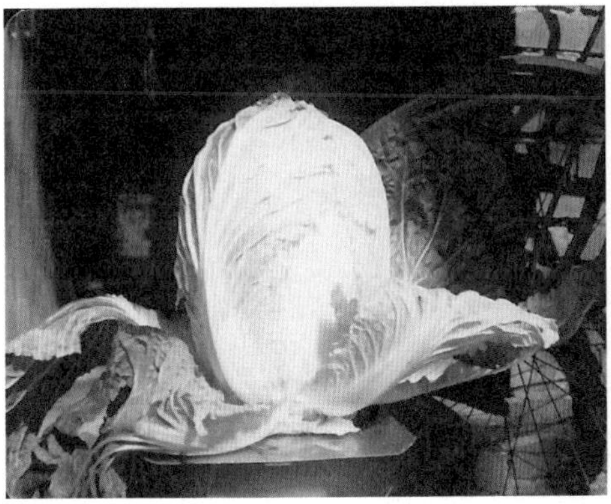

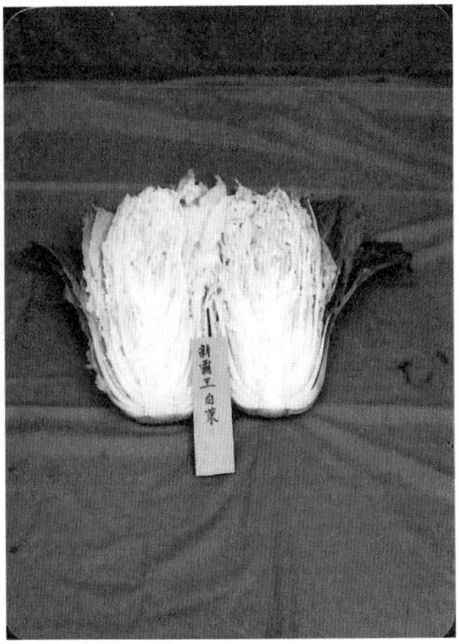

一九八〇年代，農民自行為蔬菜拍攝型錄。（圖片來源：柳志昀）

根據《臺北市瑠公農田水利會會史》所載，社子島沖積土層深厚、土壤肥沃且地勢平坦、易於耕作，位於臺北市郊且交通便利，以生產蔬菜為大宗，共有八百七十八戶農戶，供應量約為每日五十至一百公噸，對臺北市蔬菜市場供需的調節頗有貢獻；但從一九七〇年代開始因地層下陷，社子島土壤遭潮水侵入，常數天不退，耕地遭受鹽害，影響蔬菜生產。為解決此問題，一九七五年臺北市建設局規劃社子島為蔬菜專業區，交由瑠公農田水利會改善噴灌排水設施，一九七七年工程完成，設立「社子島工作站」管理相關事宜。[1]

臺北批發市場中的外縣市蔬菜量逐年升高

向社子島在地農民問起大臺北市場蔬菜產地，他們會告訴你：以前社子島供應了大臺北市場三分之一、甚至一半的蔬菜，但是高速公路通車後，中南部的菜就占了市場大部分，此為一貫的說法。然而以統計數據來看，大臺北以外縣市蔬菜市占率高的原因不只是高速公路通車，也與交通工具演進、規模的批發管理制度有關。

依行政院農業委員會《臺灣地區農產品批發市場年報》統計，早在一九七四年中山高速公路部分通車、一九七八全線通車前，大臺北以外的蔬菜就已藉

1. 臺北市瑠公農田水利會，《臺北市瑠公農田水利會會史》（臺北市：臺北市瑠公農田水利會，一九九三）。

由卡車經省道運來臺北，一九六六年最早的統計，臺北市的批發市場中，來自大臺北以外的批發蔬菜就高達八萬二四七二公噸（表一），占臺北市蔬菜批發量的八成一（表二）。其中原因為運輸工具的演進：機動性大、隨裝隨運的卡車逐漸成為主要的蔬菜家禽運輸工具。一九六八年中部主要蔬菜集貨市場（員林、永靖、溪湖等）運往臺北市所用的運輸工具中，卡車占了百分之九十四，火車僅剩百分之六，[2]快速又方便的公路運送逐漸取代鐵路運輸。其後，一九七四年十二月一日位於臺北西寧南路的舊中央市場關閉，東園街新建的第一果菜市場開始營運，將暫遷至五號水門外的蔬菜批發攤商收束到該市，並由「臺灣區果菜運銷股份有限公司」（現臺北農產運銷公司，簡稱北農）經營，一九七五年開始營運後的第一年統計之批發量成長十分顯著，大臺北以外縣市的蔬菜批發量從前一年（一九七四年）的十萬七九六二公噸成長至一八萬二三九三公噸（表一）。

北農建立更具規模的批發市場與管理制度，再加上高速公路沿線陸續通車，使來自大臺北以外的蔬菜批發量（表一）及批發百分比（表二）逐年升高。這批大量的蔬菜日趨從批發市場進入消費地市場（傳統市場、零售商店）販售，讓只批菜去消費地市場的社子島農民感受到中南部菜量大增，認為是高速公路通車的影響。

大量外縣市蔬菜進入批發市場，影響當時社子島的菜價與菜量。李先生的家

2. 許文富主編，《臺灣農產運銷發展史》（臺北市：中正農業科技社會公益基金會，二〇一六）。

表一　臺北市批發市場蔬菜供應來源縣市：1966-2021

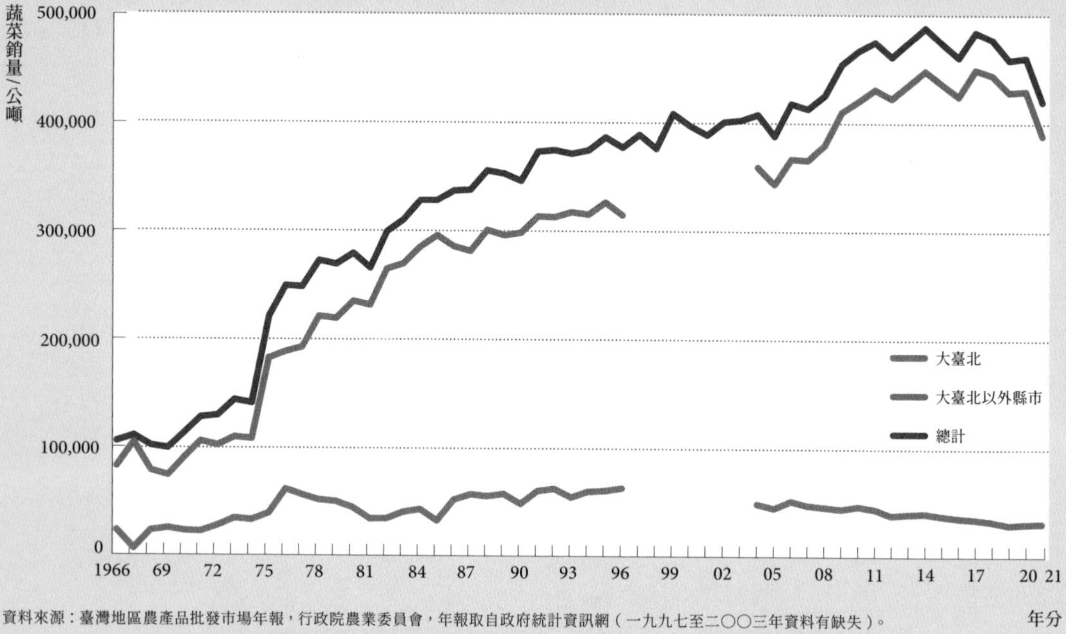

資料來源：臺灣地區農產品批發市場年報，行政院農業委員會，年報取自政府統計資訊網（一九九七至二〇〇三年資料有缺失）。

表二　臺北市批發市場蔬菜供應來源縣市比例：1966-2021

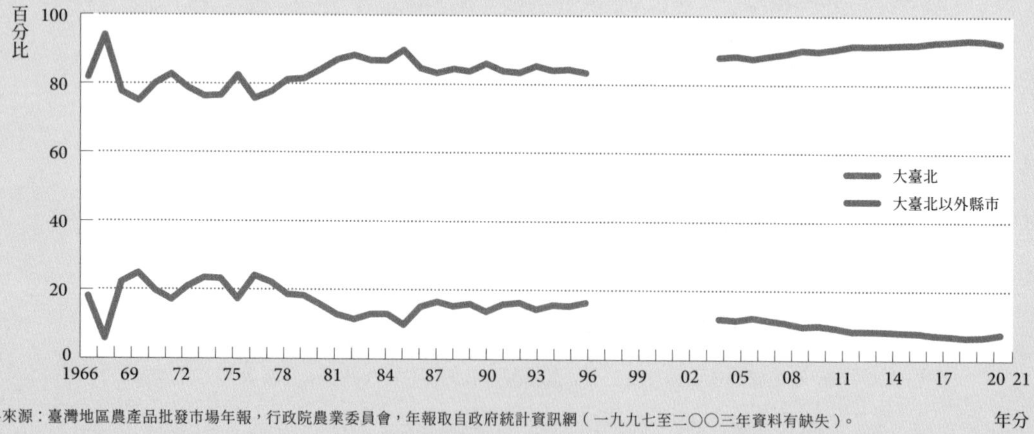

資料來源：臺灣地區農產品批發市場年報，行政院農業委員會，年報取自政府統計資訊網（一九九七至二〇〇三年資料有缺失）。

族務農也兼盤商，在中央市場裡有一個攤位，「以前我們的菜銷臺北市很好賣，價格也賣得上去，民國六十五年中南部菜上來，量多的話價錢就不好。」李先生也提到家中種菜的面積因應市場銷量而減少，收入也受到影響，「我們地小、工資貴，比不上中南部，就漸漸收起來了。」而在社子島農業受外縣市批發蔬菜影響的同時，另一個市場需求也出現——工廠、倉庫。農地上開始出現了鐵皮屋，李先生家的農地、王安祥家的其中一塊農地也開始租人蓋廠房了。

現在大臺北批發市場超過九成外縣市蔬菜的狀況，是否對社子島的農業造成影響？小蘭家裡是以「農民直銷」方式販售，在市場擁有攤位並只賣自家菜，她說「（中南部的菜）多多少少有點影響啊，怎麼可能沒有」。小蘭家以前在環南市場賣，後來改在濱江市場，就這樣走過影響最大的那段時間。王安祥則認為盤商收菜的交易價還好，沒有太大波動，「現在一般我都直接拿去交，反正我也沒有差啦，直接給人家去賣，他賺差價這樣。」王安祥割菜交付給盤商賣，盤商算市價，也沒把價格算低過。雖然菜都賣得掉，價錢也還行，收的菜量卻減少了。

臺北傳統市場的蔬果銷售量減少

除了大量臺北以外的批發菜，消費習慣的改變：超市購物，線上購物等其他通路，也影響傳統市場的銷售。依據臺北市政府主計處的「臺北市公有傳統零售市場」統計，傳統市場果菜攤數量，從二〇〇〇年開始就持續下降，從三千攤跌至二〇二一年的一四六九攤（表三），社子島農民也說，傳統市場盤商的收菜量，這二十年來也下降，顯示傳統市場蔬菜銷售量近二十年來呈下降趨勢。雖然攤商近二十年逐年減少，同時臺北市蔬菜供給量卻逐年上升，據《臺灣地區農產品批發市場年報》的統計，臺北市近二十年來蔬菜批發供給量持續增長（表四），從三十七萬公噸成長到四十三萬公噸；換句話說，臺北市民對蔬果需求並沒有減少，應是市民的消費行為改變，從傳統市場轉向其他通路。與母親一起種菜的青農阿義說，以前一甲地的產量能把一臺小發財車裝滿，一天賣六、七百斤菜，後來也還是可以賣兩百多斤，現在三個盤商收菜，各收三十斤，一天需求不到一百斤了，「現在市場需求少很多了，去市場買菜的都是歐巴桑，年輕人都去超市買菜了。」阿義說。王安祥也感受到批菜量減少，「現在菜裝的是比較小籃，民國七十年左右，竹簍裝比較大籃，現在塑膠籃裝一百多斤就算大籃了，他（盤商）說小籃一點比較好賣，盡量是一百斤內就好了。」

傳統市場銷售量減少，「自己菜都賣不完了，還跟別人收！」小蘭說家裡年輕人不想太累，決定只種一樣，所以夏天種番薯葉，冬天種芥菜。夏日的凌晨三點小蘭就得戴著頭燈工作，一個人能採收七、八籃地瓜葉，一個黑色大塑膠籃的地瓜葉將近一百斤。社子島農民以種植短期葉菜為主，雖然銷售量不及以前，但還是認為在地新鮮現割的番薯葉、福山萵苣、空心菜、絲瓜等餐廳菜在市場上是很有競爭力的。「我們的地瓜葉比中南部運上來的

表三　臺北市傳統零售市場中果菜攤數量：1968-2021

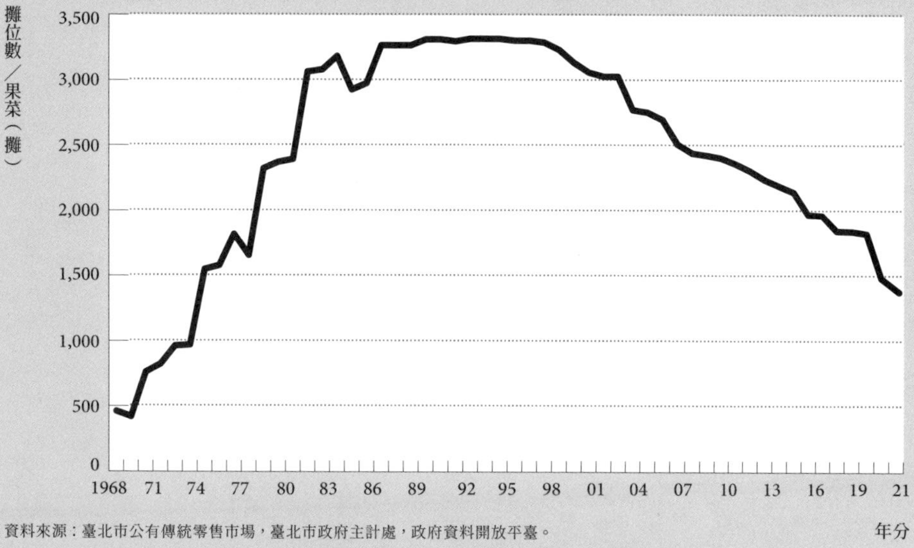

資料來源：臺北市公有傳統零售市場，臺北市政府主計處，政府資料開放平臺。

表四　臺北市批發市場蔬果總交易量：1968-2021

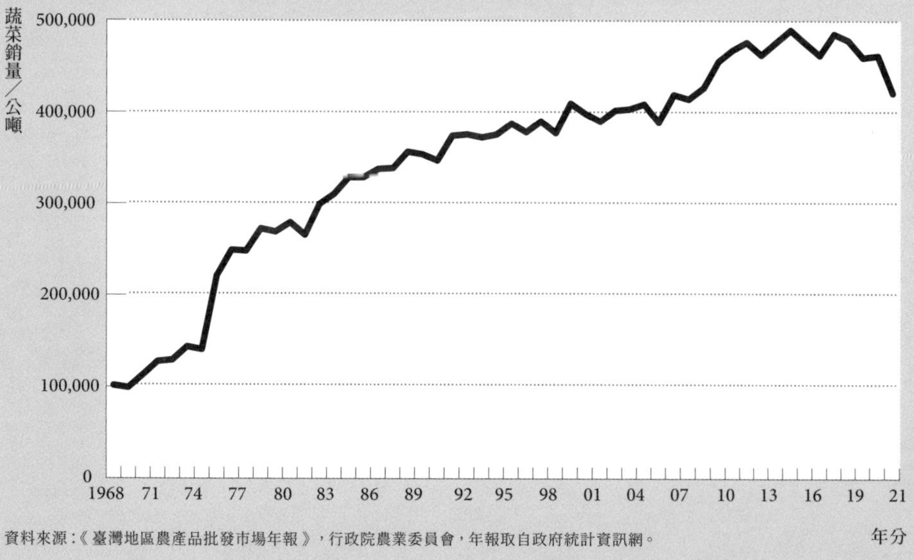

資料來源：《臺灣地區農產品批發市場年報》，行政院農業委員會，年報取自政府統計資訊網。

好吃多了，不知道他們放太久還怎樣，吃起來有豬屎味。」

行口運銷

社子島目前鮮少農會或合作社所形成的「共同運銷」，除了小蘭家這種採「農民直銷」運銷之外，社子島普遍的運銷模式是傳統的「行口運銷」：農民交貨給地方販運商（行口），地方販運商載運至消費地批發市場，再交貨給該地的批發商或零售商。王安祥與青農阿義的農產運銷就是這種方式。

「行口」用詞來自中南部，在社子島則是稱為盤商、「菜販仔」。王安祥交菜的菜販仔，以前就跟父親收菜，有著長年的合作關係，菜販仔依據市價抽二至三成作為運銷佣金，再批至萬華的環南市場。菜販仔與農民的合作方式大致是這樣的：農民必須讓菜販仔知道自己有哪些菜快可以割了、哪些菜快割完了、哪些菜已經沒有了，這樣菜販仔才能詢問市場小攤需求，例如「我現在有些什麼菜你需要嗎」；知道需求後，菜販仔會提前告知農民一兩天後要收什麼菜、割多少籃；之後農民交菜、過磅，菜販仔計算價格後收取佣金，再將收好的一卡車菜運至市場，批發給市場小攤；農民幾乎每天都要割菜交菜，不過如果市場小攤沒有向菜販仔提出需求，那農民與菜販仔就得等待市場的需求了。王安祥只對一個菜販仔，但也因為其收的菜量足而不需另尋別的菜販仔；而青農阿義的菜販仔收的菜量少，所以他

臺灣主要農業產銷模式（許博任整理）

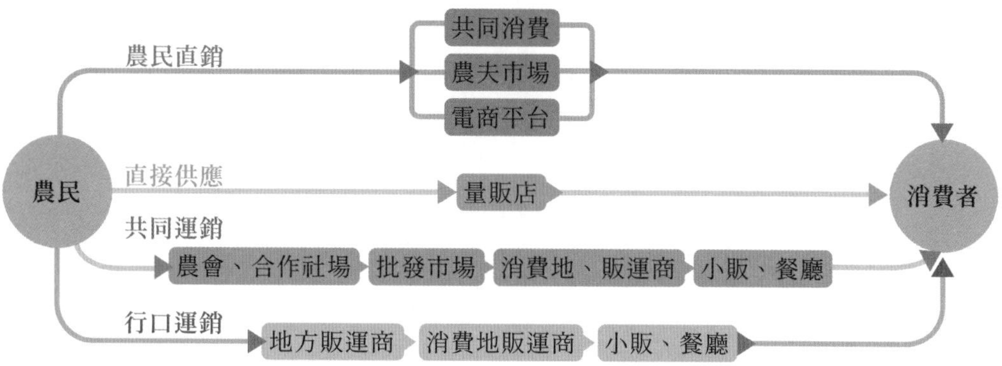

得對三個菜販仔，青農阿義的每個菜販仔通常都收三種菜，各收個十斤左右，所以三個菜販收的菜總共是九十至一百斤，每天的割菜量與王安祥的量相當。

青農阿義和王安祥都算佃農，王安祥耕作的還是三七五減租的農地，約四百坪，每年繳一次租金，跟媽媽阿可一起種，表哥有時來幫忙。阿可在邊間種些自己吃的、活動筋骨有益健康，王安祥也順便照看陪伴母親。青農阿義則種著父親以前的耕地，退伍後已經種了二十五年，阿義說，「地也是做一做人家討回去就要還給人家，例如這塊地的地主是誰我也不知道，以前有個老人給我老的（父親）做，老人死了，地主沒看過，地主是誰也不知。」因為不知道農地何時被收回，青農阿義說不敢花錢投資轉型有機農業或是搭棚溫室。

在社子島，大部分農民隨四季種傳統市場、

餐廳常見的葉菜，王安祥說，「你跟別人種不一樣的也可以啊，價格會高一點，番薯葉是大宗對不對，那就少錢了，像我堂哥阿焏種香菜（指生菜與香料植物），那個用公斤算，一公斤都一百多，那個就不一樣了，所以他認為種那個就可以了。」王安祥的堂哥阿焏，園裡種了超過三十種的香料植物與生菜，人稱「生菜大王」，主要有四個客戶，其中兩個是契作。

契約農業

炎炎夏日走進阿焏的生菜香草園，漫天的網布扯得平平的，一塊塊拼接、也有些層層疊疊，網布邊角綁得牢，田間走道插滿了灰色PVC水管支撐這個大帳，這天幕用來阻擋臺灣的烈日，唯恐底下的沙拉嫩葉被烤熟了。臺灣人飲食習慣改變，市場對生菜的需求增加，阿焏二〇〇三年開始嘗試種植生菜，想賣單價更高的作物，拿著自己種成功的生菜主動接洽了陽明山迦南水耕農場，讓對方不可置信，直道，「哇很漂亮啊，多種一點、多種一點。」迦南水耕農場之後便收購阿焏的生菜，也提供種子，成了阿焏生菜的第一個客戶。現在阿焏種的兩塊地，一塊是自有的農地，一塊是三七五減租的農地，田裡大部分的香草與生菜則提供給生菜蔬果批發商。一開始生菜蔬果批發商透過迦南水耕農場找到了阿焏，並表達合作意願，當時阿焏的農務只是兼職，還有朝九晚五的正職，早上忙到七點半就得換衣服趕去上班，直到傍晚五點才回來，無法提供大量的需求，曾婉拒多次，在對方不斷拜託增加菜量下，阿盆的弟弟阿德轉全職幫忙哥哥的農園，才擔下了需求。目前阿盆下午仍有兼職，阿德需要人手時就請太太跟孩子幫忙採收。生菜蔬果批發商會拿各種不同的進口種子給阿盆試種，光是芝麻葉就拿了幾十種的種子，包括野生的品種，最後試出社子島最適合種植與量產的生菜與香草。

與行口運銷不同，契約農業收菜價格不受果菜市場批發價波動，收菜時間也較固定，阿盆的客戶一週收兩次菜，阿德說契約菜價是「死豬價」，以契約約定價格，有時候人力支出、物價上漲讓阿德覺得應該要漲價了，就會跟哥哥說「是不是應該再談一下了？」，阿盆老回「啊，歹勢啦」，要跟對方提高價格，阿盆總覺得不好意思。契作契約的規定嚴格，社子島小田小農的特色，有時也不經意地造成了困擾。

社子島七成農戶的耕種面積約在一至二分之間[4]（一分約二九三坪大），緊捱著彼此，有些只壓著窄窄一個腳寬的帆布作個分界，不想多浪費一寸土。人關係緊密，兩塊田的農人互相問候、問你又種了什麼，但每個人耕種方式與習慣不同，小而密集的田，不同農法混在一起，持續溝通、有時退讓是必經的過程。生菜契作契約中規定，農民必須在採收期通過農藥殘留檢驗，生食的葉菜農藥檢驗又更為嚴格，阿盆輕撫著薄荷葉說，另一塊地的薄荷兩次沒通過農藥檢驗，一次沒過罰一萬五，當時覺得委屈不解，自己噴藥已是兩個月前了怎麼會又沒過，是不是衛生局檢驗有問題，後來發覺應該是隔壁種地瓜葉的農藥被風吹飄過來，沾到了田

4.《臺北市都市計畫書-變更臺北市士林社子島地區主要計畫案》（臺北市政府，二〇一六）。

右：阿德與阿益（張式慧攝）
左：阿益的生菜香草田，夏日搭起網布遮陽。（張式慧攝）

邊界的薄荷葉。阿益說社子島農田密集，有些農民習慣用電動噴霧器，沒辦法只有多注意了。

採收完沙拉葉工作還沒結束，還得人工整理、仔細挑菜，留下最好看的菜葉後才能過磅秤重。挑菜是一件費時的事，之前阿益請附近的農人幫忙，契作的買家不甚滿意，認為買來的分量「耗損很多」。保有農業社會的聚落、家人親戚還住在同個庄的社子島，清晨福安宮前的小寮子「廈浮洲活動中心」就擠滿了年長女性，矯健地挑著菜葉。採收需要「挑菜」的作物那一日，阿益四點多起來割菜，五點多阿德就載著一籃籃的生菜葉回到庄裡，「廟那邊有很多我們的嬸嬸啊、婆婆啊、姑姑啊、阿姨啊，早上就會來廟口的戲臺，像開會一樣，幫我們挑菜」阿德說，「我們今天早上就挑到七點快八點，早上我們挑芝麻菜，那比較厚工（費工夫）。」王安祥的媽媽阿可即阿德阿益的四嬸，也都會在那幫忙。

「挑菜」就是摘掉那些賣相醜的，例如外圍有點泛黃的葉子，整株挑完，美美的，但也只剩下一半的葉子與重量了，摘掉散落的沙拉菜葉，阿德說那些就拿去丟掉了，我們不吃這些菜，也不知道這怎麼吃，味道太嗆了。

鄰里間的農田

社子島的田地不是孤立的單元，是鄰里社會與經濟的連續體。鄰里間的農田讓農民有多元的銷售方式，可以賣菜給鄰居、外來客，也產生出社子島另一種運銷方式：「直接供應」。

[5]一般說的直接供應，是指農民直接提供農產給批發店，批發店再販售給消費者；不過在社子島，農民能直接供應的是零售店——柑仔店。

菜寮的主人阿農，在這片農地上種了八年，耕種的田地就在溪砂尾旁，離浮洲聚落也很近，居民要來菜寮子聚聚，騎著腳踏車、摩托車「唰」一下就到了，田旁的寮子不大但五臟俱全，簡單喝茶也能炊事聚餐，產地到餐桌是零碳排的距離。要是缺什麼，沒幾步路就到了住宅區，出巷口就是人車往來的延平北路八段，柑仔店、小吃店、便當店、手搖飲料店、理髮廳、機車行、早餐店、學校、農會、種子行、農具店等等，最近還開了全家便利商店，不怕一時要什麼買不到。外地來的客人，大街上有公車站，還有YouBike腳踏車。大家在這塊田裡聚會，可以感受到鄰里與街坊提供的安全感，放鬆喝醉還回得了家。

六到九月期間，除了菜寮戶外餐桌區的棚頂生了絲瓜，邊角有零星九層塔與辣椒外，地上剩下冬瓜，田裡休耕不種菜。其他月分，蔬菜是整整齊齊的軍隊，立正站好在阿農用耙子劃好的格子上，多少兵種、多少縱隊阿農清清楚楚，種子、施肥、農藥量很好計算，賣掉多少也明明白白。阿農的農產銷售途徑很多元，有固定合作的菜販仔、有時來湊足數量與菜種的菜販仔、鄰居直接來買菜、甚至碰過晨間來社子島運動的人買菜，還有賣給「寶媽食

5. 此非「農民直銷」，「農民直銷」指農民直接銷售給消費者，可能是由農夫市集、電商、共同購買等形式銷售，「直接供應」指的是農民不藉由販運商，直接供應農產給量販或零售業者來銷售。

阿農與幫忙割菜的菜販仔（張式慧攝）

菜販仔在過磅剛採完的福山萵苣（張式慧攝）

堂」。

寶媽、菜寮的常客、阿農都住在下溪砂尾，「寶媽食堂」就坐落在熱鬧的延平北路八段富安國小斜對面。寶媽可說是全能，寶媽食堂也很全能，裡面賣著團購、代購、五花八門的食品與用品，去年食堂還賣滷味、小菜、年菜、手作加工季節食品，寶媽網絡之大，鉅觀上做著各處華人的生意，代購多地的商品及全球宅配食品，微觀上是社子島在地人的柑仔店，兼賣在地小農與老人家的農產。「田中央」是寶媽給阿農那寮子取的名字，喚阿農「大哥」。寶媽都是騎著腳踏車來菜寮，車籃車龍頭總掛滿食材，每週三休息就來聊天煮飯，跟阿農熟了之後也幫他賣菜，賣了一些小農與老人家的蔬菜後，又招來其他聞風而至的「供應商」。

寶媽有固定合作的社子島小農，專門收番薯葉、空心菜等，「也不是這邊產比較多，是因為我們這邊的地瓜葉真的比較好吃，比南部的好吃」，並講好固定一斤的賣價，一年不變，零售時也維持固定的價錢，不論市價，寶媽說就算颱風豪雨菜價亂漲，寶媽食堂的小農蔬菜也不漲價。寶媽去菜寮跟大哥、寶蓮姐抬槓，一知道他們有多餘的菜，就熱心幫忙賣，「他們喔，到處送，我說拿去我這邊賣，我說你送歸送，也拿一些來賣，把種子的錢賺回來」，就這樣收購賣相好看的農作，「大哥你這高麗菜這麼漂亮，還拿去送人」，「大哥你絲瓜上有黑點再送人吧，好看的給我賣」；愛聊天、熱心的寶媽，聽到誰家有種波羅蜜但家裡老人不敢吃，要送人還被嫌臭就說，「你拿來我這邊，我這邊外勞很多很好賣」；聽到誰家養的雞鴨生的蛋吃不完，也說拿來我幫你賣吧。此後更多聞風而至拿菜來賣的居民，婆婆媽媽豆子吃不完也提來，茄子吃不完也拿來，也有老人家拖著一籃菜來，有時是一箱柚子，還有提一串龍眼的。「社子島種什麼我都有可能賣到！」拿菜來的居民，寶媽有些認識、有些不認識。

以一年約固定跟社子島小農批葉菜來賣，扣除耗損與沒賣完的，再加上有些顧客挑菜挑得厲害，不願意買不好看的，寶媽坦承利潤很低。但是寶媽還是想支持社子島的小農，需要賺的部分，就去批發市場進小農沒有的貨。對於幫忙賣菜的小農，寶媽說，「我會看啦，跟小農收貨，我會看他的生活，像大哥這種，我是不會賺他錢。」寶媽的熱心出自關心對方，是運用自己作為鄰里零售商的身分來照料需要的人。失去手指的手不如別人抓得牢，所以出更多力去握緊農具，阿農很精明，知道誰幫助了他，個性也強悍，不會讓人欺負。阿農談起有一位壓低農民收菜價在批發市場賺兩倍的菜販仔，說自己菜放在那爛掉也不給他賺；供應寶媽的蔬菜，阿農和寶媽銷價各半分，菜過磅完寶媽就支付了現金，阿農說他知道這是對他有利，名義上各拿一半，並沒有扣掉耗損與賣剩的，他是實拿了一半，但寶媽不見得賺得到另一半。

至於其他主動拿菜來賣的鄰里間小插曲，寶媽也很逗趣地說，「有時候我覺得老人家種的喔，他喜歡拿來，我就說好啊幫你賣，結果變成我到處送人，其實這邊老人家就是幫忙啦。」也有些老人剛把菜賣給食堂，就立刻買了店裡的東西，算是互惠的意思。

鄰里間的經濟規模雖小，但人與人之間的網絡建立起情感，補足了大經濟體的闕如，不以最高利潤為目的，讓在地小農、少量多樣的生產者、長者也加入經濟活動，除了照顧，也是肯定這些生產者的價值。

2 社子島農業的重要性

提供臺北市相當比重的葉菜花菜產量

社子島目前的農產運銷方式為：農民交菜給販運商、自行運銷至批發市場或傳統市場、契作形式運銷、直接供應給社子島的零售商四種，因此北農與士林區農會所統計資料無法反映全貌，直接引用北農或士林區農會的統計數據恐怕會低估社子島的農產量。[6]不僅如此，社子島運銷方式多元也易被忽略或低估產量，社子島九成為耕種小面積的農戶，其運銷方式除了常見的行口運銷外，還有像小蘭家於濱江市場自銷給消費者、阿益契作生產也兼賣給攤位與菜販、或是像阿農賣給菜販也供應柑

6. 二〇一六年臺北市政府的「變更臺北市士林社子島地區主要計畫案」之簡報，只引用二〇一五年士林區農會資料，提及社子島蔬菜年產量僅一一三二公斤。

表五　社子島農業利用土地，國土利用現況調查第一類農業利用土地

（二〇二二年十月二十七日更新）

資料來源：國土測繪圖資服務雲的電子檔圖資

社子島農業利用

農業總面積	農作使用				水產	畜牧	設施
	計	水田	旱田	果園			
106.39	104.21	0.00	98.59	5.62	0.00	0.37	1.81

單位：公頃

表六　2021年臺北市士林區葉菜及花菜類種植面積與產量

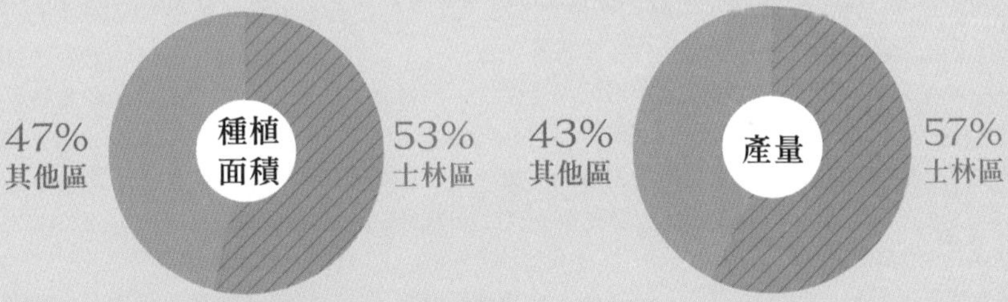

	種植面積（公頃）	產量（公噸）
士林區	200.49	2803.74
其他區	178.92	2075.01
臺北市 總計	379.41	4878.75

仔店。甚至還有其他販運形式，例如在頂浮洲耕種的農民劉先生的蔬菜水果是銷售給慈濟的「師兄師姐」們；菜寮隔壁阿微伯的菜則是賣給五段的海光宮或慈濟；王木琳的菜有贈送鄰里、有擺攤也偶爾供應柑仔店；王木琳隔壁阿慧種的菜曾賣過社區發展協會；阿農除了賣給菜販、供應柑仔店，也提供鄰里共餐或贈送等等，社子島小農因應都市與社區的活潑多元而有各種銷售管道，農產總量無法依據單一運銷公司或農會數據來評估。[7]

目前並無針對社子島蔬菜種類與銷量統計資料，但依據「國土利用現況調查第一類農業利用土地」[8]以及臺北市政府統計資料「主要園藝作物種植面積及產量—蔬菜類」，[9]可嘗試推估社子島的葉菜產量：在「國土利用現況調查第一類農業利用土地」的電子檔圖資中，社子島的農業利用土地總面積為一〇六．三九公頃，其中農作使用土地面積為一〇四．二一公頃，以旱田為主，總面積為九八．五九公頃（表五）；依據臺北市政府統計資料「主要園藝作物種植面積及產量—蔬菜類」，臺北市二

7. 依明日社子島網站問答集，產業及產業輔導提到：「社子島地區主要種植短期葉菜類作物，一〇七年全年總收成量推估約五二〇公噸（主要供士林相關傳統市場之農產供應），依臺北農產公司每日平均總交易量約二千餘公噸推算，社子島農作物占本市全年蔬果交易需求量〇．〇七%（五二〇公噸／七三萬公噸）。」本書嘗試推估社子島收成量應不僅是五二〇公噸，且市府忽略社子島在都市中多樣農業產銷形式與重要性，僅用臺北農產公司總交易量來衡量多寡是不合理的。明日社子島問答集資料取自 https://shezidao.gov.taipei/cp.aspx?n=13FBAD9A2633E257。
8. 國土測繪圖資服務雲，國土利用現況調查－第一類－農業利用土地，內政部國土測繪中心，二〇二一年，二〇二二年十月二十七日更新，取自 https://maps.nlsc.gov.tw/goland/O/01580427000/EMAP_B/DMAPS。
9. 臺北市統計資料庫查詢系統，主要園藝作物種植面積及產量－蔬菜類，臺北市政府主計處，取自 https://statdb.dbas.gov.taipei/pxweb2007-tp/dialog/statfile9.asp。

〇二一年葉菜及花菜類種植面積總計為三七九．四一公頃，產量為四八七八．七四六公噸，其中士林區二〇〇．四九公頃占五三％為最多，產出了二八〇三．七四公噸，占臺北市的五七％為最大宗（表六）。社子島屬於士林區且農作使用土地面積為一〇四．二一公頃，社子島農民九成以上全年耕種且以蔬菜類為大宗，[10]而且主要種植短期葉菜類作物；若以九成的面積來計算：旱田面積為九八．五九公頃的九成約為八八．七三公頃，社子島葉菜及花菜類產量約為一二四〇．八四噸，至少約占士林區四四％，以及至少約占臺北市葉菜及花菜類總產量的二五％；也就是說，社子島的產出應至少占了臺北市四分之一的葉菜及花菜類總產量。由此推斷出社子島提供臺北市相當比重的葉菜及花菜產量，更不可忽視社子島的蔬菜供應的重要性。

社子島為臺北市難得的葉菜良田

然而，北市府的「生態社子島」計畫忽略了社子島農業對臺北市的重要性，全然排除農業發展。在「明日社子島」網站中提及社子島農耕面積占臺北市農耕面積的二．三％，[11]此數字並不符合臺北市政府主計處的統

10.《臺北市都市計畫書-變更臺北市士林社子島地區主要計畫案》（臺北市政府，二〇一六）。

11. 明日社子島網站問答集，產業及產業輔導提到：「社子島農地面積有多少，占臺北市全市農地面積多少比例？社子島目前農耕面積約為一七〇公頃，占本市農耕面積（七四三五．四二公頃）二．三％，取自https://shezidao.gov.taipei/cp.aspx?n=13FBAD9A2633E257。

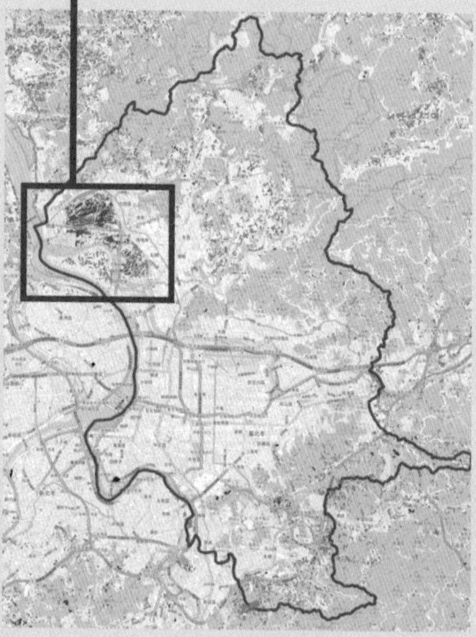

深綠色區塊為二〇二一年臺北市農業利用土地，除了社子島與關渡平原，其餘農業利用土地大多零星分布在山區地帶。

資料來源：國土利用現況調查第一類農業利用土地（二〇二二年十月二十七日更新），國土測繪圖資服務雲。底圖資料來源：OpenStreetMap。

表七　2021年臺北市各作物種植面積與產量比例

資料來源：臺北市統計資料庫查詢系統，臺北市政府主計處

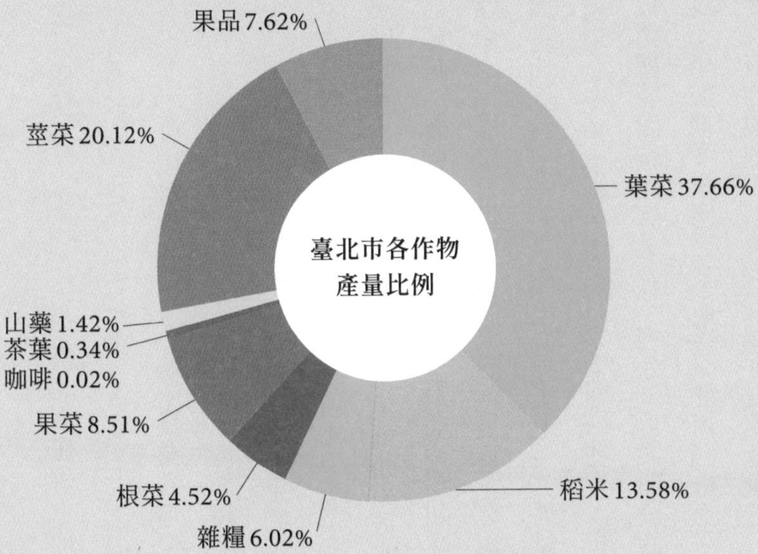

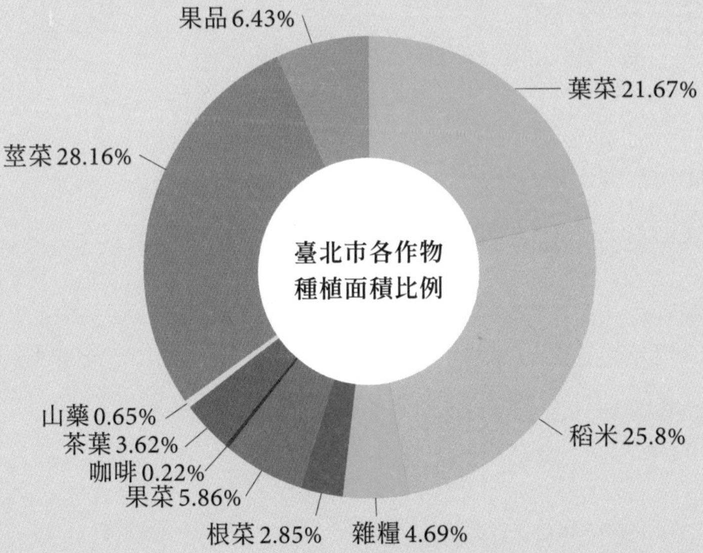

	產量／公噸	種植面積／公頃
葉菜	4878.746	379.41
稻米	1758.7	451.71
雜糧	803.563	82.16
根菜	585.899	49.98
果菜	1102.807	102.72
咖啡	2.847	3.96
茶葉	43.688	63.5
山藥	183.799	11.47
莖菜	2605.601	493.01
果品	987.686	112.57

計。依主計處統計，二〇二一年臺北市農耕土地面積總計為三二三三・三八公頃，耕作地面積總計為二七七七・一六公頃，[12]社子島有一七〇公頃農地面積，[13]其中農業利用土地總面積為一〇六・三九公頃，[14]約占了臺北市農耕土地面積的四%，雖然面積似甚小，但卻是臺北市難得的灌溉水量充足的平地農地。

臺北市農耕土地三二三三・三八公頃大多散布在山坡地及山坡地保護區，[15]其中有七三九公頃農地土壤不易貯水或水量不足，只能栽培陸稻、雜糧及果樹類等。[16]臺北市農耕土地分布也反映在耕地運用上，需要充足水源灌溉的葉菜及花菜類在臺北市各作物種植面積比例占了二一・六七%（表七）。若社子島因都市開發失去農地，已經為數不大的葉菜農地面積又得再減少四分之一；由葉菜種植面積比例來看（表六），與前段的推論，社子島的葉菜及花菜類總產量應至少占了臺北市四分之一，若臺北市失去社子島現有的農地，則會大幅減少占總產量三七・六六%的葉菜（表七）。以上述統計數字而論，不能僅以社子島農地在臺北市的占比例來衡量社子島農業產出的重要性。

12. 臺北市統計資料庫查詢系統，臺北市政府主計處，取自 https://statdb.dbas.gov.taipei/pxweb2007-tp/dialog/statfile9.asp。

13.《臺北市都市計畫書 - 變更臺北市士林社子島地區主要計畫案》（臺北市政府，二〇一六）。

14. 同注 10。

15. 臺北市政府產業發展局網站，一〇五年度，農業發展，整體業務概況，取自 https://www.doed.gov.taipei/News_Content.aspx?n=C53D0C7BF2A943BB&sms=EB5A6AF7A3BE0D73&s=C59526A9404374B8。

16. 沈峻帆，〈臺北市精緻農業發展之初探〉（臺北市政府主計處，二〇一〇）。

新鮮蔬菜供給熟客與餐廳

雖然社子島的農產占大臺北批發市場的批發蔬菜總量低，但由前述推論可知，社子島的農產量其實不低，為數不少的葉菜及花菜提供至臺北市的傳統市場與批發市場。依據《臺北市都市計畫書—變更臺北市士林社子島地區主要計畫案》所述，目前社子島地區的蔬果作物多批發至萬華區環南市場販售，種植量較少的居民則多到士林市場、社子市場零售。[17]這些社子島大量新鮮現採的漂亮葉菜，並非藉由農會共同運銷至北農經營的果菜批發市場，是因為販售者心知肚明，在那裡是不可能拚得過外縣市大量湧入的蔬菜；社子島的菜販仔和農民選擇把菜運銷至大臺北的傳統市場與批發市場，把菜賣給零售攤位或自己擺起了攤位，讓熟客可以來此找尋新鮮美味。社子島農民也供應了大臺北餐廳新鮮的蔬菜，以直接運銷給餐廳業主，[18]或餐廳業主至批發市場購買。

危機下社子島蔬菜的重要性

以二〇〇二年的物價指數為基準來看近二十年間各類物價指數成長幅

17.《臺北市都市計畫書—變更臺北市士林社子島地區主要計畫案》（臺北市政府，二〇一六）。

18. 徐碩，〈堤外廣土水環流：防洪建設、人水關係與社子島地景張力〉（臺灣大學地理環境資源學研究所碩士論文，二〇二一）。

度，食物類物價是成長最多的一項，十九年來增長了五九%（表八）。在食物類物價飆漲的時代，我們已經無法容許再失去大量在地食物的生產量。如寶媽所說，不論豪雨還是颱風，外面蔬菜價格飛漲，寶媽食堂賣的社子島小農葉菜是不變的價格，這句話呈現了社子島蔬菜平抑物價的一面——別人上漲我不漲。

社子島農人說，颱風季時中南部的蔬菜影響很大，「我們社子島這邊還可以提供穩定平價的蔬菜」；雖然社子島的農產占大臺北批發市場的總量低，無法壓下外縣市蔬菜的上漲價格，但精明的消費者會尋找平價的菜：市場熟客、餐廳業者、社子島的居民知道哪個攤位、哪個批發商、哪家柑仔店可以買到不被外縣市風災影響的蔬菜。如果臺北市增加更多農產量，平抑物價的效果也會增大。同樣的，遇到戰爭、氣候變遷等災難時，倘若外縣市的公路運輸中斷或糧食不足時，以目前的大臺北蔬菜批發市場比例來看，每日九二%來自外縣市的新鮮蔬菜供應會出現問題，僅餘不到八%的蔬菜可供市民食用，其中葉菜類更是不足。如果不宏觀考量危機因應，就不會理解社子島蔬菜的重要性。此外，近二十年所有臺北市的農產品項裡，蔬菜產量的下降幅度最大，減少的量最多（表九），而蔬菜種類中又以葉菜花菜的栽種面積與產量減少為最大（表十）。面對臺北市蔬菜產量逐年下降的趨勢，為因應危機對糧食的衝擊，市政府理應要鼓勵臺北市的糧食生產，而非反其道而行，將社子島正在生產的農地變成建地。

表八　2021年各類物價指數相比2002年之成長幅度

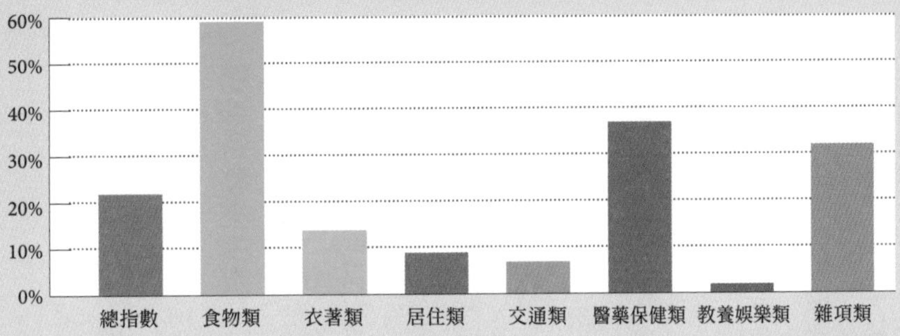

資料來源：經濟部統計處

表九　臺北市農作物產量變化圖（2002-2021）

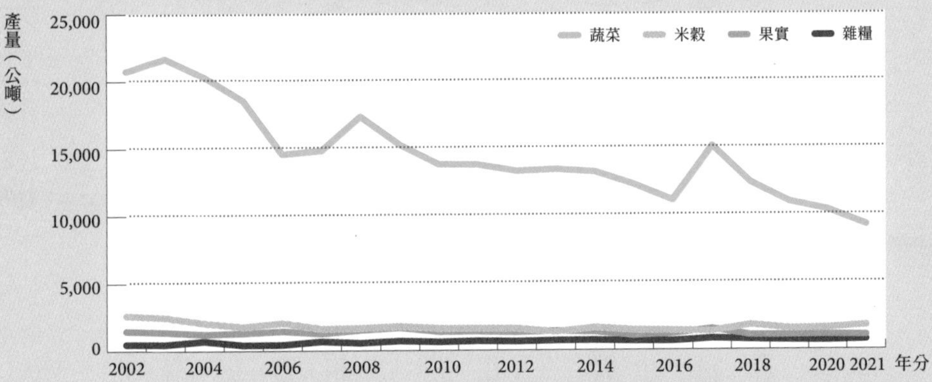

資料來源：臺北市統計資料庫查詢系統，臺北市政府主計處。

表十　臺北市蔬菜及葉菜花菜總種植面積與產量（2002-2021）

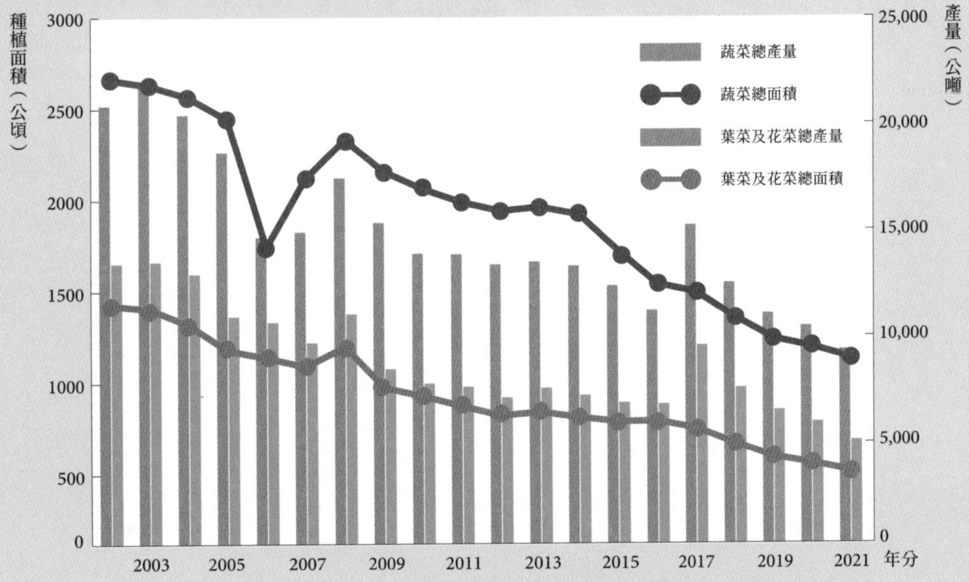

資料來源：臺北市統計資料庫查詢系統，臺北市政府主計處。

為臺北市留下生生不息的農地

社子島農地之於先民的價值，在於可以繼承，永遠有產出。十九世紀創立李復發號的先人們，想著如何讓後代公平繼承這些農地，就算水淹風襲也不能讓一部分的子孫餓肚子，十年重新抽籤與流失地互補的機制，在於互相幫助並從農損中恢復。近五十年來交通運輸變革到農產運銷公司成立、高速公路全線通車，讓大臺北以外的農產品能夠大量快速地向中央集中再分配至地方市場；因城鄉產業分工，使出租農地給其他產業使用利潤更高，造成都市農地與農戶失去價格上的競爭力後流失。

社子島的農業在氣候變遷與糧食永續議題下，扮演重要的角色。社子島的農業具備少量多樣、多元販售等特性，以地方分散式銷售至市場、柑仔店、鄰里，因食物里程極短，減低了不必要的碳足跡。臺北市九成以上蔬菜供應是由高速公路運輸的中央集中販運，若交通中斷，社子島還可維持農業功能，至少臺北市仍有蔬菜供應來源。

林務局（現為農業部林業及自然保育署）近年效法日本「里山倡議」，發起「研訂一項具整合全球思考、國家適用、在地行動架構的里山倡議推動策略」、「呼喚年輕人回鄉，共同倡導或支持友善生態農法，創建臺灣自己的里山倡議」，[19]維持並健全社子島的農業生態系，除了因應糧食危機，也能呼應「臺灣里山倡議」，在另一層面還可落實都市提升生態系服務、人與自然和諧共榮的環境教育意義。臺北市僅餘的兩個適合種稻種菜的沖積良田——關渡平原與社子島，前者為臺北市唯一的稻米來源，後者為臺北市葉菜產區，應該要細緻規劃未來利用與發展方向，讓僅剩的農地生生不息。

3 城市的後臺

文字／柳志昀

社子島特殊的風貌：舊式的醫院候診椅，一只五人式塑膠公共座椅，擺放在廟埕；田埂邊農人坐在漆上「臺北護專」字樣的學生椅上；柑仔店泡茶的人歇坐在舊式快餐店四人連桌椅；好幾張合板課桌拼成的挑菜揀蔥工作區；寮仔裡四人座候車椅排成矩形聊天陣、菜頭粿的籠床晾曬其上；還有破舊辦公旋轉椅在公車站牌旁供人稍坐歇息……這些奇異的畫面讓第一次來到社子島的人停駐目光。

木桌椅從這裡製造運出，學生為新桌椅歡呼，多年後整打整打的老桌椅被製椅者惜物地標回來，也許他在裝卸它們時又輕觸起機臺刺耳噪音、木屑粉塵的味道、廠房小窗透進的光影……。早年製作的桌椅又載回社子島，拿來分送友人，利用直到動搖、盡了承載的任務、被農民摔碎肢解，一塊塊的，在冬日

19. 行政院農業委員會林物局自然保育網，里山倡議臺灣推動緣起，取自 https://conservation.forest.gov.tw/0002059。

社子島常見的鐵皮廠房與露天物料庫存（廖桂賢攝）

的大鐵桶裡化為能量，取暖兼燒洗碗水。一張張桌椅出去走一遭，再被造物者接回終老，死得浪漫有理。

路邊、宮廟、寮仔裡一張張椅子是社子島產業的縮影，島承載著製造與回收。來到社子島看到資源回收場、小山高的報廢機車回收站以及忙碌的廠房，讓人有些屏息緊張、無法別開目光，有那麼一群人終日面對城市丟棄之物。然而市政府為社子島擘劃的都市計畫，不但忽略了農業發展，也排除了傳統產業在未來都市的立足之地。

「我經營家具工廠，經營一間工廠不簡單……今天我要講的是經濟面的問題，四、五百間工廠影響很多人，希望委員能把這個意見聽進去⋯市政府完全沒有配套和安置。」二〇二〇年八月十九日臺北市政府二階環評審查委員會會議，「居民代表」郭先生想到要去環評發言就緊張，肚子痛了一個禮拜，準備好草稿卻邊講邊忘。在沒有其他工廠經營者願意就「生態社子島」對社子島現有產業衝擊陳情的情況下，自嘲「沒讀書口才不好」的郭先生決心站出來。根據二〇一五年臺北市政府產發局社子島農工商業調查，社子島地區工商業有五九八家，[20]在「變更臺北市士林社子島地區主要計畫案」都市計畫書中對於第二級產業的經濟活動統計數據提到製造業工廠為二八六家，並描述為「多數皆為違建工廠」、「汙染農業灌溉水源」，[21]將社子島工廠定調為非法，因而須被移除。社子島的工廠長年承受罵名，然而其低廉營運成本卻支持了城市中的小資本商家與小規模製造業。

都市中的「鐵皮屋」作為與時代並進的百業起家地

當臺北市逐漸從鄉村發展成都市，農林牧業逐年衰退，工商服務業不但逐年增加、也愈加多樣化。在社子島亦是如此，雖然農業利用土地減少，但產業沒有凋敝。緊隨都市發展的腳步轉變。在臺北市產業轉型為以服務業、高科技產業為主的過程中，被都市核心排除的製造與加工業落腳社子島。一九七〇年代左右，島上陸續出現木造、鐵皮廠房招工出租。最初是紡織業與木材廠，一九八〇年代起開始有砂石、家具、金屬加工、印刷業等，一九九〇年代出現倉儲物流、包裝、汽車修理、回收業，到了二〇一〇年代起則有文化休閒產業。社子島的產業隨著市民生活需求改變，已成為大臺北地區眾多行業身後支持性產業[22]的發展基地。

如今社子島活躍著許許多多小規模產業與商家，它們身藏在大小各異、單調、廉價、甚至看似傾頹的鐵皮工廠中，然而這些不甚美觀新穎的建築卻不令租賃者卻步，反而拿出貸款積蓄進駐，努力打拚發展他們的實業。拉出一組桌椅，就能開始折包裝紙盒；一臺縫紉機、一張打版

20.《臺北市政府產業發展局社子島地區開發前農工商業調查執行計畫》，取自 https://www.laws.taipei.gov.tw/lawatt/Law/P17F2007-20150722-0000-005.pdf。

21.《臺北市都市計畫書－變更臺北市士林社子島地區主要計畫案》(臺北市政府，二〇一六)。

22. 支持性產業 (supporting industries) 指為主導產業提供原料、中間配套產品以及物流、銷售等產業部門。

桌，叫齊材料就釘起沙發；一棟空空的鐵殼子，裡面可以堆放巨大的東南亞進口原木，角落隔出小辦公室，裝臺小冷氣、放張茶桌仔就能談生意；或是換做個小夾層、架起樓梯，儲放國內外尋覓老件，變身古董家具店，再擺個咖啡機、幾張桌椅就成了風格咖啡店；鐵皮屋頂也可以推出去，擺放五顏六色盆栽造景當出租外景，裡面隔間掛上白幕就是商業攝影棚，隔壁就擺滿架子當攝影器材租借倉庫；亦或是釘滿隔音泡棉，裝上隔間玻璃成為觀賞河流美景讓人創意湧現的練團室兼錄音室——以上這些都是社子島鐵皮屋橫跨世代的創業運用，這些位於臺北市卻租金低廉、挑高萬變的廠房空間，有人在孵育五花八門的夢想，有人務務實實做小本生意。

不論是老一輩臺灣人愛講的大企業家起家傳奇，或是年輕人實踐樂活的理念小店，不管經營是否追求擴大發展，都需要一個鄰近市場、低成本的空間作為起點，老一輩看來「又破又小」的，年輕人可能浪漫化為「懷舊原裝」。但是沒有負擔得起的起點，就沒有企業與店家，不同於大量製造的平價商品與制式服務，這些理念店家不僅提供特色商品選項，以滿足都市人對物質品味的追求，如國外二手經典收集、臺灣老物舊貨修復、手工客製化商品與材料、藝術家音樂家的創作場域等；他們的堅持需要都市裡多樣化的消費者肯定與支持、同時消費者也因為見到堅持理念的店家而感受居住在都市中的快樂與感動。例如不想買新品的消費者可以找到二手商品，受日本影響喜歡北歐經典家具的人可以找到收藏家，想要客製老式燈具的人可以找到手工職人，想要ＤＩＹ露營工具的人能找到配合的工廠，當兩

表十一　社子島工廠面積分布圖

社子島大部分的工廠為小型工廠，面積介於一百平方尺至七百平方公尺之間。

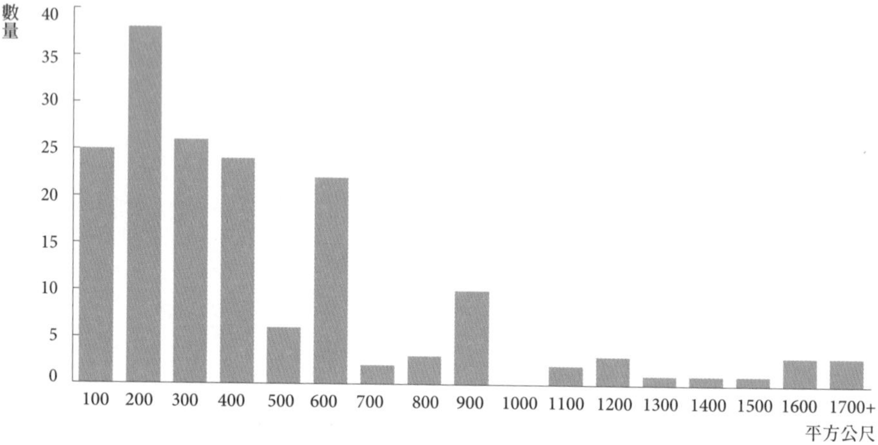

資料來源：明日社子島GIS地圖未註冊工廠

社子島的印刷工廠（柳志昀攝）

上：社子島的小型沙發工廠一隅（柳志昀攝）　下：社子島的紙袋工廠（柳志昀攝）

方理念契合，也是消費者與生產者彼此依賴與需要的認同支持。

以親戚的舊豬舍作為起點，經營沙發工廠的郭先生，今年四十九歲，十四歲輟學就去鐵件CNC工廠沒日沒夜加班工作，兩年後經人介紹去洲美專做出口的膨椅（沙發）工廠，不久之後二哥也一起進來學做沙發。郭先生退伍後有十多年的時間，先後在五股、社子島八段的沙發工廠上班。二〇〇〇年，因為北部幾處大型重劃區出現，帶動房地產與家具業，郭先生決定跟二哥一起回社子島創業，住在延平北路七段、同為洲美工廠的車縫同事聞之也加入。那時住家旁堂哥家的豬舍已不養豬了，堆滿東西變倉庫，兩兄弟決定租下，修復建築坍塌處，又將爸爸的舊車庫整理成辦公室，湊成三十坪的三人沙發工廠。

早年社子島還沒有布設大量的臨時抽水站時，雨若下大了容易積水，危及製作好的沙發，郭先生回憶：「我把它肩（擔）起來，再蓋起來，就是這樣用起來的，那時租金一萬塊，就這樣慢慢做，做有點成績起來才換（地點）。」幾年後，三十坪不夠用了，便去租「水利地」上九十坪的鐵皮廠房，那時公司已累積足夠的利潤作為營運成本，郭先生去頂浮洲的士林建材行挑了結實的棧梆（棧板），為廠房做「半樓仔」（樓中樓）當展示間、倉庫，也隔出辦公室，經營至今二十多年。就像讓郭先生得以建立沙發工廠的豬舍，社子島許多比臺北市低廉的鐵皮屋，也有許多小企業發跡的故事。

在社子島超過半世紀禁限建的歲月裡，有許多人從社子島走向國際市場。例如，「永佳工業有限公司」（永佳椅業）就是在社子島的鐵皮工廠做課桌椅、醫院候診椅發跡，商品產線擴及全臺。近年在第二代的努力下跨足國際市場，但今天總部依舊在下浮洲。又例如早在一九六七年就來到社子島的「陳振吉造船廠」，早期製作木製小船與舢板船，後來受美軍顧問團協助，開始建造木造帆船，晚期導入新的材料與工法，如今他們雖已搬出社子島，成為國內重要遊艇製造商，當時在社子島所創造眾多工作機會與連接河岸的巨大廠房，至今仍常有居民憶起那輝煌的過去。還有，創立螺絲生意的製造出號稱螺絲界ＬＶ的「世豐螺絲」、[23]「女工變頭家娘」[24]的林素華、外銷日本歐美市場的臺灣理容椅產業始祖「尚宏理容椅」等，也都是從社子島起家。

即使數十年來社子島都籠罩在都市開發的不確定性下，除了上述的傳統產業，仍吸引許多新興廠家進駐，為地方產業注入新活水。空間大又相對廉價的工廠鐵皮屋，吸引藝術家或表演團體來創作或排練。此外，影視產業也來了，在鐵皮屋內搭設大型綠幕或教室、辦公室、居家空間等情境攝影棚，並租借器材給劇組拍攝，也會與在地的木工、鐵工合作搭設場景，社子島的影視產業群落儼然成形。對比周邊有許多劇團落腳的八里、林口等地，社子島有著與臺北市中心距離近的優勢。曾進駐社子島鐵皮屋將近八年的FOCA福爾摩沙馬戲團，

23.〈一支螺絲可以用十五年！世豐三代傳承螺絲界LV，疫情中重返十年前營收高峰〉，《經濟日報》，二〇二二年三月十七日，取自https://money.udn.com/money/story/5612/6170288。

24.〈女工變頭家娘的空間記憶〉，文化部國家文化記憶庫，取自https://memory.culture.tw/Home/Detail?Id=194730&IndexCode=Culture_People。

25.〈漫遊擺弄FOCA以馬戲紀錄將消逝的社子島〉，《焦點事件》，二〇二〇年九月二十四日，取自https://eventsinfocus.org/news/7145961。

是國際上知名的馬戲表演團體，在社子島經營排練場的日子中，與附近的工廠合作製作布景、道具，也關注社子島開發爭議，曾透過作品《消逝之島》，[25]演繹出成員們對社子島的觀察與情感。不論是傳統產業、影視產業抑或是藝術領域，外人難以深入觀察的「違章」，卻是提供他們支撐城市生活、跨足國際市場的養分。

社子島小型製造業的合作關係

大企業可囊括產品整個製成，但小企業就得仰賴與其他相關技術者合作；若合作對象就在附近，便能壓低交通與時間成本。例如郭先生專營沙發訂製的家具工廠，就需要跟許多其他工廠密切合作。當客戶下單，郭先生的二哥得先打版，畫出實際尺寸的椅架紙型，標注線條的長度與曲線弧度，然後下單給木工廠。以椅架類型來區分需要的兩種木材，「粗的」用白柴（集層角材）和柳安木角材釘成為沙發骨架，「幼木的」是用板材或原木做餐桌椅的椅架，分屬不同合作工廠；此外還有使用機器雕花及車床車葫蘆腳的雕花木工，以及貼金箔的木工，光是木材的加工，就有各自不同的專門工廠在協助製作。依照客戶的訂單，二哥帶著紙型前往頂浮洲或基隆河對岸下竹圍的木工廠，請木工師傅照著紙型釘出椅架；若要雕花是去中窟，洲美橋那有兩間雕佛像、佛具的木工；訂做沙發椅架的木料供應則是從頂浮洲的建材行購買。木工製作好椅架，再送去頂浮洲的噴漆廠，噴完漆再回到下浮洲的家具工廠，進行沙發的合版工程。釘輪胎皮與布袋底、切割軟硬有別的泡棉、噴糊仔將泡棉跟木架黏合、用相近的皮料合版確定版型，就能開始剪皮剪布；居住在七段的大姊會車縫布塊，再進行壓線包邊；完成了椅套後郭先生就開始綳布，以氣動槍固定；最後裝上綳好的墊子與背枕、安裝上三叉鐵腳（或是訂做的鐵圓腳、木工車的葫蘆腳），才完成沙發的製作，製作流程約七到十個工作天。對社子島小型工廠而言，不只工就近，原料也是就近，五金購於士林，鐵腳來自蘆洲鐵工，泡棉是由汐止的T廠製作。

同類型的沙發訂做工廠在社子島有八間，木工廠有九間，噴漆廠四間，貼金箔廠三間，在社子島上光是沙發製作的產業鏈，相關上下游工廠就有約三十幾間，縝密的網絡支撐著家具業的橫向連結。

木業加工進入社子島已有四十餘年，其中以家具製作為大宗。當都市核心區域的大樓一棟一棟拔地而起，帶動了室內裝修、家具家飾的需求。一九七〇年代最先落腳社子島的木材廠，吸引許多木業加工廠來到周邊，形成木業產業群落。來自中南部的城鄉移民頭家，為在地年輕男性創造就業機會。

小型金屬加工廠也加入社子島的產業鏈，以焊接、車床、旋壓成型、沖壓、翻模等簡易的加工程序製造出各式機械、五金零件，與其他協力廠互相合作創造出更大的經濟效益，並常與家具產業配合，加工背靠、椅角等零組件。近幾年家具產業聚集的五股與新莊，因為都市計畫的驅逐，加上平價組合家具流行與網購興起，遭受重創。而社子島的家具廠家相對不受衝擊，因為長年穩固合作的產業鏈，三、四十年來社子島的家具業維持訂做、客制化的方向，擁有穩定的在地客群。

同樣在社子島建立起一條龍作業的還有紙業加工業，有儲放原料的紙行（庫）、印刷廠，還能找到上光、黏貼、燙金、壓紋、對裱、裝訂、軋型、糊盒（折盒）等依據不同需求加工的工廠，甚至是製造印刷用模板的製版工廠、專門維修機臺的鐵工廠。經營印刷廠三十年的黃老闆如此形容社子島紙業加工的密集：「從我這印刷完到再送下一個加工程序，手排車還沒換二檔就到了。」一九八〇年代臺北地區的印刷業群聚在萬華，因政府開始調整我國產業政策，轉為發展科技產業，以及地方政府關注住宅、工廠混合的都市生活品質等多種因素影響下，原本在市區核心的印刷產業出現一波出走潮，部分業者移轉中永和地區，另一部分業者移至士林紙廠附近，選擇落腳於鄰近的承德路、社子、社子島一帶。起先是由數家製版廠在社子地區拓展產業基礎，吸引愈來愈多與紙相關加工廠，匯集而成產業群落，全盛時期，社子島內約有六十間不同的紙業加工廠。即便近年受到數位產業、經營斷層等大環境因素衝擊，目前仍有約四十多間不同類型的紙業加工廠繼續在「滾、印、壓、折」中，協助各大產業製作包裝與文宣。

社子島裡小型製造業交織出的合作網絡，就像廠商的根一樣。若沒有整個網絡一起遷移，個別廠家自行離開社子島，產業鏈斷了，有頭無根，廠家只有凋零。「生態社子島」計畫中雖劃出了一片定位模糊的「產業專用區」，然而，許許多多類似郭先生家具工廠那樣規模的傳統產業廠家，卻無法繼續留在社子島，小廠家最仰賴的合作網絡也會被打散。「來拆，聚落就不見了，還要再去找廠家，廠家當然有電話都ＯＫ，但距離遠就會增加成本，現在我們找木匠可能開個車五分鐘就到啦，以後可能要開一個小時」，郭先生說。

都市的多樣需求需要在地小型製造業來回應

都市的小型製造廠對市場相對敏感，它們無法提供大量、便宜、單一的產品，但卻可以快速自我調整以回應不斷變動的市場需求。「現在室內設計師都找這種要我抓尺寸」、「最近開始有人詢問有沒有做這種的」、「木工廠要我幫他測試看看這個」、「我們都接一些奇奇怪怪的家具」、「這種細工的老椅子很難找了，會找我們修」。城市中的小型工廠不僅願意提供大廠不接的小工，也因為鄰近市場、擁有熟客、又能提供訂製服務，讓橫跨不同加工製造領域的商品得以誕生，滿足都市人對於特殊、環保、在地生產的理念追求。例如近年露營風潮興起，郭先生合作的木工廠開始推出ＭＩＴ露營系列產品及露營車改造，郭先生因此接到以往不曾做過的訂單：鐵製露營椅、訂製露營車床墊，不僅要耐坐還要能拆洗。在社子島時常可以看到各家師傅與藝術家或設計師切磋、腦力激盪，試圖滿足顧客五花八門的新穎要求。

但「生態社子島」計畫排除了社子島這些靈活的製造業廠家。面對社子島現有的製造業業者，計畫書中寫道：將「輔導有意遷移至本市其他工業用地之社子島地區製造業業者」。然而，小型廠商的生存，不只需建造廠房的土地與資本，也需要在區位上接近市場——都市中的商家與居民，若社子島現有的小型廠商遷至都市以外孤立的工業區或科技園區，很可能無法生存下去。為了推動「生態社子島」，臺北市政府產業發展局曾幾次走訪社子島的家具工廠，卻僅說明如何媒介業者標售土地，郭先生說：「這種做法，百分之九十的社子島工廠都沒辦法做到。自己去標售土地，哪有錢？他們說不然你去八里那邊標，那邊有工業用地。如果我們是能標的，就不會在這邊。這些都是上面聽不到的聲音啊！」

有苦難言的社子島工廠經營者

面對「生態社子島」的迫遷威脅，社子島高達二八六家的製造業工廠卻沒有團結凝聚起來抗爭。許多工廠經營者多已五、六十歲，即便一路走來兢兢業業，刻苦老實地付出汗水勞力，但在「違章」的灰色地帶生存只能盡量低調。有的工廠是接了公家機關的標案而不便發聲，也有的是深怕出來抗爭會「引來政府找麻煩」、「有人來找碴」，怕政府明著來也怕有心人暗著來，被搜查檢舉或失去生意，再加上親戚鄰里嚴重意見分歧，使得工廠經營者更不願公開對市政府的開發計畫表達意見。

社子島做工的人，家裡沒有背景又需要賺錢而去工廠當學徒，即便最後變成頭家，也常

穿梭社子島窄路間的卡車（柳志昀攝）

常形容自己「沒讀書揹物件（搬東西）」、「不會講、口才差」、「沒讀書講話亂七八糟沒頭沒尾」。也因為如此，這些沒有高學歷、僅會講閩南語的頭家鮮少參與市政府舉辦的說明會，亦不願去各種審查會議上發言陳情。但這些不敢公開發言的頭家會以另一種形式自救：他們是「行動派」，幫忙在自救會的陳情抗議行動中擋警察，一方面讓自救會發言人能不受警察干擾高聲喊出訴求，一方面保護高齡鄉親的安全，這是他們身體力行「發聲」的方式。

其實，社子島許多製造業廠商為租客，並非地主也非當地居民，這些工廠頭家自認為沒有立場抗爭，「我們也是租的，就看他們怎麼辦啊，不然就搬。」然而，年紀大的頭家普遍認為自己無法承受遷離熟悉環境，負擔不起另尋其他工業用地等額外成本，失去地點與低成本優勢，年紀大無法拚搏。一間大型木材廠老闆說「我就收收啊」，六十歲的木工說「不要緊我也要退休了」，七十歲的噴漆工也說「那就收了不做了」。面對生態社子島計畫遙遙無期的迫遷壓力，有人決定把廠房租出去圖穩定，有人決定不抗爭也不管事了，全權交予第二代處理廠務。而小型製造廠的中生代如郭先生，每日忐忑不安，為了家庭與生計只能豁出去，站出來呼喊。

經濟發展與半世紀的水

沿著三面光的圳道行走，密布水道旁的農田鑲嵌著大小廠房，廠房的排水管伸進過往的圳溝裡，排水取代了世代的灌溉飲水功能，流水是用來帶走我們不想要的。

「十三歲時就在抽砂廠工作了。什麼工我沒打過，做清運、做落卡達（土方）、打水泥，比較苦的比較快賺，所以我從來不怕出太陽，不怕下雨。」王木琳說。一九七〇年代初王木琳一邊求學一邊賺取學費，同時延平北路七段一〇六巷，八段二巷、一五七巷、二八七巷周邊陸續出現製造與營建相關產業，牽動原本農業為主的家庭經濟結構，農家的少女少年陸續投身製造、營造等相關產業。最先在社子島、社子地區發展的是紡織業，當時鄰近的士林地區有知名的新光紡織廠，在延平北路六段、七段附近也有許多大大小小的紡紗工廠進行原料加工或是衣物料件縫製。住在社子島的女性與年齡相近的親友到紡織工廠打工，揀料、縫拉鍊、鈕扣、拼布。有些到塑膠工廠擔任作業員，顧機器、揀料、修剪邊角料，或批發原料回家做家庭代工來貼補家用。訂單多了，許多廠房還不分日夜輪班，而紡織染整與塑膠加工的懸浮固體、油脂、溶劑、染劑也不分日夜地排入河中。

流水也沉澱了我們不想要的。製造業蓬勃發展帶動大量建設，社子島因鄰近市區並具有可發展的腹地，成為了市區建築材料供給的集散地。一九七〇年代幾間大型木材行在社子島儲放木料，到了一九八〇年代淡水河與基隆河近島頭的岸邊十幾座砂石場巨大的管線深入河底，日以繼夜抽出河底的砂石淘洗，取得混凝土灌漿的原料。「那時候開始，進出社子島的大車變得很多，有時也會聽到有抽砂工人不慎跌到河裡喪生的故事。」不停挖取、不停洗選，也攪殺了河裡生命，「以前沒有砂場時，水退的時候還有沙洲，自從有砂場以來就沒了，砂一直抽，抽得都很深。」同時淡水河上游石門水庫攔水讓河川流量減少，中下游工廠、砂石場的汙水排放，也斷了往日河岸居民的命脈：世代的飲水、灌溉、捕撈漁獲。「水質不好都死掉了，以前都是依靠這個港（河）這個水耶，這條淡水河」、「（民國）七十幾年時汙染最嚴重，生態都沒有了，淡水河最臭就是七十到八十年代」，「魚、蝦、蜊仔摸一碗公」的日子不再，河邊孩子們的笑鬧戲水聲已成過去。

擴張的城市，除了河床被挖採砂石，營建廢棄物與廢土也被運來傾倒在社子島閒置的農地，「以前都亂來，警察跟百姓講好，倒土賺錢，以前這整片都是平的。」那時起，社子島這座沙洲的平緩地平線開始高高低低起伏了起來，腦筋動得快的孩子拿著布袋爬上小山，撿廢土裡的鐵、塑膠管、紅銅線，在柑仔店賣了換冰棒吃。到一九九〇年代初，砂石產業因在社子島上的原料取得日漸困難，再加上政府加強取締，無利可圖而散去。

都市的新陳代謝

都市如同一個生命體，從自然資源中取得運作的能量，流動的能量轉化，滿足居民的生活所需，再排出系統不需要的廢棄物。現代都市居民擴大的生活需求、貨物運輸、居住建設都在不停地大量消耗自然能源，大量產生出廢棄物，但要如何維持一個都市的持續運作與發展，就得檢視其能否成為永續的循環，還是只有單向消耗、不斷耗損邁向凋零。

來往社子島的大車一部分是運輸倉儲，倉儲業似乎不算對鄰里發揮太大貢獻，它切開了空間，占據城市邊緣，視覺上是無聊單一的大型廠房，加上鋪滿水泥的巨大停車場，冷藏設備不停運轉的聲響，還伴隨不間斷的貨車運輸。但在小型商家銳減、大量製造與消費興起的年代，它就是都市需要割讓土地、付出代價去支持的產業型態。一九九〇年代便利商店、超市、量販店在臺灣興起，消費背後牽連龐大的商品運輸與儲放需求。商品不再只是單純從產地到銷售端，中間需要經過多次運輸、集貨、配運。社子島與都市及高速公路的近距離，使其成為產地到貨架之間的理想轉運站與都市的倉庫。

一個循環的都市新陳代謝系統，在廢棄物轉換成能量來源前，這個循環都不算完成。都

回收場落腳社子島，處理都市的新陳代謝。（柳志昀攝）

市營建產生的廢棄物、家戶淘汰的用品、報廢汽機車等，都需要被清理、整理、拆除，再轉換到不同的程序回收。城市的廢棄物被運輸得愈遠，就產生愈多碳足跡，大量集中也更難以處理，更不可能被多元利用。「如果今天沒有這些回收場在這裡，那臺北市這些垃圾就要去到新北、桃園，甚至更遠。那現在我們要付出的生活成本都會漲得更高、墊得更高，可是大家都不會想到這些，只會覺得這種行業離得愈遠愈好。」在社子島經營回收業十多年的大哥這樣說。從倉儲業、物流業，甚至是回收業、車輛維修改裝，一九九〇年代開始，這些產業在政府沒有足夠配套的情況下，從市區逃竄到社子島內。因為消費型態的轉變，反倒使社子島與都市生活出現另一層的關係，島上不單只有農業與加工製造業等生產角色，也支撐城市人便利生活背後那些看不見的時間成本與廢棄物清理。

留在社子島的廢棄物，不全然失去利用價值，有時反而能找到被再利用的機會，也成為一個健全都市必備的特色：回收的創意與靈巧運用。一群人選擇在社子島賦予老物件新生命，有經營者與家具工廠合作修復老件，也有業者專門從事車輛維修改裝。社子島提供足夠的空間儲放車輛與大型機具，讓原在都市其他地區的維修廠、改裝廠，輾轉遷移進駐於此，發展出新的產業群聚。近年古董車、露營車改裝盛行，年輕人來到社子島與其他烤漆工廠、零件倉庫、鐵工廠合作與創業，完成一輛輛別具特色的改裝車輛，無論是維修、烤漆、鈑金、甚至是特殊規格的零件改裝都可以在社子島找到甚至是客製化。許多專營打檔機車、Vespa、Mini Cooper、Volkswagen 等國際品牌的改裝廠在社子島經營有成，屢屢在國際大賽中獲獎。因為禁限建的原因，社子島產業被視為是汙染與不正當的存在，但外界卻忽略社子島的區位特性與相對寬鬆的管制，造就今日所見的產業群落。

都市這個生命體，當環境被汙染、自然資源被耗盡、廢棄物沒被轉換為能量來源，失去了乾淨的水、空氣、陽光、食物，都市就邁向死亡。中秋節前後，潮水來到一年中的最高，河水滾滾流進社子島的水門，潮汐變化下水進出刷洗了溝渠，帶走不該有的微粒與沉積，也干擾了岸邊的生物棲地，引來捕蟹人皺眉咒罵。不若城市中隱而不見被覆蓋成為馬路與停車場的水溝，「未加蓋」的排水溝開誠布公地讓居民行者端視排水品質，嗅聞氣味，各類業者偷工排放未處理汙水就面臨接收檢舉罰單；工作站定時清圳與開關水門工作，也是第一線目擊並處理河川中的產業汙水。在鄰里裡的小型製造廠，被居民的眼睛環視，發出了什麼聲響、什麼氣味皆被察覺，也進而監督了工廠狀況，但社子島還在等待他們應有的環境規範。產業發展與居住品質、產業發展與環境保護不是互斥的兩極，社子島的產業與環境都需要改善，需要建立廢棄物與汙染處理機制，從地方來減少生態足跡與社會成本、保持社區活力與能動性，達到與自然和諧相處的永續城市。社子島特殊的產業型態，不僅具有農業生產，供給食物給都市居民，又有小型製造業，為市民提供多元的產品，還有回收再利用的技術與生活藝術，把都市廢棄物分解回收，甚至轉變為創意成品；社子島是都市新陳代謝永續解方的其中一個可能。社子島上這些被視為不該存在的「鐵皮屋」，與現代都市中每個人的生活息息相關，如同這座城市的後臺，默默支持城裡一切所需。

（本節文字亦有賴張式慧的補充修潤）

（廖桂賢攝）

第六部

從空間規劃專業，拆解社子島開發問題

文字／廖桂賢

我們能否想像一個在自然洪泛與潮水脈動下的社子島？一個老房子與新建物並存、充滿綠意、擁有溼地與田園相連的生態城市。今日的社子島因頻繁淹水未能留下足夠史料，但已處處展現豐富的聚落歷史與人河互動的生活寫照。緊密人際網絡形成的「天然長照系統」與田園生活，都是現在進行式。社子島是一個有血有肉的眞實生活場域。如何規劃其未來？如何解決這個生活場域面臨的問題？若我們視它爲都市的一部分，「都市計畫」又該怎麼做？

本書來到最後一部，我們將進一步探討社子島的空間規劃課題：社子島如何兼顧社會正義、經濟穩定、環境健康，同時在政府的「都市計畫」下永續發展？我們首先必須釐清土地開發是否能解決社子島的困境；然後再分別從程序、規劃內容、開發工具、防洪計畫等層面詳盡檢視「生態社子島」——這個都市計畫方案的「負面教材」到底出了什麼問題。唯有深入剖析才能矯正錯誤，避免臺灣未來的都市計畫重蹈覆轍。新市長蔣萬安已於二〇二二年末走馬上任，「生態社子島」爭議仍未解。社子島是否會被推土機全面夷平？若仍有轉圜餘地，應該要怎麼做？

1「開發」，真的能解決社子島的困境？

在「都市」與「洪水」不能共存的二元對立思維下，臺灣的都市計畫與防洪工程被牢牢捆綁在一起。臺北市政府雖然在一九七〇年就為社子島擬定都市計畫，卻因同年經濟部在「臺北地區防洪計畫」中評估社子島「地勢低窪易遭水患」，將其劃設為「限制發展區」，並規定「島上建築須配合防洪建設，始得建築」，[1]導致社子島被禁限建，都市計畫束之高閣。而隨著禁限建時間愈長，居民權益愈加受損，因此社子島是臺北市長得即刻面對的課題，但不代表可以便宜行事、全面夷平！

過去五十年來，社子島不乏各種開發計畫。但嚴格來說，社子島早已是開發狀態，只是開發強度相較於大臺北其他地區低。過去不同的都市計畫方案，都欲將社子島蛻變成嶄新都市，而柯文哲任內，選區議員陳政忠、陳建銘等及與其關係良好的社子島部分頭人，不斷以社子島環境破敗為由，要求加速開發。柯市府的方案「生態社子島」催生出反對該計畫的「社子島居民自救會」與「社子島自救會」，以及支持開發的「社子島居民權益促進會」，兩派互相對峙，社子島的發展又陷入僵局。

1. 臺北市政府，〈變更臺北市士林社子島地區主要計畫案〉，二〇〇六年六月十七日，頁一，https://reurl.cc/r5mkzr。

社子島所面臨的困境必須盡快解決，但「開發社子島」就是解方嗎？法制上，社子島的確需要一個都市計畫，未來空間發展才有依循，但社子島的都市計畫一定得是「土地開發」計畫嗎？

議題被過度簡化，難以解決問題

歷任臺北市長欲以土地開發來解決社子島問題，都造成衝突，源頭可歸咎於過度簡化問題：社子島數十年來累積的複雜議題，被全面簡化為土地開發課題；不但如此，市府還執著於「整體開發」。長年來，臺灣多是採用「整體開發」這種無視現有地方脈絡的方式進行都市計畫，導致民眾誤以為，一個地方要進步就必定將現有的生活環境全面剷除翻新。一直以來正是因為沒有理性釐清社子島的問題，忽略其他解決方案，才造成至今仍陷在禁限建的困境中。

再加上歷任市長提出的開發方案搭配被時時強化的社子島「悲情」形象，更讓人篤信「只要開發就可以終結社子島悲情」的謬誤。從充滿沙文主義的「臺北市最後一塊處女地」，[2]到看似中立卻是歧視的「不像臺北市的臺北市」，[3]皆在凸顯社子島之異樣，直指開發的正當性。社子島的爭議著實顯示出臺灣社會依舊沒有脫離對開發主義的盲目信仰。

2. 劉依晴、蔡清文，〈「限建半世紀」社子島無法發展　居民怨：像是二等公民〉，《ETtoday 新聞雲》，二〇一五年一月十六日，https://www.ettoday.net/news/20150116/452506.htm。
3. 王彥喬，〈零元房租、一元棒棒糖 社子島禁建頹敗四十四年〉，《風傳媒》，二〇一五年四月十八日，https://www.storm.mg/article/46349。

開發就是房地產開發？

「開發」一詞，在臺灣不外乎指房地產開發；直白來說，就是蓋更多、更高的房子，搭配更寬、更筆直的道路，人們普遍以為起樓開路就等於繁榮和生活水準的提升。但我們必須釐清：**開發並非地方發展的「目標」，開發只不過是提升生活水準的「手段」，而且絕非唯一手段。**

當農綠地變建地，環境經整體開發後變得新穎現代，地價、房價上漲，確實造福了少數大地主；但也有太多案例顯示，這樣的手段只是逼走原居民，不僅沒有提升他們的生活水準，反而帶來家破人亡的災難。整體而言，臺灣早已具備相當的生活水準，政府與許多民眾卻仍錯把房地產開發當成社會發展目標，且為了開發後的「整體利益」，認為犧牲部分民眾權益乃理所當然。

柯市府在二〇一五年提出的「社子島開發方向i-Voting」三個方案，都是加諸更多房地產。但

隨社子島土地開發消息，當地出現愈來愈多的土地買賣廣告。（廖桂賢攝）

社子島欠缺的是更多房地產嗎？不難想像，有著絕佳水景的社子島，一旦聚落夷平，換成嶄新建築，極有可能成為有錢人才享受得起的水岸豪宅區。

釐清問題，才能找到解方

許多人把社子島看似無秩序、充滿違建的環境，歸咎於其「洪泛區」定位與隨之而起的「禁限建」政策。所謂洪泛區，可理解為「洪泛平原」(floodplain)。洪泛平原非河流慣行的水路，而是氾濫時可能會淹水的陸地，並可視為河川的「固有領域」。淹水頻率較高的洪泛平原雖不宜大肆開發，但只要環境設計能夠適應週期性氾濫，且不造成汙染，應可允許居民持續居住。然而，現代社會「都市與洪水無法共存」的僵化思維，導致「不是遷村就是做防洪工程」的兩極解方；當社子島因遷村規模太大而不可行，北市府就消極應對，這才是社子島問題的根源。如果當初社子島劃為洪泛區後，政府提出配套措施，例如規範房屋修建、改建需設計成高腳屋形式——一樓不作住宅使用、建於樁柱可懸浮地面上方的房屋以避免水淹。這種以溼熱地區傳統建築形式來「與洪水和平共存」的方式，或許可解決社子島大部分的問題。

社子島的環境破敗也不能一味歸咎於「禁限建」。禁限建的確造成居民無法正常修繕房屋，只好以較為臨時性的方式（例如使用鐵皮）修繕或增建。不過，如果北市府真的嚴格執行禁限建以及土地使用管制，那麼今天社子島的農地上也不會有如此大量的違章工廠、違法傾倒的廢棄物，街道也不會有大量恣意進出、造成塵土飛揚的卡車與砂石車。此外，社子島少數人內神通外鬼，亦是造就今日違建的原因之一。例如，地方上人盡皆知的一位「牽猴仔」（仲介），早期促成不少外地人來社子島的農地與水利地上蓋鐵皮違章工廠；若無少數不肖在地人士牽線，農地亦不會被違法傾倒廢棄物。所以社子島的困境絕非「未開發」，而是因為政府將社子島劃為洪泛區、並對其禁限建後沒有任何配套措施，後續又疏於執法，放任社子島成為「化外之地」。

社子島當前呈現的無秩序樣貌，並非被劃成洪泛區與禁限建可簡單解釋。大部分居民不瞭解防洪工程與都市計畫，更不瞭解兩者關係；許多社子島居民期盼的不過是跟一般市民一樣，能夠自己修繕和改建房屋，從未企盼政府幫忙蓋房子，他們盼望的是「解除禁限建」而非「開發」。多年來，社子島的困境被簡化成開發，開發又被指向唯一的「整體開發」路徑，進而出現許多似是而非的謬論，例如「社子島產權複雜，只能以區段徵收[4]手段解決問題」、「社子島要做都市計畫一定得要兩百年洪水重現期的防洪保護標準」等。

環境改造，而非盲目整體開發

如果一間房屋內部髒亂、水電管線年久失修，它需要的是整理修繕，而

4. 臺灣的整體開發均是透過區段徵收進行，如此的開發模式有如零合遊戲：大地主與財團可望一夕致富；有屋無地、無屋無地者則可能被掃地出門；而那些本來擁有土地住得好好的小地主，也可能被迫背負一輩子貸款，甚至債留子孫。有關區段徵收的問題，可參考本部第四章。

高腳屋並非僅是熱帶地區傳統建築，現代建築也有類似的形式，圖為中研院歐美所。（廖桂賢攝）

非整個拆除重建。對許多社子島人而言，居住的房屋不只是房地產，而是祖產、是有感情的家。社子島的生活環境固然不盡理想，但整體開發、全面夷平如同上述房屋髒亂就拆掉一樣，並不合理。訴求「解除禁限建，聚落保存」的社子島自救會，被社子島居民權益促會指責為「反開發」，似乎只要反對開發就是固守不前。事實上，反對不能解決問題的盲目開發、反對無視於現有生活脈絡的整體開發，並沒有錯。整體開發可以創造嶄新的空間秩序，但空間秩序從來就不該是都市計畫的最終目的，「空間」是安居樂業的載體，「人」才是主體。

一個能讓「現有」社子島居民安居樂業、容納不同發展需求的都市計畫，才是社子島困境的解方。但在思考解方之前，必須要先檢視「生態社子島」都市計畫的問題。接下來，我們將分別檢視程序、規劃內容、開發工具與防洪計畫的問題。

2 「生態社子島」前，先參考西雅圖前車之鑑

被視為是「柯文哲畢業展」的「臺北城市博覽會」在二〇二二年八月底開幕，現場氣氛凝重。因為警方得知社子島自救會將到場開記者會，中山分局分局長親自坐鎮，在展場

部署大批警力。當天，自救會成員在「明日社子島」展區跟警方發生推擠，自救會的王木琳與前去支援的政大地政系教授徐世榮，在「我有話要說」的展板試圖貼上自己的意見，才剛一伸手就被警方強行拖出場外。為期十六天的城市博覽會，以「開放對話、改造家園」為標題的「明日社子島」展區由警察日日駐守錄影蒐證，映照柯市府「公民參與、住民自決」口號，分外諷刺。

時間回到二〇一五年六月，民氣仍高的柯文哲在「社子島戶外開講」對著民眾說：「臺北市政府會以一種開放的態度，傾聽在地居民的意見……社子島的開發要由誰來決定，當然是住在社子島的居民來決定。」過去臺灣不曾見過地方首長親自到地方說明都市計畫的規劃內容，居民也幾乎沒有置喙餘地，因此當柯市府以民主口號來啟動社子島都市計畫，讓人耳目一新。這些年來，計畫推動過程中的確不乏公民參與的「形式」，然而，實質上卻是「公民無法參與，住民不能自決」。一個沒有真正傾聽居民意見的都市計畫，爭議不斷：專家學者開數次記者會指出問題、監察院於二〇二〇年糾正柯市府計畫推動缺失、社子島自救會發動多次抗爭行動並對環境影響評估提出行政訴訟等。

《都市計畫法》第一條，開宗名義說，都市計畫是為了「改善居民生活環境」。但實際上，專業者常常在未造訪所規劃設計的空間之前，就以自身主觀想法來規劃設計；此外，政治考量與鉅額房地產利益，也可能使專業者背離專業考量；再者，政府往往單方面「由上而下」將都市計畫加諸地方，也許可滿足部分居民，但同時可能犧牲其他居民的權益，製造出更多問題。

西方空間規劃學界很早就體認，空間規劃不應由專業者單方面決策，必須落實民主精神，亦必須「由下而上」，因此「公民參與」(civic engagement) 成為重要觀念；此外，規劃的主體是居民，「參與式規劃」(participatory planning) 成為愈來愈普遍的規劃方法。參與式規劃透過工作坊等多元手法，盡可能讓所有利害關係人參與整個規劃過程，讓居民與專業者相互學習：一方面，居民得以表達想法並帶領專業者更認識地方；另一方面，專業者亦可將新觀念帶給居民。

以參與式規劃進行的都市計畫，是一個政府、專業者、地方居民的協作過程，可確保都市計畫更符合在地需求，並落實民主精神。西雅圖自一九九〇年代推動的「鄰里規劃」(neighborhood planning)，就是一個在都市計畫過程中實踐公民參與的好案例。[5]在行政分區上，西雅圖市分為七個區 (council districts)，每一區又分為數個「鄰里」(neighborhoods)，類似臺灣的「里」，是最小的行政區單位。西雅圖開始推動鄰里規劃，起因於公眾對西雅圖市政府發布的一九九四年綜合計畫 (comprehensive plan) 的強烈反彈。

其實，這個遭受強烈反彈的綜合計畫[6]其中也不乏基於環境、社會公平等價值的規劃內容，但因為該計畫是專業規劃者在未與鄰里充分溝通下逕

5. Sirianni, Carmen, "Neighborhood planning as collaborative democratic design: The case of Seattle". *Journal of American Planning Association* 73(4): 373-387.

6. 案例參考迪爾斯著，黃光廷、黃舒楣譯，《社區力量：西雅圖的社區營造實踐》(臺北市：洪葉文化，二〇〇九)。

自規劃出來，所以非常不受社區行動者歡迎。且該計畫報告書厚達六百多頁，誰想讀完這樣一本跟自己鄰里沒有合作關係的報告書呢？結果政客趁機自行詮釋這份計畫，引來許多人上街抗議，要求尊重「鄰里權益」。當時的「鄰里局」局長受西雅圖市長之託，邀請各鄰里領袖討論如何推動規劃工作，一同研擬鄰里規劃計畫的執行計畫書。最終決定，鄰里可以自己發起規劃、聘請規劃師，完整參與流程；而規劃要能成功，也需要政府的資料與專業，所以鄰里決定採取與政府互助的模式。

為了推動一個占西雅圖全市百分之五十六的土地、三十七個社區參與的龐大規劃，市長在一九九五年成立了「鄰里規劃辦公室」，聘請專案管理人、提供資訊給鄰里、協助鄰里成立規劃委員會、也確保市政府能積極參與審查等。鄰里的工作量可不小：第一階段得先設定規劃範圍，籌組一個能真實反映該規劃範圍的族群、房地產所有人、租戶的規劃委員會，再進行社區普查與討論會議，確保弱勢族群如新移民、殘障人士、青少年等都能參與。第二階段是聘請顧問，並與小組委員會合作進行實質規劃，再舉行博覽會展示規劃方案，最後得把草案寄給每一個家戶、商家、房地產所有人進行表決，勝選方案會由市議會鄰里委員會在鄰里舉辦公聽會進行審議。

最終，三十七個鄰里都決定參與鄰里規劃，並花了二到四年製作規劃方案，也全數通過審議，而其中兩案的發展指標還高於原綜合計畫的設定。執行規劃方案時，鄰里局擔起管理責任，為更有效率地整合，鄰里規劃辦公室轉為其下屬單位。當時的鄰里局長迪爾斯（Jim

Diers）認為鄰里之所以如此全力投入，是因為被賦予擬定方案的權力。為籌措規劃方案的資金，市政府發行了公債與徵收特別稅，令人震驚的是，市政府共向市民募得了高達四億七千萬美元的資金來推動計畫。對此，迪爾斯也提到，官員終於瞭解到只要資金是用在市民期望的建設，市民是願意出資投入的。

一九九四年綜合計畫目前還在執行，有些鄰里計畫已經落實，有些仍持續進行中。二〇一六年，一九九四年綜合計畫被修訂為二〇三五年綜合計畫，[7]鄰里的公民參與熱情不減、持續邁進。

不難想像如此的鄰里規劃過程十分耗時，但西雅圖市政府為何願意進行？就是因為尊重民主精神，認為過程的民主遠重於計畫的效率。

早在一九六九年，美國學者雪莉・安斯坦（Sherry F. Arnstein）以「公民參與階梯」（ladder of citizen participation）的比喻，來說明公民參與規劃決策的不同程度，由低到高分成八個梯度：操縱（manipulation）、教化（therapy）、通知（informing）、諮詢（consultation）、安撫（placation）、夥伴關係（partnership）、授予權力（delegated power）、公民控制（citizen control）。安斯坦界定，唯有達到夥伴關係以上的梯度，才算是達到了公民權力（citizen power）的行使。[8]

西雅圖市政府落實實質的公民參與，相較之下柯文哲的「開放政府、全

7. 參考自西雅圖市政府網站，規劃辦公室與鄰里發展（Office of Planning & Community Development），https://www.seattle.gov/opcd/ongoing-initiatives/seattle-2035-comprehensive-plan?ssp=1&setlang=en-US&safesearch=moderate。

民參與」，則徒具形式。柯市府社子島都市計畫的研擬過程中，居民的參與不曾超過「通知」的梯度，甚至在「社子島開發方向i-Voting」上，因為誘導居民投給「生態社子島」方案，可說是最低梯度的「操縱」。

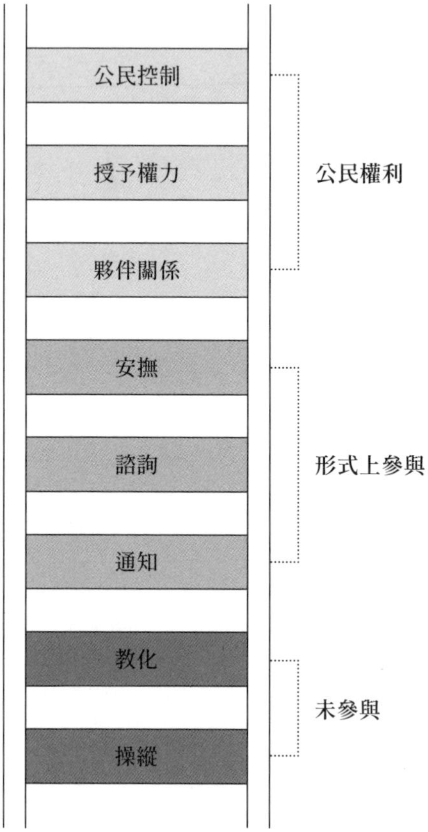

公民參與階梯

（原始圖片來源：Arnstein SR. 1969. A ladder of citizen participation. Journal of American Institute of Planners 35: 4: 216-224.）

8. Arnstein SR. 1969. A ladder of citizen participation. *Journal of American Institute of Planners* 35: 4: 216-224.

鳥籠式的民主、形式上的居民參與

柯文哲上任後推出i-Voting網路投票系統「鼓勵並邀請民眾針對關注的議題進行線上投票，以達到全民參與市政決策的目標，進一步創造民眾心目中的理想生活」。[9]在「社子島開發方向i-Voting」中，市府提出三個規劃方案要民眾投票，但呈現的計畫圖與說明卻是讓民眾霧裡看花的圖面和術語。[10]直到投票當日，地方上對方案內容以及拆遷安置補償條件等仍然摸不著頭緒，連民間的規劃專業者也難以評估三者之利弊。在居民無法判斷各方案優劣利弊的情況下，高達六成五的在地居民沒有投票（投票率僅三五．一六%），「生態社子島」方案雖然得到最高票（三〇三二票），[11]也只是兩成當地民意支持。讓居民自行選擇開發方案，乍看符合民主精神，但方案的規劃內容是市府單方作業的產品，居民即便對方案不滿意甚至疑慮，也莫可奈何。要求社子島居民就三個不具民意基礎的方案擇一，充其量只是鳥籠式的民主。

另一個柯市府標榜「參與」的作為是「社子島專案工作站」的設置。二〇一五年七月雖然就設置了駐社子島工作站，並由相關局處、專業顧問團隊以及社區規劃師駐地收集意見，但最終也未參考在地居民意見而修改「生態社子島」方案內容。這樣的作為，勉強達到安斯坦「公民參與階梯」

9.〈關於i-Voting〉，臺北市政府網頁，https://ivoting.taipei/about-i-voting。
10.〈社子島_20160131臺北市政府〉影片，見https://www.youtube.com/watch?v=U2lEehwVWTE。
11. 社子島開發方向i-Voting投票結果，見臺北市政府網頁，https://ivoting.taipei/completed/1-survey-intro。

中的「諮詢」梯度，也僅算是「形式上的參與」(tokenism)。從二〇一五年戶外開講以來，市府舉辦了各類「會議」，如說明會、聽證會等，形式都類似：官員選擇地點，一字排排坐，待民眾前來表達意見，看似傾聽民意，卻排除了那些不能來、不願來、還有不敢在公眾前說話的利害關係人，而且民眾的意見未得到合理回應外，也未能撼動計畫內容。這些號稱「公民參與」的作為都只停留在形式上。

令人無力的陳情機制

除了柯市府設置「社子島專案工作站」、舉辦說明會或座談會，部分在地居民還自發前往市政府參與二階環評審查會議，試圖表達意見。都市計畫以及環評審查的程序上的確有給人民表達意見的機制，但僅能在審查會議上「陳情」，且每人每次僅得三分鐘。要在三分鐘內清楚陳述意見，對以授課為業的大學教授都不容易，何況是一般民眾。社子島的都市計畫對於一輩子務農的老人或弱勢民眾，衝擊尤其重大，在掌握自己「生殺大權」的專業審查委員面前，只見許多居民邊抖邊講、打結忘詞、語無倫次。

民眾可向官方陳情，但卻沒有任何機制確保民眾的陳情被認真處理，開發單位照規定只需一一紙上回應；無論是都市計畫或環境影響評估，地政局土地開發總隊針對反對意見陳情的回應僅是重複計畫書所言，鮮有實質回應。例如，最常見的陳情意見是「反對全區區段徵收」與「聚落保存」，市府的回應是把計畫書相關內容複製貼上，從未提供以全區區段徵

自救會於臺北市政府外，觀看環評審議即時轉播。（張式慧攝）

收作為唯一開發手段的有力解釋。而在環評範疇鑑定會議中，專家學者屢次指出，依據《環境影響評估法》社子島開發方案不應僅審查「生態社子島」方案，建議將「運河社子島」、「咱ㄟ社子島」等其他方案與之比較，並透過陳情機制，要求市府應提出替代方案，然而柯市府以如下文字回應：「有關替代方案內容依（民國）一〇六年五月十八日範疇界定會議之決議第一點：『本案確認以「生態社子島」為主方案，替代方案包括「零方案」、「技術替代方案」、「環保措施替代方案」，並增加「社經人文評估替代方案」。』辦理，並依一〇六年七月十四日會議結論修正替代方案內容。」在市府回應中所謂的「零方案」亦即不開發、什麼都不做，而「技術替代方案」在法規中的完整名稱則是「開發方式、開發強度、開發範圍或開發規模以及其他技術規劃方案」，前述提及的運河社子島、咱ㄟ社子島等方案，均牽涉此處所指的「開發方式、開發強度、開發範圍或開發規模」，卻遭市府刻意忽略，不予正面回應，僅提出工程技術方案（如大地工程、土方運輸、施工方式等）。這樣的回應，是玩弄「替代方案」的文字遊戲。

從社子島以及過去許多都市計畫的經驗看來，陳情對於計畫內容的影響微乎其微。只要經歷過三分鐘陳情、看過自己的意見如何一再被冗長虛無的文字回應，就會有「俎上肉」的深刻感受。甚至，陳情這件事會讓市井小民（特別是經常有無助感的弱勢居民）感到無力，於是放棄抵抗。某種程度而言，這樣的制度設計是公民參與梯度中的最低梯度：「操縱」。

被濫用的公民參與

「公民參與、住民自決」淪為形式，柯市府還濫用地方居民的參與。i-Voting 結束後，在社子島都市計畫的各種審查會議（包括內政部的主要計畫審查、市政府的細部計畫審查、市政府的二階環評審查）上，任何對「生態社子島」方案妥適性的質疑，或是替代方案的要求，都被柯市府以「生態社子島是 i-Voting 住民自決的結果」，來合理化該方案作為唯一開發方案。而因為參與投票就變成為市府背書，讓許多居民感到憤怒。

此外，二〇二一年底，市府公民參與委員會舉辦「明日社子島工作坊」，當時許多居民早已對市府完全失去信任，憂心參加工作坊會像 i-Voting 一樣，成為變相背書。然而，為表達反對全區區段徵收的心聲、反對「生態社子島」全面剷平的開發模式，協助催生出納入聚落保存的替代方案，許多居民即便有疑慮，仍積極參與。

不幸的是，這次居民的參與再度被濫用。二〇二一年十一月三日，工作坊結束後不久，臺北市環保局長劉銘龍在議會質詢中表示：因爲「公參會有舉辦工作坊在第一線與居民溝通」，[12]十一月二十五日的環評「可預期會通過」。令人忿忿不平的是，工作坊當初設計的目的，絕非為了通過環評審查。此外，柯市府後續公布的工作坊成果報告書中[13]列出參與者從未同意的兩項前提：工作坊前提「主要計畫不變」，且目的是為「二〇二二年要公告區段徵收」。當初協助帶領工作坊的幾位專家學者，因而召開記者會鄭重表示市府認知和工作坊內容完全不同，溝通過程中沒有這些結論與前提。[14]

理論上，政府執行都市計畫應該可以隨著實務經驗累積，在「公民參與階梯」上步步登高。然而，社子島都市計畫推動的幾年來，柯市府不斷來回於「諮詢」和「操縱」之間，且形式上的參與被拿來正當化自己的目的，嚴重扭曲公民參與的內涵。都市計畫界可從柯市府社子島都市計畫推動過程中學到一個重要教訓：徒具形式、甚至企圖操縱的公民參與，反而會製造問題、加深裂痕。

12. 蔡亞樺報導，〈社子島開發案成定局？臺北市環保局長：預期11/25環評會通過〉，《自由時報》，二〇二一年十一月二日，https://news.ltn.com.tw/news/life/breakingnews/3724085?fbclid=IwAR29ulp2kx2rZGNDdU4UIraZ590CK1DynTlTbcRXFg8TSU7VYHIoirq485Y。
13. 臺北市政府，《社子島改善策略工作坊成果報告書》，二〇二一年，https://reurl.cc/015Qkx。
14. 郭安家，〈柯市府社子島工作坊「成果報告」被參與專家打臉不符事實〉，《自由時報》，二〇二一年十一月十一日，https://news.ltn.com.tw/news/life/breakingnews/3733466。

3 不專業、不生態、不永續的「生態社子島」

儘管社區與學界抗議反彈聲浪不斷，問題重重的「生態社子島」都市計畫至今已完成所有都市計畫相關審查。早在二〇一六年「生態社子島」正式對外公布後，多位空間規劃專業者已對之存疑，組成「專業者關注社子島陣線」，集結學者與實務工作者召開多場記者會，也在相關審查會議中不斷質疑，但市府始終鐵板一塊，對批評置之不理。二〇二〇年五月「生態社子島」細部計畫通過後，都市規劃專業界立即串連發起連署，訴求重新檢討主要計畫與細部計畫內容，尋求可行替代方案，甚至檢討整個都市計畫制度。[15]不到兩個月，OURs都市改革組織、都市設計學會、建築改革社、臺灣女建築家學會等近五十個專業團體及二百六十三位規劃專業者連署反對，此外還有九百一十九位其他領域之專業者及民眾連署支持。

「生態社子島」以規劃內容而言至少有三個嚴重問題：無視現有聚落紋理、無視自然條件限制、無視人口萎縮趨勢。

15. 反對臺北市士林社子島地區都市主要計畫暨細部計畫案【線上專業連署】，https://ours.org.tw/2020/06/19/sheiji/。

不應無視聚落紋理，珍．雅各的反思

「生態社子島」最核心的問題，也是居民最激烈反彈的，是採用「全區區段徵收」的整體開發方式。這種開發方式雖能夠創造出嶄新的環境，卻是最偷懶、最不負責任的空間規劃。柯文哲曾經批評前市長郝龍斌的「臺北曼哈頓」計畫將整個社子島填土六公尺，等於是「滅村」。[16] 諷刺的是，柯文哲未意識到「生態社子島」也是個徹底的滅村計畫。

空間規劃的第一個工作是基地調查與分析，這是任何規劃學校一定會教的基本功；妥適的規劃方案必須建立在嚴謹、全面的基地調查分析上。在基地調查上，必須詳盡瞭解硬體環境（包括建成環境與自然環境）、歷史文化、社會經濟、鄰里社會關係、生態等各層面現況。但僅是調查現況並不足夠，還必須進一步分析各層面的問題，找出值得保存、需強化的事物或價值。簡而言之，基地調查的目的是解決問題，並確保都市計畫不是為開發而開發，並且保留地方珍視的人事物。

遺憾的是，「生態社子島」以全區區段徵收進行整體開發，將社子島視為白紙，不見現有聚落。這種無視現況、全面夷平的粗暴開發早在一九六〇、一九七〇年代的西方就被嚴厲聲討。其中批判最力的珍．雅各（Jane Jacobs），於一九六九年出版了《偉大城市的誕生與衰亡》（*The Death and Life of Great American*

16. 盧姮倩，〈社子島全面填土 柯直言：等同滅村〉，《自由時報》，二〇一五年六月十日，https://news.ltn.com.tw/news/local/paper/888082。

Cities)，開啟西方空間專業界對全面剷除式整體開發的反思。

近代西方社會全面剷除式整體開發的思維，可以追溯到十九世紀中葉。當時歐洲主要城市如倫敦、巴黎因工業革命吸引大量鄉村居民移入，衍生出居住空間不足、公共衛生惡劣、犯罪等問題，讓「都市」成為不宜人居的代名詞。許多有志之士紛紛提出解方，具體描繪出理想都市藍圖，其中影響最深遠的有：從一八五〇到一八七〇年代執行的「巴黎改造計畫」、一八九〇年代源自芝加哥的「都市美化運動」(City Beautiful)、一八九八年霍華德(Ebenezer Howard)提出的「花園城市」(Garden Cities)、一九二五年柯比意(Le Corbusier)主張的「光輝城市」(Ville Radieuse)、一九三三年國際現代建築協會(Congrès International d'Architecture Moderne)在《雅典憲章》(*Athens Charter*)中的理想城市描繪。這些論述固然有其理想性，然而都一脈相承地假設：城市現貌本身就是個問題，唯一解方就是抹去一切，並假設只要依循幾何秩序來整頓城市空間就得以解決貧窮與犯罪等社會問題。

上述理想藍圖已不復流行，但其論述背後的假設對於近代都市規劃設計影響深遠。二十世紀中期，美國規劃者與相關部門為挽救都市衰蔽，運用規劃理論把貧窮老舊社區夷平，改建成高樓住宅並搭配寬廣的車行馬路，設立開放空間、大型公園、兒童遊戲場、購物中心、校地等；新的區域比以往陽光充足、空氣清新、景色怡人，深受規劃建築界好評。許多城市群起效尤，如紐約、費城、波士頓、華盛頓、舊金山……，然而都市重建後卻是重複相似單調之景象。那時珍·雅各任職於《建築論壇》(*Architectural Forum*)雜誌，她的上司請她寫一篇讚賞費城再開發的報導，當時的規劃委員會主席、現已成為規劃傳奇人物的培根（Edmund Norwood Bacon）帶她遊覽當地，展示令人驕傲的「改造前、改造後」都市景觀。珍．雅各參觀完費城後，心中是憤慨與幻滅，但還不知如何深入地表達她的疑慮。在為新聞書寫造訪更多城市、社區、高速公路後，她漸漸明確地整理出思緒。一九五六年的一日，珍．雅各代主管出席哈佛大學的研討會，對著臺下百位建築、規劃界最負盛名的人物及學生，她不帶保留地嚴厲批評當時風行的都市重建，一舉引起前所未有的討論。

珍．雅各到底看見了什麼？她看到的不是都市的重建，而是都市的破壞。「人」不見了，街道不再生氣蓬勃，大型超市取代鄰里數十家雜貨店、水果攤、肉鋪、糖果店，但無法替代原先熱鬧的社交據點；巨型公園裡沒有孩童願意玩耍更顯空蕩寂寥；寬大的車道分離了街區，留下無人死角，街景單調無止盡蔓延。都市重建後失去守護照看的鄰里，平民住宅、公園、馬路變成犯罪的溫床，缺乏關懷的弱勢族群犯罪率、罹病率、死亡率升高，社區中相輔相成而活絡的小型商家、文化空間全都消失不見。花了十幾億美金，卻比以前更糟，「一個荒唐的局面，都市規劃師該為此戰慄。」她說。

一九五〇至一九六〇年間，都市規劃的大刀幾次指向珍．雅各珍視的社區：一次是紐約市政府想開一條道路穿過孩子玩耍的公園，又一次是居住地格林威治村被認定為貧民窟須都市更新，之後是市政府欲興建一座貫穿曼哈頓下城的快速道路。這段時間珍．雅各與鄰里舉辦抗議活動挺身對抗，在公開場合撻伐都市規劃師、開發商、市府官員。她被執迷不悟的規劃專業者稱為「那個家庭主婦」、「愛引戰的老女人」，最終拯救了鄰居與鄰里公園，擋下了都市更新。[17]

五十多年後的今日，珍．雅各的著作《偉大城市的誕生與衰亡》仍是國內外空間規劃相關課程的必讀經典，提醒專業者應徹底瞭解有機長成的老舊城區中有形與無形資產。

社子島當然不是張白紙。檢視社子島的都市計畫書《變更臺北市士林社子島地區主要計畫案》，雖然在「發展現況及課題分析」裡有描述社子島的自然環境、生態資源、社會經濟、交通、文化民俗等，但僅是聊備一格，這些內容完全未納入「生態社子島」的規劃考量。例如，計畫中為符合兩百年洪水重現期距保護標準的九．六五公尺堤防，將往島內退縮三十公尺並把聚落削去大半，無視社子島聚落緊鄰河岸的現況。又例如，計畫僅原地保留少量單棟的歷史建築，也不認定聚落中對居民精神生活極為重要的陽廟與陰廟的保存價值，遭反彈後又提出可把宮廟遷至規劃中的公園。這種將建築物與周遭環境脈絡切割的「保存」方式，背離了宏觀聚落保存的國際潮流。至於社子島的無形文化資產，包括民俗祭典、維繫民俗祭典的聚落宗族、社會組織、祭典空間路徑與節點等，則被全然忽略。原本參與「弄土地公」的宮廟和戲臺口廣場、儀式路徑及社區組織也不被保留，弄土地公習俗當然只有消失一途。針對文化資產保存的陳情，

17. 參考珍．雅各著，吳鄭重譯，《偉大城市的誕生與衰亡》（臺北市：聯經，二〇一九），以及卡尼格爾著，林心如譯，《凝視珍．雅各》（臺北市：聯經，二〇一九）。

柯市府僅回應會「專案輔導當地文化傳承」，[18]未有任何實質規劃內容之調整。荒謬的是，本該在規劃之前就應該徹底瞭解社子島的文化資產，但柯市府竟等到二〇一九年三月社子島主要計畫通過後才委託學者進行社子島的文化資產普查。[19]

除了文化資產，社子島擁有現代都市欠缺的「社會資本」(social capital) 也將被抹除。美國政治學家普特南 (Robert David Putnam) 認為現代社區正在失去原本擁有的社會資本，即個體之間聯繫、社會網路、社會共識所發展出來的信任與互惠關係，若缺乏社會資本則將威脅我們的生活、健康、教育、社區安全、民主政治的責任感等。[20]社子島因長期禁限建而保留鄉村的空間型態，以至於還擁有傳統鄰里相互照顧的社會資本，體現現代高齡化社會求之不得的「在地安老」(aging in place) 及「活力樂齡」(active aging) 條件。現況調查與空間規劃脫鉤，社子島都市計畫並非例外，這是目前臺灣所有都市計畫的問題。一個地方要發展、要進步，絕對有「砍掉重練」之外的方法。

18.〈重申社子島必將全面安置 保障居住權益 延續在地文化〉，臺北市政府地政局新聞稿，二〇一七年八月二十一日，https://land.gov.taipei/News_Content.aspx?n=0ABE9F8A3E5B75C2&sms=72544237BBE4C5F6&s=71EA5879CB0D0DBC。

19.〈社子島地區新增七處歷史建築今公告　普查計畫全案結案〉，臺北市文化局新聞稿，二〇二〇年四月八日，https://culture.gov.taipei/News_Content.aspx?n=621F0409A1ABDD34&sms=72544237BBE4C5F6&s=20A9F30FD02637AE。

20.同注6。

人定勝天的「生態社子島」

「生態社子島」雖冠上「生態」名號，但實質上是「人定勝天」的開發模式，而且明顯違背生態規劃原則。生態規劃反思傳統土地開發中人定勝天的思維，強調「順應自然」，不以技術控制，根本的原則是避免開發環境敏感與易受災之土地，無論技術上是否可控制災害。而社子島正是環境敏感、易受災之地。

根據經濟部中央地質調查所的土壤液化潛勢圖資，社子島全區都屬於「高潛勢區」；[21]社子島也是淡水河與基隆河兩河交匯之河口沙洲，天然低窪易淹水。社子島的先民選擇此地居住應是圖近水之利，只要能夠適應當地環境，對土地的輕度使用並無問題。然而面對社子島的先天限制，「生態社子島」方案選擇大規模開發，認為土壤液化高潛勢的問題只要進行地質改良就可解決。[22]至於易淹水體質，則是以築更高的堤防抗洪，就能進行更高強度的開發；如此，關於氣候變遷導致水患風險增加的議題，則認定「氣候變遷海平面最多升高八十二公分，計畫堤頂高程九．六五公尺，仍在安全範圍內」。[23]

21. 可見於經濟部中央地質調查所土壤液化潛勢查詢系統，https://www.liquid.net.tw/cgs/Web/Map.aspx。
22. 〈區段徵收爭議 社子島在地居民意見分歧〉，《公視新聞網》，二〇二〇年九月三十日，https://news.pts.org.tw/article/495678。
23. 同注1，頁三二。

因應氣候變遷，社子島是天然冷島

除了避開災害的基本原則，生態規劃也不能對基地以外的地方造成負面影響。極端氣候下，近年來臺北盆地夏日溫度屢屢破紀錄，根據國立臺灣大學石婉瑜教授的研究，保留許多農地與綠地的社子島及關渡平原，是臺北盆地難得大型穩定的冷島，[24]兩地也位處淡水河谷的風口，是海陸風進出盆地的關鍵地區。[25]若社子島依照「生態社子島」開發，即便該方案規劃大面積的「中央生態公園」，建築物的量體與高度、硬鋪面也會顯著增加，是否可能加劇臺北盆地的都市熱島效應、阻礙風廊、弱化冷卻效應讓盆地更悶熱呢？潛在的都市微氣候影響，在二階環評中完全被忽略。

生態規劃當然不能只是消極避災或避免負面影響，更要積極地讓基地與周遭環境變得更好；例如，應要對本世紀最緊迫的氣候緊急狀態（climate emergency）有所回應。二〇二一年八月九日，聯合國政府間氣候變遷專門委員會（IPCC）公布了最新氣候變遷評估報告（AR6），[26]再次強調氣候變遷是人為造成且已不可逆。臺灣也同步公布了相關推估：臺灣的夏天將會愈來愈長，到世紀末可能就沒有冬天了，而颱風和暴雨強度也會增加。因此臺灣必須積極因應氣

24. 石婉瑜、Leslie Mabon，〈臺北盆地的熱環境特徵與都市綠色基盤的影響〉，《都市與計劃》第四十五卷四期（二〇一八年），頁二八三至三〇〇。

25. Shih, WY., Mabon, L. (2021). Green Infrastructure as a Planning Response to Urban Warming: A Case Study of Taipei Metropolis. In: Ito, K. (eds) *Urban Biodiversity and Ecological Design for Sustainable Cities*. Springer, Tokyo. https://doi.org/10.1007/978-4-431-56856-8_15.

26. *Climate Change 2021: The Physical Science Basis*, https://www.ipcc.ch/report/sixth-assessment-report-working-group-i/.

候變遷帶來的極端高溫、極端降雨甚至乾旱的挑戰。然而，「生態社子島」完全未呼應全球議題，也欠缺任何減緩氣候變遷的考量。

都市計畫人口超越全臺總人口的荒謬亂象

臺灣在二〇二〇年已進入人口負成長，臺北市因居住成本太高，人口不斷流失到新北、桃園等縣市。[27]根據臺北市民政局統計，二〇二二年一月的人口數略多於二百五十萬，但同年八月人口已減少至約二百四十六萬人。[28]臺北市政府主計處早在二〇〇九年《臺北市人口消長研究》中推測，二〇二三年臺北市人口自然增加率以及社會增加率會開始負成長。[29]然而「生態社子島」無視社會趨勢，一開始將計畫人口設定為三萬四千人，理所當然在歷年都市計畫審查會議中被委員質疑計畫人口的合理性，後來雖然下修到三萬人，但仍是社子島目前設籍人口的近三倍。

在柯市府著手推動「生態社子島」之前，社子島臨基隆河對岸的「北投士林科技園區（洲美地區）都市計畫」就已規劃一萬五千名居住人口及三萬五千名科技產業就業人口，該開發計畫目前仍進行中。「生態社子島」以二〇四一年為計畫目標年，在臺北市人口

27. 陳昱婷報導，〈北市人口外流　一月跌破二六〇萬大關〉，《中央社》，二〇二一年二月七日，https://www.rti.org.tw/news/view/id/2091316。
28. 臺北市政府民政局一一一年八月各行政區最新月分人口數及戶數統計資料，https://ca.gov.taipei/News_Content.aspx?n=8693DC9620A1AABF&sms=D19E9582624D83CB&s=EE7D5719108F4026。
29.《應用統計分析報告　臺北市人口消長研究》，臺北市政府主計處，二〇〇九年，https://ppt.cc/f4Yp6x。

不再成長、周邊已有大規模開發案進行且尚未見效的情況下，未來社子島如何可能吸引三萬人入住？倘若每個都市計畫都違反社會趨勢，不切實際地「超編」，整體而言就是災難。

臺灣目前已身處超編的災難中，根據內政部營建署二〇二〇年統計，全臺都市計畫的計畫人口數超過二千五百萬，竟比臺灣總人口還要多；但實際居住在都市計畫區域的人口不到一千八百七十萬人，[30]也就是說，臺灣的都市計畫區內還可以容納六百六十多萬的人口。另一方面，已開發之建築亦未充分使用，據二〇二三上半年度的統計，全臺空屋率達八．七七%，臺北市亦有六．六九%的空屋率。[31]即便如此，各縣市政府仍不斷提出新的都市計畫，依舊設定違反社會趨勢的計畫人口。

計畫人口浮濫設定，導致全臺土地浮濫開發，農地不斷變成建地。鄉村地區經區段徵收後，許多土地卻長年閒置（例如多數高鐵站周邊土地），顯然實質的土地使用需求並不存在。臺灣的都市計畫已經嚴重背離專業，其背後驅動力往往是地主、投資客對於「土地增值」的需求，而非實質的「土地使用」需求。計畫人口編愈高，開發強度與建築容積率就愈高，土地價值就愈高。在臺北市乃至於全臺人口都下降的情況下，「生態社子島」大量建造的房屋只會淪為房地產炒作的對象。

30.《一〇九年營建署統計年報：都市計畫相關統計報表》，https://www.cpami.gov.tw/filesys/file/EMMA/02-109.xls。

31.《內政部一一二年七月統計資訊簡冊》，https://pip.moi.gov.tw/v3/e/SCRE0104.aspx。空屋率計算公式：（低度用電住宅+新建待售屋）/房屋稅籍住宅類數量 ×100。

「生態社子島」可預見的房地產炒作是違背社會正義，沒有實質土地需求而開發則違背環境永續，與永續城市理念背道而馳。永續城市規劃的重要概念包括「成長管理」(growth management)、「緊密城市」(compact city) 與「聰明成長」(smart growth)。成長管理的做法是劃定一定的區域，把所有都市相關的土地開發需求都限制在這個區域中。緊密城市和聰明成長兩者是類似的概念，在現有已開發的城區中進行「填入式開發」(infill development)，意即利用閒置土地或提升土地使用強度，來滿足人口成長衍生的空間需求。永續城市的基本原則，就是要避免建地侵蝕寶貴的農地與綠地。臺北市人口萎縮，沒有人口成長衍生的空間需求，「生態社子島」執意將大量現有的農地變成高容積的建地，不僅是背離永續城市原則，也會造成大量碳排放的嚴重問題。

「生態社子島」冠上「生態」一詞，並堆疊各種時髦的規劃語彙，除了胡亂使用上述的成長管理、緊密城市概念，還冠上智慧、韌性、低碳、低衝擊開發、生態復育、生態DNA基地等詞彙。這種背離專業、違背生態規劃原則、違反永續城市理念的計畫，讓臺灣都市計畫的負面教材再添一例。

4 區段徵收的陷阱

文字／徐孟平

西雅圖以鄰里規劃的方式擬定西雅圖綜合計畫的發展方案，符合申請資格的三十七個鄰里全數參與鄰里規劃，並花了二到四年製作規劃方案，也全數通過市政府的審議；令人驚訝的是，沒有一個鄰里規劃方案提出要透過土地使用變更[32]來達到成長目標，也就是說，社區裡的農牧用地還是農牧用地，建地也還是建地，維持原本的土地使用，沒有因為要符合計畫的人口成長、增加就業機會而變更用途。

反觀「生態社子島」，都市計畫方案面積三〇二公頃，北市府卻欲透過區段徵收取得其中二五〇公頃的私人土地，[33]且宣稱「區段徵收是較公平做法」、「將研擬安置方案，讓居民可領補償費，一定保障土地權益」等。[34]如果區段徵收真的是公平且保障居民權益的做法，為何內政部土地徵收審議小組陸續收到五百六十五件不願納入徵收的陳情？[35]又為何引發社子島自救會的強烈抗爭？

32. 同注6。

33.《臺北市都市計畫書 變更臺北市士林社子島地區主要計畫案》，臺北市政府，二〇一八年六月二十六日。

34. 郭安家，〈社子島自救會抗議 柯市政府回應：正研擬安置方案不可能免費〉，《自由時報》，二〇一九年六月十三日，https://news.ltn.com.tw/news/politics/breakingnews/2820857。

35. 統計時間為二〇二一年十一月至二〇二三年一月。

「一坪換一坪」的謊言

二〇一〇至二〇一三年的苗栗大埔事件，使土地徵收爭議成為熱門新聞，怪手開入農田中剷起不久後就能收成的稻穗，蠻橫扯下張藥房外「守護大埔」布條，畫面透過電視、網路、報紙傳送到全臺各地。大埔事件雖然促成《土地徵收條例》修法，遺憾的是，最令人詬病的「區段徵收」仍存留在法規中，直至今日透過一個又一個的開發計畫，鯨吞蠶食人民的家園與農地。

隨著臺灣從農比例下降，大片農地成為政府眼中最好利用的開發資源。政府以繁榮地方為願景提出開發計畫，框定基地範圍，再以區段徵收取得私人土地，徵收所獲得的土地一部分作為徵收補償發還給原地主，稱為「抵價地」。然而，抵價地發還的計算基準是以土地「徵收時」的補償費換算為土地權利價值，再除以「徵收後」欲

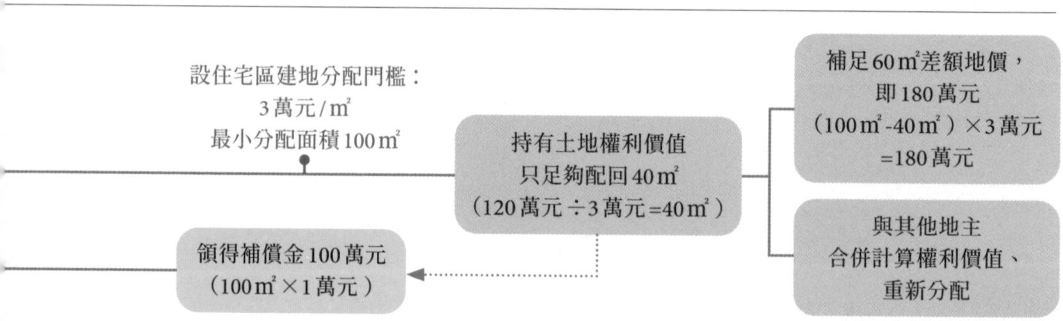

選配街廓的每單位面積土地價值，換算後若不足單位最小分配面積，還須另外繳納差額地價，或者與其他人合併計算重新選配，不然只能領取徵收補償費，而不能於開發後配還土地。

舉例來說，某地主原本持有一百平方公尺（約三十坪）農地，徵收價格每平方公尺以一萬元計，則土地徵收補償費為一百萬元。假設換算後的土地權利價值為一二〇萬元，地主欲選配的住宅區為每平方公尺三萬元、最小分配面積一百

土地權利價值

在區段徵收中，為計算徵收後可配回抵價地面積，將被徵收人所獲補償金乘以權利價值係數後，即被徵收人所持有的「土地權利價值」，可理解為一種計算單位。

權利價值係數

指開發後抵價地評定總地價跟開發前徵收總地價的比例，即開發前後總地價的漲幅。

土地徵收後換算

（徐孟平整理）

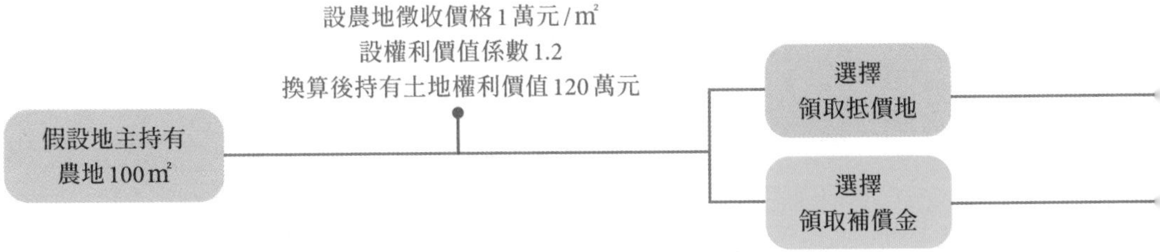

平方公尺，則這位地主所有的權利價值只足夠配回四十平方公尺，因未達最小分配面積，除非這位地主能補足六十平方公尺的差額地價，即一八〇萬元，或找到其他被徵收地主合併計算權利價值、重新選配，否則就土地被徵收的部分最終只能領取一百萬元的徵收補償費。[36]

民間流傳區段徵收後「農地變建地」確有其事，政府透過都市計畫及區段徵收取得大片土地，重新規劃街廓為住宅區、產業專用區、商業區等可建築用地，然而因農地徵收價格低、建地價格高，當地主選擇領回抵價地，根本不可能「一坪（農地）換一坪（建地）」，更別提尚有最小分配面積的門檻，導致多數小地主最終只能選擇領取補償費，搬離原本的家園。

除此之外，區段徵收限定可發還原地主的抵價地只能占徵收總面積的四〇%至五〇%，實務上政府通常基於財務考量會將抵價地比例設定為四〇%（或接近此比例），[37]意即徵收總面積中最多只能有四〇%可供原地主配回，剩餘土地一部分作為公共設施用地，一部分則供政府標售、讓售及有償撥用，實際上原地主最終仍可能基於權利價值不足選配街廓最小面積、無法融入新生活環境等因素而放棄選配土地，無人選配的「配餘地」又可由政府重新規劃使用，或者標售、讓售、有償撥用。

36. 以桃園航空城機場特定區區段徵收案之安置街廓為例，最小分配面積為一百平方公尺，最小分配所需權利價值為六一〇萬至六九〇萬元。此僅分配土地，建屋費用需另外計算，且該案另有設籍限制。

37. 戴秀雄，〈由制度設計面向論抵價地式區段徵收〉，《臺灣法學新課題（十）》（臺北市：元照出版，二〇一四）。

社子島目前尚有一七〇公頃的土地作為農業使用，[38]以種植瓜果葉菜等作物為主，不僅養活了許多家戶，也將最新鮮的蔬菜送到大臺北地區消費者的餐桌。然而在「生態社子島」計畫中，農業區僅剩二．四五公頃，[39]這意味著大規模的滅農，不僅當地的產業型態將大幅改變，原本以農為生的人們也將被迫失去工作。徵收取得的土地經過重新規劃為住宅區、商業區、科技產業專用區等新的使用分區，以及爭議極大的「中央生態公園」，又有多少居民真的能在開發後回到社子島生活？現階段沒有人能給出答案。區段徵收不只是土地權利價值的轉換問題，過程繁雜漫長的行政流程對於追求平穩生活的居民而言更是一種折磨。

監察院於二〇一四年曾公布關於「以區段徵收方式辦理都市計畫整體開發成效與問題」的專案調查研究，便明確指出「區段徵收為自償性事業，政府為確保財務回收，有刻意壓低地主得領回抵價地比例之情事；又現行法令雖然明定抵價地總面積不得少於百分之四〇，惟被徵收土地所有權人個別所應領回之抵價地面積卻係以權利價值換算，其涉及區段徵收區內地價之合理性，相關主管機關允應審慎處理，以避免不公情事發生」。[40]遺憾的是，至今諸如社子島、

38.《臺北市士林區社子島地區開發計畫環境影響評估報告書》，臺北市政府地政局土地開發總隊，二〇二二年三月。

39.《臺北市都市計畫書 擬定臺北市士林社子島地區細部計畫案》，臺北市政府，二〇一九年十二月三十一日。

40.〈監察院一〇三年度專案調查研究報告 「以區段徵收方式辦理都市計畫整體開發成效與問題」專案調查研究〉，二〇一四年七月三日，https://www.cy.gov.tw/CyBsBoxContent.aspx?n=133&s=2716。

桃園捷運綠線周邊數百公頃的社區，仍受到區段徵收的威脅。

這套遊戲規則暗示著，一個區段徵收案中，只要一開始框定足夠大的計畫範圍、徵收足夠多的土地，政府除了行政作業成本，幾乎不需額外的實質付出，透過抵價地比例、權利價值換算及街廓最小分配面積的設定，同時解決開發兩大難題：用地取得及開發經費，甚至能藉由配餘地獲得額外收入，幾乎是穩賺不賠的無本生意，同時也揭示了，區段徵收將多數不特定人使用的公共設施建設成本，轉嫁給被徵收地區的居民負擔，根本不具備官方宣稱的「公平」。然而，居民只能被迫接受這樣的剝奪，即便因反對徵收而拒絕簽寫同意文件或拒領徵收補償費，當行政作業達一定階段，土地及土地改良物的所有權將全數移轉由政府持有，未領取的補償費將提存於法院，超過十五年未領取便歸國庫所有；而居民若不自行搬離，只能面臨推土機開進家園，原本為家人遮風擋雨的避風港，將在一聲令下後成為斷垣殘壁。

違憲的制度設計，航空城也遭殃

「八十五歲的夏阿嬤也淚眼控訴，一九八二年在大園落地生根，二十坪地自蓋三層樓透天安居樂業，但複估後的補償費連同土地僅五百萬，『九旬老夫妻到哪裡買得到五百萬的房子安享晚年？』」二〇二〇年十一月，桃園市政府前廣場聚集了逾千名航空城迫遷戶抗議徵收補償費根本不足以重建原來的家，[41]類似的報導隨著拆遷進行不時躍上媒體版面。

但區段徵收所造成的衝擊已經遠遠不是單純的財產剝奪，更非局限於徵收補償費多寡的問題，不論是否透過抵價地分配或安置方案回到原區域，居民都將面臨生活環境的鉅變：從小生活的房屋遭拆除、長久相處的親友鄰居四散、為了重新安家必須背負沉重債務等等，地區整體重新規劃也可能導致居民失去原本的工作，隨之而來的生活挑戰將使居民承受強大壓力而容易罹患身心疾病，年長者更是高危險群。

財產權的保障也不僅僅是確保個人的生存權利，能自由使用、收益及處分私人財產同時意味著人格自由發展的可能，是實現其他基本權利的基礎，除非為了更重要的公共利益，他人不得任意剝奪，換句話來說，我們不僅有活著的權利，憲法更保障我們「有尊嚴」地活著。

然而，是什麼「更重要的公共利益」允許政府以區段徵收剝奪人民財產？區段徵收經常挾帶「地方發展的想像」或「國家重大建設」而來，不論這樣的發展願景有多抽象，只要政府「勇於」提出計畫，幾乎都被視為具備公共利益，為了有充足的經費讓計畫順利執行，區段徵收成為「政府認為」的必要手段，區段徵收的公益性及必要性的討論在「財務自償」的架構下被

41. 蔡依珍報導，〈桃園市逾千戶航空城迫遷戶市府前抗議 怒吼：還我一個家〉，《中時新聞網》，二〇二〇年十一月二十二日，https://www.chinatimes.com/realtimenews/20201122002783-260402?chdtv。

模糊化，為了提供計畫開發經費、維持規劃基地的方正，每一筆土地的徵收都被視為必要，而膽敢對計畫提出質疑的居民則會被貼上「妨礙地方發展」的標籤，冠上「釘子戶」的汙名。

北市府以「保護社子島地區居民生命財產安全」、「配合都市計畫及防洪計畫，規劃社子島舊市區更新」作為「生態社子島」的開發目的。[42]被禁錮超過五十年的社子島確實需要改變與發展，然而，北市政府舉著「改善生活環境」的公益大旗，強制居民參與區段徵收，是侵害極大的手段，區段徵收中的配餘地及可供標售、讓售、有償撥用土地，更顯示區段徵收仍是以「財務需求」為動機。區段徵收的結果幾乎等同驅逐原來的居民，在「生態社子島」的藍圖中，缺少與一萬一千多位原居民共榮共存的想像。

「桃園航空城」是臺灣史上規模最大的區段徵收案，更是一個以極度抽象的「公益」作為大規模區段徵收理由的顯著例子。二〇〇九年交通部以「提升國家競爭力」、「促進桃園國際機場與桃園地區發展」提出航空城的構想，行政院進一步於二〇一三年核定航空城建設計畫為國家重大建設，新訂都市計畫面積四七九一公頃（包含既有桃園國際機場及海軍基地約一六五四公頃）。如此大規模的建設計畫，其核心內容是僅僅五八七公頃的機場擴建開發，[43]卻擴大徵收數千公頃的土地，另外規劃自由貿易港區、產業專用區等產

42. 同注38。
43.《臺灣桃園國際機場第三跑道環境影響評估報告書》，桃園國際機場股份有限公司，二〇二〇年四月。

業用地，來滿足政府「未來理想中」因應機場擴建將進駐的產業及周邊發展需求。

許多居民為了保留家園，開啟長達十多年的抗爭人生，除了籌組反迫遷聯盟，也在公家機關間奔波陳情，耗費龐大的社會成本，即使過程中有不少居民爭取到從計畫範圍剔除，或不參與徵收，但至二〇二一年公告實施第一階段都市計畫時，整體計畫面積仍高達四五六四公頃，區段徵收面積也達二五九九公頃，預計有九千多戶受影響，[44]未來計畫區內的拆遷情況值得社會關注。

押寶未來——扭曲的補償與安置

為了強化社子島開發的正當性，北市府提出的安置方案包括安置街廓、協力造屋、專案住宅配售配租，其中專案住宅是指由市政府在開發後於當地興建一定數量的大樓式集合住宅，提供被徵收戶以成本價購買，或以較優惠的價格承租。

專案住宅的配售資格以所有權人持有的建物是否合法或存在時間點作為判定依據，分為主配及增配，只要是合法建物或一九九四年以前存在的建物，所有權人可依門牌承購一戶主配，如果一人擁有多個門牌建物，第二個門牌起，

44.《擬定桃園國際機場園區及附近地區特定區計畫（第一階段）書》，桃園市政府，二〇二一年十月。

每一門牌加發九十萬元的安置費用。[45]而若所有權人持有的房屋面積、設籍人口滿足一定級距，除了主配之外，還可再申請增加配售住宅戶數。

即便北市府在文宣中將「補償」與「安置」分開討論，專案住宅配售因產權最終歸承購人所有，概念上更偏向「補償」，只要擁有建物所有權就能在開發完成後以成本價承購一戶專案住宅，加上北市府刪除了原有的六年內禁止移轉限制，[46]等於承購人購買後就能立即轉手賣出。以臺北市房價市場估計，這樣的操作可直接獲得上千萬的暴利，導致投資客及有心人士爭相在配售戶數及資格上鑽營漏洞、謀取利益。

類似的情況在北投士林科技園區開發案中也可見，專案住宅交屋不到半年即有二〇%轉售，[47]按北市府資料，過戶總價為八四〇萬到一二八七萬元，而房屋交易平臺上卻出現二六八〇萬元的售價，安置的美意遭到扭曲。

此外，社子島有逾千戶的家庭有屋無地、無屋無地，原因可能是早期社會對於「產權」概念不清楚，居民買地建屋後未將土地辦理過戶，或基於互助而將私有土地口頭出借鄰居擴建房屋，又或者兄弟姊妹各自成家後仍住在同一屋簷下，這些家戶因為沒有土地所有權，無法申請配回抵價地，只能透過安置方案爭取開發後還能有屋可住。為了補償與安

45.〈臺北市士林社子島地區區段徵收問答集 Vol.2〉，臺北市政府地政局土地開發總隊，二〇二一年十一月十七日，https://shezidao.gov.taipei/cp.aspx?n=FE5E449D2D1A91BD。

46. 楊心慧，〈社子島安置配售專宅放寬 移轉解禁〉，《自由時報》，二〇一九年七月五日，https://news.ltn.com.tw/news/life/paper/1300854。

47.《臺北市議會公報》第一一四卷第十一期，臺北市議會，二〇一九年六月六日。

置，社子島內原本和睦的家庭與鄰里開始出現爭吵，有些人為了謀利大力推崇開發，或為了爭奪專案住宅承購資格而互相提告，也有親戚反目成仇。社子島的開發案不只撕裂人與土地的關係，加速土地商品化，更嚴重破壞人與人之間的信賴。

私人財產的交易買賣本來是再正常不過的事，但安置住宅及土地炒作使許多不願參與區段徵收、希望原地修建房屋的居民同時承受政府及投資客強大的壓力，多數選擇含恨妥協，若再加上抵價地分配及安置方案的限制，沒有一定經濟基礎的居民只能領取不相當的補償費，另尋安身之地。在現今高房價的環境中，這些人會流落何處？顯然不是政府或投資客所關心的事。

回過頭檢視過去的案例，諸如淡海新市鎮、竹科竹南基地（苗栗大埔）以及眾多高鐵特定區等，經過區段徵收的地區大多「面目全非」，土地的百年故事、時間積累的鄰里照顧網絡、農民彎腰採收的風景，都在法規中更換成金錢與權利價值，最終被抹除，取而代之的是高樓空屋、仍在尋覓廠商進駐的空蕩產業園區，或者待價而沽的人工草皮。

5 面對氣候變遷依然故我，強化防洪與老天對賭

人類選擇居住在自然氾濫的洪泛平原又不願與洪水共處，築堤束水，成就現代社會的防洪大業。中文的「防洪」等同於英文的 flood defence，帶著強烈與自然對抗的意味。不過歐美的水患治理界早已摒棄與水對抗的思維，體認到任何防洪排水工程都有其保護的極限。即便工程能顯著減少淹水頻率，也無法確保不會淹水。水患風險永遠都存在，人類能做的就是試圖管理，於是較為謙卑的 flood risk management（洪水風險管理）一詞取代 flood defence，並強調「非工程」的防災措施，例如做好土地利用規劃，易淹水的地方不開發或低度使用。但對臺灣工程界而言，防洪仍是水患治理的主流概念，「防洪安全」四字甚至擺在一起講，好似唯有防洪才有安全。

「生態社子島」所採取的水患治理方式正是延續了工程主導的水患治理傳統，極端氣候下，在洪泛平原上以「強化防洪」的方式允許更多房地產進駐，決心與老天對賭。

臺灣典型的防洪計畫分為「外水」以及「內水」兩方面措施。所謂外水是河川氾濫的洪水；內水則是降雨在地面上造成的雨水逕流。兩種水其實無法截然二分，但因應措施

不同。外水通常利用堤防或防洪牆來抵擋；小型河川採取整條河川「渠道化」(channelization）讓洪水快速排到下游，例如將有植物覆蓋的自然河岸改成護岸，或將整條河變成「三面光」的水泥溝。內水則是使用由雨水下水道與抽水站組成的排水系統快速排除。

「生態社子島」的防洪計畫也是分為這兩方面來規劃的：[48]外水方面為使社子島的防洪保護標準提升到與大臺北地區等同（意即可抵擋兩百年重現期距之洪水），而將環繞社子島的堤防從目前標高六公尺加高到九．六五公尺。但又得考量社子島堤防加高後可能對大臺北原有的防洪設施造成衝擊，所以社子島若加高堤坊就須退讓行水空間給河川，根據水理演算，社子島淡水河側的堤防須往後退縮三十公尺，基隆河側的堤防則須退縮八十到一百三十公尺後才可建新的九．六五公尺堤防。而新舊堤防之間的社子島聚落，將被填土，成為堤防的緩坡。

至於內水則是倚賴雨水下水道。為讓雨水盡量透過重力排到「中央生態河道」與抽水站集水井，社子島堤內將填土至標高二．五至四．五公尺，並新設三座抽水站。雨水下水道的設計考量了極端降雨，可應付每小時一一三．五毫米的降雨強度，顯著高於臺北市其他地區排水系統目前的保護標準（每小時七八．八毫米）。除了以上傳統的排水工程外，為符合《水利法》新增的「逕流分

48.〈臺北地區（社子島地區及五股地區）防洪計畫修正報告（第一次修正）〉，經濟部，二〇一九年十二月。

擔與出流管制」要求，「生態社子島」中的「中央生態公園」兼具滯洪功能，有二十萬立方公尺的滯洪量。社子島的防洪計畫以傳統的防洪思維來檢視，十分周延；然而，加高堤防至九．六五公尺的方案，卻忽略根本問題。

忽略氣候變遷的不確定性

全球的水患損失逐年增加，國外許多研究顯示原因為易淹水地區不斷被開發，使更許多人命與財產暴露在水患風險中。氣候變遷造成海平面上升與極端氣候，也加劇了水患風險，因此各國都在極力控制易淹水地區的開發。例如美國於二〇一五年制定「聯邦洪水風險管理標準」（Federal Flood Risk Management Standard）採用比各州法規更嚴格的防災標準，規定只要是聯邦政府出資興建的建築或其他建造物，都必須評估基地當前與未來的水患風險，並確保聯邦政府的公共建設具一定的海拔高度（例如高於五百年重現期洪水的水位），盡可能遠離洪水。[49]

堤防可減少淹水機率，但是當洪水規模超過堤防的保護標準，淹水還是會發生。大臺北地區雖有可抵禦兩百年重現期洪水的防洪工程，但若遇上五百年重現期的洪水還是會淹水。所謂五百年重現期的洪水，並非指五百年才發生一次，而是一年發生的機率是五百分之一，而連續幾年都發生五百年重現期的洪

49. Federal Flood Risk Management Standard, https://www.fema.gov/floodplain-management/intergovernmental/federal-flood-risk-management-standard.

水也不無可能；例如美國休士頓在二〇一五到二〇一七年間發生至少三次五百年重現期洪水，部分地區的洪水規模甚至超過一千年重現期。[50]休士頓的慘痛經驗當然也有可能在大臺北地區出現。臺灣歷經無數次大型災害的經驗清楚說明：老天高深莫測，人從來就沒勝過天。

但氣候變遷的核心問題其實不是降雨極端，而是它的不確定性——過去的數據不再能準確預測未來的情況。若已知降雨變強，我們可以事先做好因應措施，但問題就在於我們已經無法精準預測降雨到底有多極端。處在充滿不確定的氣候變遷年代，最好的防災方式就是不要開發天然易受災之地。

然而在社子島的防洪計畫書中，對於氣候變遷卻以「應當對社子島施以高保護，達到與臺北地區一致之保護標準」來應對，[51]因而將社子島現有標高六公尺堤防（二十年重現期洪水保護標準）加高到九．六五公尺，面臨氣候變遷升高的水患風險，持續以人定勝天的態度與老天對賭。

防洪是保護居民，還是土地開發？

防洪工程的出發點是為了「保護居民」而非「土地開發」，但因防洪工程可以顯著降低淹水頻率，也讓人誤以為能夠安全無虞地行使更高強度

50. Christopher Ingraham, "Houston is experiencing its third '500-year' flood in 3 years. How is that possible?" *The Washington Post*, August 29, 2017, https://www.washingtonpost.com/news/wonk/wp/2017/08/29/houston-is-experiencing-its-third-500-year-flood-in-3-years-how-is-that-possible/.
51. 同注49，頁三至一二。

的土地開發。早期基隆河截彎取直創造出許多「新生地」，後轉為炙手可熱的房地產；近期洲美興建臺灣首座「超級堤防」以利「北投士林科學園區」開發，居民不僅沒被保護反而被迫遷，[52]防洪工程在臺灣不是為了要保護居民，而是關鍵開發工具。

即便社子島現有保護標準與大臺北其他地區有極大差距，除了少數地方頭人，社子島居民未曾主張同樣的保護標準。許多居民甚至不解，社子島目前已有堤防了，為何非得加高不可？此外也沒有任何法規規定，大臺北地區的土地開發非得採用兩百年重現期洪水保護標準不可。不少居民相信加高堤防的目的是要讓社子島可進行高強度的土地開發，以創造更多房地產利益。浮汕居民李先生說，「這個九．六五米堤防根本是假議題，是為了徵收土地而做的假議題，之前基隆河截彎取直就是政府要拿土地，做堤防也是政府要拿土地！」

浮汕李先生所指的「徵收土地」，就是「生態社子島」的開發手段——全區區段徵收。但為何興建九．六五公尺堤防需要徵收整個社子島的土地？北市府從來不諱言，若以一般徵收方式取得興建高堤所需土地，徵收費用加上建物拆遷補償費用會太過高昂，導致財政無法負擔；倘若社子島開發採取全區區段徵收，可取其龐大收益來負擔堤防的相關費用。[53]簡言之，對北市府而言興建高堤是「生態社子島」非得採用全區區段徵收的主要原因。住在中窟的鄭永裕說：「沒得到九．六五米堤防的利益，自己就已經先不見了，哪有被保護到啊！」

52.〈前瞻公共工程　北科示範園區〉，臺北市政府地政局，二〇一八年五月十一日，https://reurl.cc/b9Ly8X。

53.《「變更臺北市士林社子島地區主要計畫案」暨「擬定臺北市士林社子島地區細部計畫案」區段徵收土地公益性及必要性評估報告》，臺北市政府，二〇一八年，頁二。

承受超過五十年禁限建之苦的社子島居民，將會因為這道高堤被迫遷、或被逐出社子島。加高堤防讓社子島跟大臺北其他地區擁有同樣等級的防洪保護，讓柯市府能對外宣稱其「符合公平正義」。[54]面對專家學者質疑時，規劃社子島防洪計畫的臺北市工務局水利工程處均以「兩百年保護的堤防是社子島人一直以來要求的」來合理化築堤，這也不符合事實。

自一九七〇年被禁限建後，社子島居民多次集結陳情抗議。最引人注意的是一九八七年八月十一日，四百多位居民、十五臺鐵牛車至北市府及行政院經濟建設委員會陳情，要求築堤保護社子島。這次的陳情成功爭取將原有的四公尺堤防加高到六公尺。[55]當時經建會同意興建六公尺堤防給予保護，但也做出「日後不得再加高」的決議。不過六公尺堤防完成後，社子島少數頭人仍組成「社子島開發促進會」，頻繁與北市府見面要求對社子島進行「高保護」，亦即可對抗兩百年重現期洪水。[56]這些少數頭人的聲音讓外界誤以為社子島人要跟大臺北地區一樣的保護標準。但社子島從來就不是一個同質的整體，內部的聲音也不可能一致。曾經參與過去那些陳抗活動的王木琳說，「鐵牛車抗議我也有參與啊」，在他的認知中，上街頭是爭取解除社子島的禁限建，而非蓋堤防。出身浮汕的李先生也說：「鐵牛車那次我爸也有去，但我爸後來感覺被騙去抗爭，因為他的訴求是解除禁限建而不是加高堤防。」

54.《臺北市士林區社子島開發對臺北地區防洪計畫之影響及其效益分析（第一次修正）》，臺北市政府，頁IV，https://www-ws.gov.taipei/001/Upload/public/Attachment/591113363210.pdf。

55.謝梅華，〈都市政權規劃政治與市民意識的萌發：社子島開發案的想像與真實〉（世新大學社會發展研究所碩士論文，二〇〇八），頁八四。

56.同注55，頁八六。

其實，自從六公尺堤防完成之後又建置了十五座抽水站，讓許多社子島居民明顯感受到社子島已經不太淹水了，頂多只有少數地段在颱風來時會積水。在溪洲底已住了三十一年的社子島自救會發言人李華萍說，「只積過兩次水，都沒有淹進房子裡。」其實大部分的居民根本不瞭解防洪保護標準這件事，也不瞭解防洪保護標準與土地開發之間的關聯性。居民最在意的並非社子島與其他地方不同的堤防高度，而是無法如正常市民一樣修繕或改建自己的房子。因此加高堤防絕非社子島人的共識，僅是少數知曉高保護可以帶來高強度開發的人的訴求。這些少數卻又聲量大的地方頭人，再透過議員運作讓外界產生誤解。王木琳說：「沒有人要加高堤防，只有開發派要啦！」

這幾年愈來愈多社子島居民珍視社子島獨特的水岸風光，不想要高堤阻擋水岸景觀、更不願因此被迫遷。「加高堤防等於是住在監獄裡面，」王木琳說。即便知道氣候變遷下社子島仍有大規模淹水的風險，居民仍不認為非得加高堤防不可。

即便社子島與基隆河、淡水河間有六公尺堤防阻隔，獨特兩河交匯的地理位置讓社子島人對於河川的動態更為敏感。鄭永裕自信地說，「我們社子島當地的居民對於這兩條河岸的水位其實警覺性是相當夠的……做風颱做三天，我都可以看到那個水到哪裡。」浮汕的李先生補充，「下大雨，我們都知道什麼人去顧那個水門，其實社子島顧水門的居民都很主動，下大雨時早就已經在待命了！」

給水空間，德國荷蘭有例可循

姑且不論其「副作用」，以防洪工程來提升現有居民的安全保護是仁心；但若是以此來增強土地開發強度則是不道德。「生態社子島」計畫編訂的三萬計畫人口遠遠高於現有一萬多的設籍人口；先不論在臺北市人口萎縮的情況下是否有可能實現，假設未來社子島真的入住三萬人口，成為水岸豪宅區，在極端氣候年代中，超標的洪水隨時可能出現，反而是將更多生命財產暴露在水患風險中。

高堤從未保證真正的安全，還帶來「安全假象」(false sense of security)：高大的堤防保護加上政客拍胸脯保證防洪工程就是「徹底解決淹水問題」，讓民眾以為再也不會淹水而喪失風險意識；而且更高的開發強度將更多人口帶進總有一天還是會淹水的地方，一旦發生無法抵擋的大水就會溢堤、甚至潰堤。潰堤水勢將會比自然氾濫更猛烈，大幅縮短逃生時間，災難更加嚴重。愈高的堤防，遇到溢堤或潰堤時的災難就愈大。目前的防洪計畫完全忽略道德層面，以高堤來作為開發工具，不但短視，且失德。

極端降雨愈加頻繁的時代，溢堤或潰堤事件遲早會發生，整個大臺北地區卻沒有任何因應災難的計畫。地理上相對孤立的社子島面臨溢堤與潰堤的緊急狀態時，居民向外疏散的地方有限，疏散不及會造成嚴重災難。「生態社子島」的環境評估報告書中的防災避難計畫也十分簡陋，僅籠統地提到緊急道路、收容所等，也未依據不同類型災害規劃對應的防災避難措施。

針對社子島溢堤或潰堤風險的疑慮，在二〇一九年二月二十七日的環評審查會議中臺北市工務局水利工程處一位官員這樣回應：「社子島比較不容易產生潰堤事件，因為若遇上超過保護標準的大水，會是上游的臺北其他地區先潰堤，在社子島頂多發生溢堤。」退一萬步言，社子島發生潰堤的機率就算微乎其微，溢堤帶來嚴重災難的風險不該被輕率忽略。

歐洲國家已經認清水患治理沒有偏門，唯一解決之道是給予洪水空間。港市區（HafenCity）是德國漢堡面臨人口成長與氣候變遷挑戰下的城市規劃。[57]港市區原是一個鄰水的舊工業區，上面還有可追溯至一八八〇年代、受聯合國教科文組織保護的紅磚倉庫。這一個位於堤外不受堤防保護的環境敏感區域，政府得同時考量水患風險與古蹟保存的難題。在傳統防洪思維下，會規劃以堤坊環繞保護港市區，並搭配可讓船隻進出的水門，但這種花費高昂、又會占掉公共空間、且不見得安全的做法並未被採納，港市區的規劃設計者轉向提出一個「不怕水淹」的方案。

加固歷史建築物的結構與門窗、增加防水措施、增建直接通往頂層的出口，老舊建物區域興建高架行人陸橋，能在淹水時穿梭建物與移動。而新建築區域則興建一種運用荷蘭古老技術的人工沙地臺（terp），且都以高腳屋的形式

57. 案例參考 Peter Yeung, In Hamburg, Surviving Climate Change Means Living With Water, CityLab+Green. https://www.bloomberg.com/news/features/2021-12-18/how-hamburg-learned-to-live-with-rising-water。

來設計。港市區於二〇〇八年興建完成，有太陽能供電的平價出租公寓、市價出租公寓、辦公大樓與文化空間，可容納一萬五千名居民和四萬五千名上班族。每年十月到五月易北河氾濫期，港市區的生活基本上未受影響，來往的遊客與居民使用高架行人陸橋穿梭城區。港市區被譽為世界上最創新的都市防災系統之一，但其實防災的方式並非創新，而是效仿過去的建築防水做法。不過港市區的永續性也算是過譽了，水岸閒置土地若能保留為綠地或還給河流以避免水患帶來的長期損失，才算是城市的永續發展之道。[58]

除了德國漢堡的港市區，防洪技術最先進的荷蘭近來也改變態度，開始「還地於河」，學習與之和平共存。[59]例如，荷蘭城市奈梅亨（Nijmegen）就將堤防往城市方向內縮三百公尺，將一部分的洪泛平原還給流經的瓦爾河（River Waal），也在此開鑿側流（side channel）增加河道空間，以容納更大洪水量。臺灣所面臨的水患挑戰不小於荷蘭，應盡快改變思維，不該持續沉溺於傳統築堤束水。

社子島固然無法徹底將土地還給河川，但絕非只有加高堤防保護一途，可以參考港市區的做法，學習荷蘭「與洪水和平共存」的精神，發展出更能因應氣候變遷、更永續的做法。

58. 廖桂賢，〈水岸再開發的迷思〉，出自《好城市：綠設計，慢哲學，啟動未來城市整建計畫》（新北市：野人，二〇一七）。

59. 同注58，頁一三一至一三三。

德國漢堡港市區（圖片來源：Google Earth）

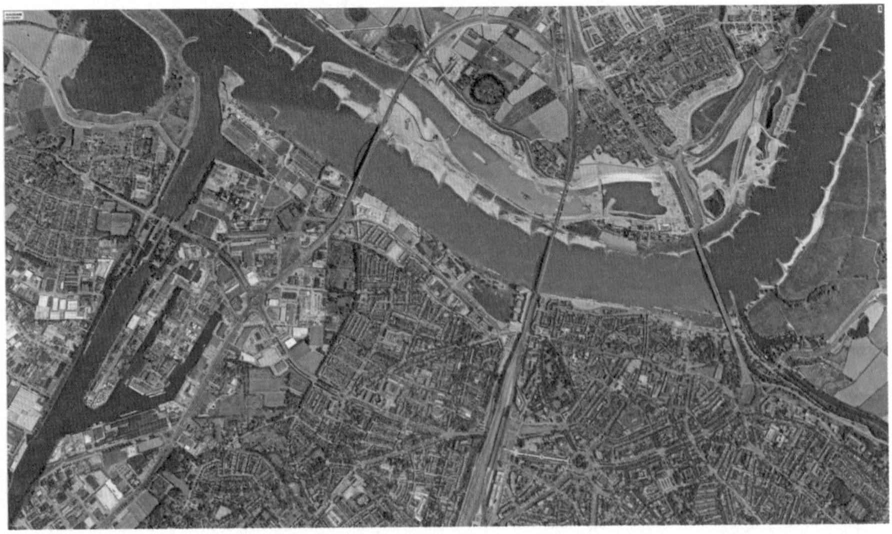

荷蘭城市奈梅亨，上方東西向河流為瓦爾河（圖片來源：Google Earth）

6 社子島需要什麼樣的都市計畫？

社子島確實需要一個法定的都市計畫來解決居民無法正常修繕房屋、沒有妥適公共設施的困境，而這樣的都市計畫會是什麼樣貌呢？維護居住正義、不迫遷是最低標準，確保居民仍能居住在社子島。這樣的都市計畫須放下兩個不必要的執著：一是勿執著整體開發與全區區段徵收，不應視社子島為一同質整體並僅給予一種想像；二是勿執著兩百年洪水重現期的防洪保護標準興建高堤，在現有的六公尺堤防下進行空間規劃。接下來將會分別從公民參與、規劃方向、水患治理三個面向對社子島的都市計畫提出建議，而這也是臺灣其他都市計畫可參考的方向。

公民參與：用耐心和時間重建信任、建立夥伴關係

北市府對公民參與並非全然無知，負責都市計畫擬定的都市發展局，曾委託參與式規劃專業者於二〇二〇年十月出版《臺北市都市計畫研擬規劃階段民眾參與執行手冊》，[60]希望「在都市計畫擬定前，民眾可擁有瞭解內容、表達意見的機會；而執行單位再依據收集到的意見進行擬定或修改都市計畫，期望藉

60. 臺北市都市計畫民眾參與專區網頁，https://www.udd.gov.taipei/ProjectPage/PublicParticipation。

此減少政府施政受阻或社會對立情況」。[61]該手冊強調以「共學」取代由上而下的專業決策過程，透過田野調查、工作坊、座談會等，達到「地方知識與專業知識的相互學習」。[62]手冊詳細說明如何以「挖掘議題」、「建立參與共感」、「形成共治觀念」、「調和共同願景」等循序漸進的四個階段，達到規劃方案的階段性共識。[63]上述的公民參與方式也在蟾蜍山聚落以及光明國小實際操作，在都市計畫擬定之前就進入社區與在地居民互動。

值得注意的是，蟾蜍山的許多居民並未擁有土地產權，仍被視為重要的利害關係人、未被排除於公民參與過程之外。因此社子島都市計畫的公民參與，同樣也必須納入無屋無地的租客聲音與需求。

要落實公民參與，民眾與公部門之間必須至少是「公民參與階梯」中的「夥伴關係」，唯有當居民可以與公部門攜手合作、共同決定政策，才能算是實質的公民參與。夥伴關係始於對在地居民的尊重，官員不該是帶著規劃方案去「告知」居民內容。提出任何都市計畫方案之前，應有規劃人員或社區規劃師先進駐社子島與在地居民互動，親身進入社子島的巷弄田野間，瞭解不同利害關係族群的聲音，包括表達能力不佳或不敢表達的弱勢居民。此外也應徹底瞭解社子島的生活環境、生活模式、鄰里網絡、聚落空間紋理、生態等現況，以找出問題與價值作為規劃方案的理據。如此可以避免製作出一

61.《臺北市都市計畫研擬規劃階段民眾參與執行手冊》，臺北市政府，二〇二〇年，頁一。

62. 同注61，頁七。

63. 同注61，頁一一。

個忽視現有居民權益、以房地產開發為主的都市計畫。

社子島都市計畫若執行上述《臺北市都市計畫研擬規劃階段民眾參與執行手冊》建議的公民參與程序，勢必面對歧異意見——有些人希望社子島成為充滿嶄新建築、生活便利的現代城區；有些人會期待社子島能保留人際關係緊密、生活步調較緩慢卻安定的傳統聚落；也會有人說社子島應該成為水上休閒樂園，亦有人主張社子島是都市田園。不管是北市府、社子島居民權益促進會、社子島自救會或其他居民，彼此之間的共同點就是社子島的環境需要改善、需要「發展」。社子島未來樣貌該如何規劃，得透過公民參與程序，對話、收納、修正，在整個過程中落實公民知情權，才有機會找到未來想像的最大公約數。

不過北市府想跟社子島居民建立夥伴關係還需多用點心，目前社子島居民對北市府高度不信任。不信任的遠因是，多任市長看似想解決社子島困境卻都無疾而終，當開發計畫遇到困難就不積極尋求其他解決方案。超過半世紀以來北市府還放任違章工廠、廢棄物在社子島蔓延，不取締與管理，長期放任社子島自生自滅，使居民產生相對剝奪感。不信任的近因則是柯市府從二〇一五年開始一路強推的「生態社子島」計畫；二〇二一年十一月，面對市議員陳建銘咄咄逼人質詢社子島開發進度，柯文哲竟然脫口說出「社子島是一定要輾過去的啦！不管了啦！」

因此北市府要開展社子島都市計畫的公民參與，得先重建居民對政府的信任。以社子島而言，信任的重建可以先透過環境改善作為第一步。例如，立即列管並積極輔導有環境汙染問題的工廠、資源回收場、土方資源堆置處理場等，此舉可顯著提升在地居民的宜居性與安全性。現有的排水、汙水處理、消防設施也應積極維護。臺灣的都市計畫，從規劃、審查到施工，動輒超過十年，社子島沒必要忍受無謂的漫長等待。在沒有都市計畫的情況下也可以先改善環境，讓居民生活品質提升。感受到政府的照顧與關心，才能逐步重建居民對政府的信任。

都市計畫落實公民參與取決於政府意願。臺灣雖未曾執行過如社子島都市計畫這般牽涉廣大面積、大量人口的參與式規劃，但各地已有許多規模較小的經驗。現階段要落實都市計畫的公民參與，不求快才是成功的關鍵：柯市府的「生態社子島」案例顯示，若一味求快就不會有真正的公民參與，因為公民參與是一個相互學習、在歧異價值中尋求共識的過程，亟需耐心與時間。擬定社子島都市計畫方案之前，北市府可委託經驗豐富的參與式規劃專家，至少給予一至二年的時間，以多元的手段進行細緻的公民參與。瞭解社子島的多樣面貌、傾聽多元聲音，避免在偏頗甚至錯誤的基礎上做規劃，才能真正解決困境。

規劃方向：尊重現有聚落紋理、維持低度土地使用

前面我們指出「生態社子島」的三個主要問題：無視現有聚落紋理、無視自然條件限制、無視人口萎縮趨勢。一個專業、生態、永續的社子島都市計畫應循兩個規劃方向：

第一，尊重現有聚落紋理，容許新舊並存。宜居的地方，不一定有工整筆直的道路，

歐洲許多老城區之所以迷人，除了樣式與顏色和諧的建築，也是因其擁有狹小複雜、貼近人性尺度的街道巷弄。社子島的百年聚落看似欠缺棋盤格街道的空間秩序，但傳統聚落的街道紋理是一代又一代的居民共同塑造與傳承下來的樣貌，也是生活經驗代代累積的結果。只因為看似無章、巷弄狹小就全面剷除傳統聚落，代之處處可見的方正街廓及寬大街道，是抹滅人以空間寫下的歷史、失去一個創造迷人城區的機會。

尊重現有聚落紋理不代表凍結式的保存，而是容許新舊並存。想像一個保存現有聚落街道紋理的社子島——聚落內的巷弄位置和寬度大致維持不變，但居民可以依循一套都市設計管制準則就地修繕改建房屋，對聚落精神生活極為重要的宮廟也可以留在原地。如此，將可創造出跟臺北市其他城區不一樣的風貌，想留在聚落原地的居民得以留下來，也維持現有緊密的社會網絡。弄土地公等無形文化資產也因宗族、社會組織、祭典空間路徑與節點原地保留，而得以持續傳承。

前面提及都市計畫不應將擁有不同聚落的社子島視為同質的整體，因為不見得所有聚落都有保存聚落紋理的共識；因此規劃應先著眼聚落尺度，以聚落為公民參與的單元，而非整個社子島。除非聚落對整體開發有高度共識，才以區段徵收為開發手段；對於任何不願其土地被徵收之居民則應尊重，與之研擬新舊相容的規劃方案。

第二，計畫人口不應超過現有設籍人口數，以維持相對低度的土地使用。近年來臺北市的人口持續萎縮，除了少子化外，從二〇一四年開始，遷出人口就大於遷入人口且差距逐年攀升。[64]臺北市的高昂房價加上區域交通路網漸趨完善，致使青壯世代大量遷出臺北市。面對這樣難以逆轉的社會趨勢，社子島都市計畫的人口編定應該務實，至少不超過現有設籍人口數，避免製造空屋、造成資源閒置。

無論是考量氣候變遷的調適與減緩，社子島都不宜高強度開發。首先，社子島環境敏感加上極端降雨的高度不確定性，從水患風險管理的角度考量應維持低度土地利用，避免更多人口與財產暴露於風險中。此外，位處淡水河谷風口的社子島與關渡平原，共同形成臺北盆地難得的大型穩定冷島，因應臺北盆地夏季溫度逐年攀高，不應高強度開發。

低度的土地利用意指社子島的建地應盡量限縮在現有的聚落範圍內，讓建築物與道路等不透水硬鋪面最小化、農綠地最大化。不透水鋪面最小化可減少雨水逕流，減低內水造成的水患風險；讓農綠地最大化則可以提供多樣的生態系服務（ecosystem services），包括食物供給、水資源涵養、微氣候調節、空氣淨化、防減災、休閒娛樂、環境教育、心靈調養、怡人景觀、生態多樣性等好處。目前社子島有相當數量持續耕作的農地，這些農地應繼續維持。而未耕作、遭受汙染的土地應進行土壤復育，再評估作為公共設施用地或「再野化」恢復為可提供生態系服務的高品質綠地。社子島內現存的開放圳路水網則應完整保留，並且整治水質。開放圳路水網除了可收納雨水逕流，開放水體亦可持續發揮微

64. 陳祖傑、陳博志，〈九合一大選／六年流失二十四萬人 臺北「光榮城市」現危機【專題】〉，《公視新聞網》，二〇二二年八月十日，https://news.pts.org.tw/article/594437。

氣候調節功能，讓社子島成為臺北市難得保有水圳網絡的特色區域。

水患治理：培養承洪韌性與洪水共存

社子島的水患治理，可採取與現有防洪計畫截然不同的做法：土地低度使用並與洪水和平共存、增加「承洪韌性」(flood resilience) 就可以減少洪水帶來的災害。前面我們主張，社子島都市計畫應就現有堤防進行規劃，在這個情況下如何提升承洪韌性？承洪韌性包含兩種能力：一為「耐淹力」，意即淹水不致災、不影響經濟活動的能力；二為「災後恢復力」，意即若是淹水嚴重妨礙社會經濟活動且造成嚴重損失，也能夠迅速恢復社會經濟運作的能力。

在僅有二十年洪水重現期的保護標準下，倘若出現超過保護標準的洪水造成溢堤甚至潰堤，社子島該如何降低生命財產的損失？現下的社子島雖然許多住宅墊高了地基，可應付小規模淹水，但無法容受兩層樓以上大規模淹水，因此欠缺足夠的耐淹力，是否能有承洪韌性端看其「災後恢復力」。然而災難無法控制，恢復速度有多快僅能事後評判，事前可以做的是盡量減輕災難規模，確保社子島有完善的淹水警報系統與避災計畫。若預先知道將可能發生溢堤狀況，所有居民得盡快移到高樓層。社子島現況多為低矮房屋，未來雖然不該高樓林立，也應確保一定的建築樓層以利居民避災。

避免淹水造成生命財產損失，最根本是得提升「耐淹力」達到「不怕水淹」的程度。

新加坡的底層挑空國宅（廖桂賢攝）

都市區域淹水造成的損失絕大部分是建築物毀損；若建築物有耐淹力，傷害和不便就可降低。社子島建物改建時應全面改成「耐淹建築」(flood-proof architecture)，耐淹建築屬於水患治理的非工程手段，在防洪排水工程普遍的城市中被嚴重忽略。讓建築耐淹的做法很多，高腳屋可說是歷史悠久的做法。許多人對高腳屋的刻板印象是鄉村傳統建築形式，認為此形式與現代都市生活不相容，實上現代建築中有一種建築形式稱為「底層挑空建築」(piloti architecture)，雖然是為了增加開放空間，非為耐淹而建，但基本上屬於高腳屋形式。

讓人覺得現代又先進的新加坡，其百分之八十五人口居住的國民住宅（當地稱為「政府組屋」）絕大多數是底層挑空建築。這些底層挑空的高層國宅目的是從地小人稠的國土中擠出開放空間以利通風、維持視覺穿透性與減少隱蔽角落來避免犯罪。除了高腳屋，荷蘭建築師所發展出的「兩棲屋」也是可以避免洪水進入住宅的建築形式，兩棲屋坐落在陸地上，淹水時可隨水位上升。而多層樓建築要達到耐淹，最簡單的做法就是低樓層不做裝潢、不存放重要物品。

與其花大錢將社子島填土墊高或加高堤防，不如將錢和精力用在協助居民打造耐淹建築。與其進行整體開發、讓少數建商蓋一式一樣的房子，不如發展數百個小型的建築耐淹改造計畫，讓許多建築師和營造商能依各家戶的不同需求蓋出不同的耐淹建築，讓建築物成為反映當地特殊風土的「社子島厝」。

同理我們也可以開始思考規劃如何增加農田、道路、開放空間、公共設施的耐淹力。當社子島具備高度的耐淹力，甚至能考慮降低或拆除堤防，一方面降低溢堤帶來的強力水流衝擊，一方面恢復社子島與河流之間的密切連結。想像一個沒有堤防、在淡水河與基隆河自然洪泛與潮水脈動下週期性淹水的社子島：它不是一個落後、水患頻繁的地方，而是享有大量充滿生物多樣性的溼地公園和田園，眺望兩河交匯的無敵水景，居住不怕水淹、各有特色的高腳屋、兩棲屋，門前的街道有著充滿綠意的雨水花園和生態草溝；即便豪雨來襲一片水鄉澤國也毋須擔心，水很快就會退去。

社子島會淹水但不見得會造成水災，如此的水患治理全然不同於與自然對抗的防洪思維。洪水不必然會帶來災害，只要我們改變認知、給水空間，與洪水和平共存的生活也可以很現代、很宜居。

（第六部文字有賴張式慧的補充修潤）

結語

開發的正義

文字／廖桂賢

本書雖然寫社子島，但不僅為社子島而寫。

政府由上而下加諸天外飛來的整體開發計畫，以及隨之而來的區段徵收，讓臺灣各地形成不計其數的自救會。除了社子島，目前正進行中、較受關注的爭議案件還有新北市的淡海新市鎮、桃園市的航空城與綠線捷運站體外周邊農地開發計畫、新竹縣的工研院特定區計畫以及臺灣知識園區旗艦計畫等。包括已結束的計畫，因政府片面決定的都市計畫而造就的痛苦案例，罄竹難書。

今天，社子島的發展困境被視為特定政策遺留下的特殊案例，複雜難解。但社子島都市計畫引發的爭議——包括政府由上而下將其片面規劃的都市計畫加諸於地方、造成地方對立、開發方式採取區段徵收引發反彈等——是數十年來臺灣社會朝向都市化邁進時，在各地引爆的共同問題；換句話說，社子島的開發爭議不是特殊案例，僅是眾多案例之一。眾多都市計畫爭議的導因，除了區段徵收強迫性的制度設計，根源是空間規劃背後的專業倫理，倘若臺灣社會不反思，社子島與上述案例不會是最後一批爭議，人民也將被迫持續為最基本的生存財產權走上街頭。

臺灣的都市計畫亟需在價值與政策上轉型。

首先，都市計畫應該要能容納多元的空間發展價值。在社子島的案例，我們看到內部的不同聲音：某些居民期望社子島徹底改造為嶄新城區，但對另一些居民而言，即便外人嫌棄髒亂落後，自己的家園仍是最安全舒適的堡壘，因此希望保留現有的空間與生活模式。[1]其實任何都市社區，人口若未流失殆盡，必定會面臨發展方向的意見分歧。民主社會視多元意見為理所當然，然而臺灣在都市空間發展上，除舊布新的價值往往才是「標準答案」，保留現況的需求則被視為偏差、不理性，且動輒被扣上「反開發」或「釘子戶」的帽子。

讓我們想像一個老舊社區空間改造程度的光譜，上述兩種價值取向會分別位於兩個端點。如果訴求保留現況被視為極端，那麼整體開發何嘗不是？如果民主社會應該要涵容不同意見，那麼臺灣社會在都市計畫上是否也應該尊重不同的空間發展價值觀？在老舊社區空間改造光譜的兩端點間，還有太多新舊共存的可能選項，臺灣社會能否不再獨尊整體開發，而開始涵容光譜上的其他選項？其他選項可否落

1. 外界多以為社子島開發計畫的爭議關鍵在於「安置補償條件」，包括柯文哲，從計畫推動的初期就憑刻板印象回應爭議：在二〇一六年一月三十一日針對社子島開發方向i-Voting說的明會中，面對居民對方案的質疑，柯文哲的回應是「別想一夕致富」(https://www.cna.com.tw/news/aloc/201601310174.aspx)，認定質疑的居民不過是想要更好的安置補償條件。此後，關切社子島開發進度的幾位民意代表，亦一再爭取放寬安置補償條件；立委何志偉甚至說「要解決社子島問題只有安置兩字」。

實，絕非技術可行性，而在於對不同價值觀的接受程度。

再者，都市計畫關乎人民福祉，不應僅由政府片面決定，而需符合民主過程。在文字艱澀的法規與和專業術語包裝下，都市計畫被塑造為市井小民難懂的專業。都市計畫雖然需要仰賴自然與社會科學的研究成果，但本質並非科學，而是「權衡」的藝術，沒有絕對答案。然而，需要權衡不同價值、需求、功能，且牽涉《中華民國憲法》第十條人民居住及遷徙自由、第十五條生存與財產權的都市計畫，卻往往是由規劃官僚和更上位決策者片面決定。官僚即便是受過相關訓練的專業者，其對空間發展的價值判斷卻不一定符合「被規劃」的地方民眾的需求；即便再有魄力、出於善意的政府，若強加其價值判斷於一個地方，反而是傲慢的霸權。

二〇二三年三月四日，方接下柯文哲市府留下的「生態社子島」都市計畫兩個月的蔣萬安市府地政局，在社子島舉辦的「申請剔除社子島區段徵收說明會」遭到了社子島自救會的強烈杯葛。[2]在居民的抗議口號和警民推擠中，前來主持說明會的新任地政局長陳信良落荒而逃，他對著媒體激情地說，「我今天如果有能力給社子島好的環境，我現在就想做！我現在就想做！我們為什麼要委屈自己咧？這個環境這麼差！這個環境這麼差！……」話未說完，即引發眾怒。[3]

2. 地政局欲透過這場說明會，再次對已經向內政部遞交陳情書、不願意納入區段徵收範圍的陳情人說明剔除原則；然而，因為條件嚴苛的剔除原則並無任何改變，社子島自救會於數天前至北市府召開記者會，呼籲地政局取消說明會，且強調若執意進行將會杯葛。

陳信良「這個環境這麼差」一語，不過是道出了外界長期以來對社子島的刻板印象，許多社子島人早已經習慣承受。然而，這句話從負責區段徵收業務的地政局長口中說出後引發眾怒，是因為北市府與支持區段徵收的社子島居民，一直以來就是以「社子島環境差」為理由來合理化全面剷除式的整體開發。從前市長柯文哲「捨我其誰」的態度，[4]到現任地政局長陳信良「我現在就想做」的激情，政府態度看似有擔當，都市計畫看似「德政」，但全然無視反對聲浪，本質上無異於當父母做出違背子女意志的決定時，「一切都是為了你好」的霸權。

多年來奔走各地協助自救會的政大地政系徐世榮教授不斷提醒著：「臺灣的空間規劃仍是威權體制。」今天，臺灣總統、縣市首長與各級民代必須由人民投票決定，我們甚至也有公民投票制度參與決定政策方向。但攸關人民重大權益的都市計畫內容，那些「被規劃」的人們卻完全無法置喙，欠缺符合民主精神的討論與決定機制。臺灣幾乎所有進行整體開發的都市計畫，都是由地方首長與規劃官

3. 〈現場爆發衝突！北市地政局社子島召開剔除徵收說明會〉，《民視新聞》影片，https://www.youtube.com/watch?v=GbK61lJu-l8。
4. 柯文哲於二〇一六年一月三十一日率市府團隊至社子島，向居民說明社子島開發方向i-Voting。在說明會中柯文哲表示，「如果在柯文哲當市長的時候沒有解決，我跟你保證未來五十年，我不太相信有辦法解決……因為我是瘋子」，並以自己能夠一日從臺北騎腳車到高雄為例，說明自己「意志力非常強」、「有這麼強的決心的人要做這件事，我相信換別人，很困難。」(https://www.youtube.com/watch?v=H1HLwFDFIYQ&t=81s）同年二月二十一日，在i-Voting舉行前一週，柯文哲再度率市府團隊至社子島，再度表示「如果在柯文哲任內，沒辦法上路上線……這個就是再等五十年，以後沒有市長那麼瘋做這事」。(https://www.youtube.com/watch?v=uj2fx_o6E3E&t=89s)

僚片面決定，無論理由是「環境差」或是「促進地方經濟發展」，僅憑政府（很多時候還有民意代表）的價值觀就決定一個地方的未來。如果在民主社會中，任何人都不該以其主觀價值判斷而侵害他人權益，那麼我們何以持續容許政府因其空間發展上的主觀判斷而侵害人民的居住遷徙自由、以及生命與財產權？

最後，都市計畫以集體利益之名侵害少數人權益，無疑落入民主的詭辯。社子島都市計畫一路向前推進的路上，社子島自救會的反對聲音始終被忽略，主因是北市府始終認定僅有少數人反對。例如，柯市府時期的副市長黃珊珊認為，即便遭受抗議，「生態社子島」計畫仍須繼續推動，因為「不能以少數利益影響多數利益」。[5]網路上亦充斥著社子島自救會不過是「少數人」的斷言。事實上，根據過去的觀察，採用區段徵收方式進行的都市計畫，不僅讓為數不少的原居民被迫離開家園，還可能根本沒有為「多數人」創造利益，受益的僅有少數大地主與財團。

社子島內部反對「生態社子島」的人絕對不少，但因為欠缺系統性調查而無法得知確切數字。但即便是「絕對少數」，都市計畫就可以合理地侵害這些人的權益嗎？

許多人以為民主等同「少數服從多數」，但民主精神還包括「多數尊重少

5. 陳慧云、羅永銘報導，〈社子島自救會抗議 黃珊珊：不能以少數利益影響多數人利益〉，《中時新聞網》，二〇二二年九月二十八日，https://www.chinatimes.com/realtimenews/20220928002495-260407?chdtv。

數」。當多數的偏好選擇（總統、地方首長與民意代表的政見及個人特質）不會影響少數的權益，那麼少數服從多數是民主社會必須服膺的運作法則。但倘若多數的偏好或利益的增加，會降低少數的福祉甚至侵害其權益，那麼少數服從多數無異於欺凌。

臺灣在都市計畫乃至其他公共政策上仍然尊崇「效益主義」（utilitarianism），亦即，能創造出「最大集體福祉」或符合「多數人利益」的，就是對的政策。在效益主義中，只要能達到最大社會效益，少數人的犧牲是合理的；於是，將鄰避設施設置在弱勢族群社區（例如把核廢料傾倒在蘭嶼），雖不得已，但被視為合情合理。

甘地曾說，「我不相信多數人最大利益的信條，講白了這等於是說為了那百分之五一的人的好處，另外百分之四九的福祉就得被犧牲。這是一個冷血的信條，且已經危害人道。真正且唯一尊重人的信條，應是追求所有人的最大利益。」

基於類似的理由，二十世紀最重要的政治哲學家羅爾斯（John Rawls），以嚴厲批判效益主義著稱，並提出政府制度決策上的「正義二原則」。第一個正義原則是「平等自由」（principle of equal liberty），亦即應使所有人平等且享有基本自由保障；第二個正義原則關乎社會與經濟資源不均條件下必須滿足的兩個條件，首先是「機會公平平等原則」（principle of fair equality of opportunity），亦即應讓所有人能公平爭取社會上所有機會，再者是「差異原則」（difference principle），亦即在社會財富與收入分配難免不均的情況下，施政必須要對社會「最弱勢者」最有利。

若根據羅爾斯的「差異原則」，都市計畫的目的不該是創造「多數利益」，而應在於提升最弱勢族群的利益；若無法造福最弱勢族群，最起碼不能對他們造成任何傷害。那麼以社子島的都市計畫而言，就應該優先提升社子島貧弱、無產族群的福祉，而非優先滿足大地主與財團的土地增值願景。臺灣都市計畫的倫理依循，要持續服膺少數為多數犧牲的效益主義，還是轉型為更人道的羅爾斯正義原則？

以上三個都市計畫專業倫理的問題，是自詡為民主社會的臺灣不該持續迴避的課題。我們書寫社子島歷史、社會文化、環境生態、空間紋理的豐富精采，期盼讀者能超越社子島的刻板印象，更希望大眾能體認：任何要進行都市計畫的地方，即便是承載太多汙名的社子島，都有值得珍惜的資產。我們梳理社子島開發的爭議，並抽絲剝繭分析問題，期盼社子島能有顧及社會正義與環境永續的發展方式，更希望大眾能體認：要提升任何老舊社區的整體環境，絕非只有全面剷除式的整體開發一途。

是時候改變了！

留住那些生命與力量

張式慧

二〇二〇年八月我從紐約搬回了臺灣，隔離完剛好趕上旁聽廖桂賢老師的都市設計課。十月參加了華萍、木琳、志昀帶領的社子島走讀，中午在菜寮的瓜棚及黑網布篩落的陽光下共餐，周圍的田園、工作場域、食物、眾人、生物，讓我感到一股真實而強大的力量，也湧現了回憶：此景觀是我孩提時代熟悉的，我想起過往景美溪畔的農田、堤防上高大的芒草、環繞公寓的無蓋水溝有青蛙鳴叫、伸手讓蜻蜓駐留指尖；菜寮的阿農展現農人的分享精神，共餐來自田裡的收成，他眼睛不眨一下就割下了辛苦種植的絲瓜和萵苣分送，一袋一袋地裝好讓參訪的我們帶走，阿農眼睛繼續掃視四周看有沒有要添加的，這讓我憶起以前在布魯克林的城市農園所重視的環境飲食自覺，想起那時與朋友拎著早晨在屋頂農場剝下的菜葉、撿拾的花果，農場主人安妮總是讓我們這些學生自取作物與多餘的種子，接著搭地鐵回家買中午出爐的麵包，在家附近的咖啡廳領取一籃CSA[1]小農的新鮮收穫，到家後切了麵包、剝了菊苣擺盤、用新鮮雞蛋做了水波蛋、撒上煎脆的培根、也把培根榨出的豬油裝進玻璃瓶，之後炒菜用。接著我們坐在窗外的逃生梯上午餐，跟一旁回收罐頭裡種的香草一起沐浴陽光、享受能量轉換，這是都市、農業、食物的連結；社子島寮仔的工作慢活、居民共餐、相互照看的特點，也讓我想起南法鄉村，在那裡人們努力工作，也重視大夥中午一起吃飯、晚餐享用佳餚並共飲度過夜晚，輕易地跨過結構中的社會階級區分。社子島具有這些我珍愛事物的相似性，而且是在臺灣發生。

這種共存不是偶然巧遇而是社子島實實在在的生活，並存在於都市鄰里，人與人、人與環境的緊密集結是關乎眾人與生存之事，讓居民有集結的力量；且另一方面，我相信這個力量亦來自社子島人所傳承的先人經驗、對自然的瞭解：農民漁民知道食物來源、每一頓飯菜得跟隨時令、為自然所賜，收穫有努力也有運氣，而人能生存下來是有條件的，危機可能發生、安樂不是永恆。

之後我還是一直回來社子島，查找並記錄水道的歷史、農田生態、鄰里生活，就因為它們在「生態社子島」的規劃中從未被著眼。而後畫插畫、發表文章、做了懶人包，期望讓更多人能看到社子島保有現代都市發展下被抹煞的價值。回臺灣之後也希望能將飲食環境的關懷納入臺灣的生態脈絡，而去上了萬華社大課程，陳信甫老師的生態課程讓我對都市環境更有自覺、受益良多，也回應我許多額外的知識與資源請求，建立了本書生態章節寫作的知識基礎。感謝木琳大哥分享了一塊田地讓我能夠實踐：種植原生蜜源與食草植物、挖水池、記錄生態、種植農民保種的種子及種苗，在休息之餘與寮仔的大哥大姐共餐，感受社子島居民的熱情接納，讓我得以更深入瞭解這塊土地。

慢慢地積累訪談資料與紀錄後，很感謝廖老師給予信任與機會，在走讀的一年後接到老師的電話邀請成為著書作者與擔任助理幫忙處理寫書事宜。二〇二二年初在春山出版社開會後，就此開展了多人寫作計畫。從一開始分配到寫生態、圳溝專題，到之後鼓起勇氣認領當時無人負責書寫的「社子島天然長照村」，而後也因為與其他作者相比有更多時間能於當地進行訪談，漸漸接下補充文章的任務，謝謝心胸寬大的志昀、孟平、徐碩、麒愷、亞喬、唯運、廖老師能接受我做文字補充與潤稿（甚至擴大了章節內容、凌駕了原文字，在這裡致上歉意）。也因多方的訪問補充，引領我找到更多的連結、一個發現通往另一個發現，得以持續想像排除錯誤，拼湊社子島層層摺疊的面貌。不過因此勞煩了社子島諸位大哥大姐，包容我時不時丟出的問題、訊息、電話。也在此特別感謝每位受訪者的信任，讓我寫下他們的故事。

謝謝春山出版社的主編瑞琳、編輯舒晴持續鼓勵與幫助，雖然她們在編修文章時十分謙虛地說「因為自己沒有專業背景，所以要問一下、所以誤會了……」，但是精確地運用文字、邏輯思考與判斷、文學的專業、事實揭露傳遞等是需要多年的養成與經驗，我是深深佩服她們的專業能力，以及以出版作為社會運動的毅力。我身為文學院畢業的學生，常感到這個專業被人忽視甚至貶低消遣，大抵顯現出嘲弄之人缺乏這些根本的學習。

在社子島三年，說不完它的故事，甚而期待居民展現出更大的力量，寫下城市發展的新章。最後希望大家閱讀這本書外也能來社子島走走，描述自己感受到的城市鄰里，漫步在聚落、小型工廠、各式小店、田間曲徑。

1 社區協力農業（Community supported agriculture），簡稱CSA，消費者訂購並預先支付在地農場的作物，農人會定時收成送至社區鄰里中的地點給訂購者拿取。

後記

島的記憶

柳志昀

在這本書最後校稿階段，開始起筆寫下這篇後記時，腦中浮現了農村武裝青年的歌〈失去記憶的城市〉，是這樣唱的：

共樹仔攏剉掉　古厝攏拆掉
你講欲做低碳城市　來起公園綠地
豪宅起甲滿滿是　用田園來犧牲
土地共當作商品來買賣

歌詞所述正貼合著生態社子島計畫可能發生的景象，把一切抹除後，便成為一座失去記憶的島。

回想寫書的一年半時間裡，令我印象深刻的是，有天為了收集社子島老照片一事而拜訪浮洲王家。我們坐在客廳裡和王家阿嬤聊天，聊了許多以前的生活，也聊到我的家人。事後才得知，在我出生不久剛滿月時，彌月油飯就是這位王家阿嬤一手包辦的。如同以往多次的田野經驗，過程中總是托外公外婆的福，牽起些關係，讓我感覺自己與島的距離又更近了一些。

說來很妙，記憶總在不經意的時刻衝進腦海，用力地翻攪一番。記憶不僅是生活場景、人物對話的重現，也關乎到人的自我認同。我與島的記憶被拆成兩段，一段是年幼時期與外婆的相處，另一段是二〇一七年後回到島上，重新認識這個熟悉又陌生的地方。

學齡前短居社子島的日子裡，我與外婆月娥的關係緊密，整日隨她洗衣煮飯。當我感到無聊時，就會走進房裡扛起小小的枕頭靠在肩上，吆喝著「gá-suh 來啊！gá-suh 來啊！」（瓦斯來了！瓦斯來了！），試著吸引已在灶邊忙碌一整天的月娥的目光。這是我與月娥的默契，她會知道我無聊、想出門了，便會簡單收拾手頭上的工作後帶我出門。我們通常從玄安宮後巷鑽進去找玄帝公祖（玄天上帝）請安，接著我們會跨過延平北路，可能從中窟、也可能從戲臺口，總之會穿過許多蜿蜒的巷弄，一路上與厝邊鄰居噓寒問暖一輪，才抵達她常去的下竹圍俱樂部。

投幣伴唱帶螢幕中的海港景色和俱樂部堤外的淡水河畔，搭配月娥唱著「大船／大船貨色載滿滿／今日順風駛入港」、[1]「卡膜脈／卡膜脈／卡膜脈嘛飛來／一路順風唸歌詩」，[2]這樣的心情與景色實在是有夠著味（對味），我們就這樣在俱樂部待到黃昏時刻，玩累了，她會背著我再穿過蜿蜒的巷弄回到家裡，這是我最深刻的童年記憶。

之後，我離開了島，熟悉的九十六號不再是我的生活日常。隨著我漸漸懂事，月娥的記憶卻逐漸消逝，我與島的記憶也就停在那段年幼的生活。

二〇一七年，我以一個有地緣關係的建築系學生身分參與了「社子島發展替代方案跨領域工作坊」，在面對生態社子島開發計畫的情境下，我從空間規劃的角度重新認識社子島。至今六年多來，參與各種社子島的相關行動，關注抗爭運動、會議發言、議題倡議、藝術節、防災救援等。隨著接觸的面向愈深、愈廣，就愈是無法抽離，也經常在一次次的田野中無意發現自己與島的連結比想像中還深。

我不曾見過我的外公，但他留給了我許多在島上珍貴的「緣」。拜他曾經營種苗行所賜，當我因為關注開發案議題回到島上，與居民閒聊提到我是溪洲底囡仔時，不免需要報上家族長輩的名號，「菜籽何」就是我進入田野的鑰匙。許多與舅舅阿姨們熟識的中生代居民，也會在這時給予親切熱情的回應。因為有著這些親身經歷的「緣」，讓我更加深刻地感受到島上的關係與生活，理解到這樣的關係並不是一朝一夕就能輕易形成的。除了發現自己與島、與人的關係，也在過程中看見島上生活和生產與繁華都市的緊密相連。有人說「社子島的土會黏人」，我說「何止黏人，整個人都快被埋進去了」。

參與《城中一座島》的書寫是相當特別的經驗，我們記錄下居民們過去的記憶、現在的生活、未來可能的處境，讓社子島真實的樣貌可以被更多的人看見。感謝廖老師的邀請，讓我有機會參與這個難得的計畫，感謝式慧與孟平在田野與資料爬梳上的協助，感謝春山出版社辛苦的瑞琳與舒晴提供許多寫作與編輯建議，感謝家人朋友對於我持續在社子島「不務正業」的包容。最後，感謝所有在社子島遇見的人們，是你們的故事與經歷，豐富了這座島的生命。

基隆河淡水河伴著我　黃昏的社子島啊火金城
心愛的人叫著阮的名　希望是咱的將來咱的聲
觀音山看對這來保佑我　保佑咱有成功的一天
過冬鳥　飛倒返來　祝福我
阮心內的鑽石　社子島啊

——〈社子島之歌——心中的鑽石〉

1 江蕙〈大船入港〉歌詞
2 陳芬蘭〈快樂的出帆〉歌詞

後記

長輩們教我的公民課

徐孟平

二〇二二年的五月，夥伴與我走進桃園一戶蜿蜒小巷人家，在庭院的屋棚下協助居民核對徵收資料、討論要不要提起訴訟。空閒間，我開始打量一旁的玉蘭花樹，空氣中飄散著濃郁的花香，居民說那是家裡十年前買的樹苗，種著種著已經這麼大棵，期間為了避免樹長得太高而修剪過樹頂。

資料核對得差不多後，我進屋拿暫放的包包，看到一位坐在輪椅上的阿嬤（居民的媽媽）在客廳休息。「辛苦啊！我坐輪椅仔無方便出去。」（辛苦了！我坐輪椅不方便出去接待。）阿嬤說。當時沒有多想，我回到：「袂啦！阮攏當作出來𨑨迌，一直佇辦公室嘛毋好。恁先歇睏，阮準備欲轉去啊！」（不會啦！我們都當出來玩，一直在辦公室也不好，你們先休息，我們準備要回去了！）

離開前，夥伴進屋借廁所，等我們上車、告別居民後，夥伴說她剛剛也在客廳遇到阿嬤，阿嬤對她說：「我還想繼續住在這裡……」，接著便是一段沉默與茫然。阿嬤以為我們是政府來辦理徵收的人。

居民一家最終選擇搬離，當然也沒有對政府提起訴訟。站在協助者的立場我必須尊重居民的選擇，但從個人角度來思考，是不是曾有一個時機、改變某個環節的做法，就能讓一切更好一點？只是這些都是事後諸葛，唯一能期待的是，希望阿嬤搬家後仍然適應安心，或者奢侈地期待新家還能有一個足夠種下玉蘭花樹、飄散花香的庭院。

目前全臺灣統計的一百六十二件區段徵收案中，類似的故事俯拾皆是，差別只在是否被記錄及報導。這難道是地方發展的必然嗎？臺灣的每塊土地都要有重大建設、各式園區進駐，同時強制驅離原本的居民、引進不知從何處來的人口？我相信不是，也不應該是常態。

慶幸的是，不論在體制內或體制外，仍有一群人在努力對抗這一切。

接觸社子島的短短三年中，我看見了居民的積極與團結逐漸捲動更多力量，在以為山窮水盡時又創造了無數新的可能，公參會的介入及環評通過後的團體訴訟都是。而當「憲法保障我們居住權、生存權、財產權」都能成為七十多歲阿嬤信手拈來的開場白時，除了心疼外，更多的是震撼，這是一場長達半世紀仍在進行中的公民課，而我們都在其中學習民主的各種樣態。期待下課的那天，社子島能真正成為由居民與政府共同勾勒的社子島，期待社會不再以去脈絡化的「違建」、「釘子戶」、「既得利益者」來標籤這群公民老師。

最後仍不免俗地感謝廖桂賢老師邀請我參與這本書、瑞琳及舒晴在書寫上的建議與耐心地追殺催稿、式慧及志昀對本書第一部的補充與潤飾、環權會給予的寫作空間及同事包容我交稿將近時的焦慮與碎念，也感謝好友碩頎及發發休假之餘協助整理網路資料與撫慰我交稿後脆弱的心靈、維倫及潔譽協助整理寫作思緒。感謝過去所有書寫、記錄故事與報導的作者們，讓我們在這些文獻與新聞資料的基礎上，盡可能完整地梳理各種政策與事件脈絡，雖然為了在有限的篇幅中兼顧文字易讀而未能收錄所有故事，如陽明山管理局與臺北市的行政變遷、絕版的身分證字號Y、二重疏洪道與洲後村遷村、各方立場在政策下的互動等，希望未來這些故事仍有機會透過其他載體繼續流傳，豐富這座島的色彩——不只是社子島，也是臺灣的故事。

（許震唐攝）

春山之聲
049

城中一座島：
築堤逐水、徵土爭權，社子島開發與臺灣的都市計畫

作　　者　廖桂賢、張式慧、柳志昀、徐孟平
主　　編　廖桂賢
地圖繪製　柳志昀、張式慧
內頁插圖　張式慧
圖片授權　中央研究院人社中心GIS專題中心、王麒愷、李明裕、李長文、李華萍、林萬得、柯金源、柳志昀、洪學仁、張式慧、張榮隆、許震唐、陳竑達、經濟部水利署第十河川局、廖桂賢、鄭永裕、鄭春芳、環境權保障基金會、聯合線上、簡有慶、簡秀峯（依筆畫排列）

總 編 輯　莊瑞琳
責任編輯　莊舒晴
行銷企畫　甘彩蓉
業　　務　尹子麟
封面設計　萬向欣
內文排版　丸同連合 UN-TONED Studio
法律顧問　鵬耀法律事務所戴智權律師

出　　版　春山出版有限公司
地址　11670 臺北市文山區羅斯福路六段297號10樓
電話　02-29318171
傳真　02-86638233

總 經 銷　時報文化出版企業股份有限公司
電話（02）23066842
地址　33343 桃園市龜山區萬壽路二段351號
電話　02-23066842
製　　版　瑞豐電腦製版印刷股份有限公司
印　　刷　搖籃本文化事業有限公司

初版一刷　2023年9月
定　　價　600元
I S B N　978-626-7236-43-7（紙本）
9786267236444（EPUB）
9786267236451（PDF）

春山出版
Email　SpringHillPublishing@gmail.com
Facebook　www.facebook.com/springhillpublishing/

填寫本書線上回函

國家圖書館預行編目資料

城中一座島：築堤逐水、徵土爭權，社子島開發與臺灣的都市計畫／廖桂賢，張式慧，柳志昀，徐孟平著．
－初版．－臺北市：春山出版有限公司，2023.09，416面；17×23公分－（春山之聲；49）
ISBN 978-626-7236-43-7（平裝）
1.CST：都市計畫　2.CST：環境規劃　3.CST：人文地理　4.CST：臺北市士林區
545.14　　112011290

All Voices from the Island

島嶼湧現的聲音